Georg von Forstner

Phisikalischökonomische Beschreibung von Franken

Georg von Forstner

Phisikalischökonomische Beschreibung von Franken

ISBN/EAN: 9783744642941

Hergestellt in Europa, USA, Kanada, Australien, Japan

Cover: Foto ©ninafisch / pixelio.de

Weitere Bücher finden Sie auf **www.hansebooks.com**

Phisikalisch · ökonomische

Beschreibung

von

Franken.

Von

Georg Ferdinand von Forstner.

Unter allen Beschäftigungen, von welchen man Nutzen zieht, giebt es keine vortreflichere, angenehmere, und einem freyen Menschen anständigere, als den Akkerbau; es giebt auch keine, die einen rechtmäsigeren Gewinn gewährten.
Cicero.

Erster Band.

Schwabach und Leipzig,
bei Johann Gottlieb Mizler und Sohn.
1791.

„Menschen, die weder Erziehung noch Unterricht erhalten, niemals ihren Wohnort verlassen, mit ununterbrochener Arbeit versehen, mit immer höhersteigenden Abgaben geängstigt, und mit Verachtung behandelt werden, haben wahrhaftig! weder, Zeit noch Luft, noch Geschik, an Verbesserungen, oder an neuen Versuchen zu denken, wenn sie auch die Natur mit der besten Anlage beschenkt hätte. Nur von einer wohlgewählten und weisen Policey, ist eine verbesserte Akker-Cultur zu hoffen.‟

(Pfeifers Schriften II. Theil.)

Hier erscheint nun endlich ein Bänd: chen meiner längst angekündigten phy: sikalisch = ökonomischen Beschreibung von Franken, welches zwey Hauptab: schnitte, nehmlich den fränkischen Feld und Weinbau enthält. --

Eine Translocation -- der Ein: tritt in neue bürgerliche Verhältnisse, und tausenderley andere Verhinderun: gen -- sind Ursache: daß ich erst jezt -- und nur mit einem einzigen Band an's Licht trette. Ich hoffe von mei:

nen

nen Lesern, nicht nur deshalb Verzeihung, sondern auch im Betref der Sache selbst -- Schonung und Nachsicht zu erlangen. „Man muß es dem Schriftsteller nicht übel nehmen, wenn auch einmal ein unnützes Wort mit unterläuft, und er etwas drukken läßt, das nicht gerade die Quintessenz von Weisheit, Witz, Scharfsinn und Gelehrsamkeit enthält;" so sagt der Freyherr von Knigge, in seinen treflichen Werk über den Umgang mit Menschen. Ich suche blos nach meinen schwachen Kräften -- mein Schärflein zum Wohl des allgemeinen Besten beyzutragen -- und weiter schlechterdings nichts!!!

Ueberdieß schmeichle ich mir: den physikalisch-ökonomischen Zustand von Franken, so geschildert zu haben -- wie

wie er wirklich ist. — Daß ich mehr
auf Seiten der Unterthanen als ihrer
Herrschaften bin — ist nicht Parthey=
lichkeit — kömmt ganz aus der Fülle
meiner Ueberzeugung: weil sie nichts
weniger als ernstlich darauf bedacht
sind, die Landwirthschaft immer mehr
in Aufnahme zu bringen, und durch
den vergröserten Wohlstand ihrer Un=
terthanen, auch den ihrigen fester zu
gründen, sondern vielmehr selbst in
den meisten Fällen, den fleißigen Land=
leuten (die durch bessere Einsicht und
Ueberzeugung ihren wahren Nutzen
und Vortheil in erhöh'ter Industrie
suchen) die mächtigsten und unüber=
windlichsten Hindernisse in den Weg zu
legen, und der Art die gute Sache
selbst zu hintertreiben, ja sogar in vie=
len Fällen, die producirende Classe (so
wie

wie z. B. durch eine übelverstandene Speere) ohne Noth um ihren
rechtmäßigen Gewinn zu bringen suchen. Sally scheint noch in unsern
Tagen, und im Bezug auf Franken
Recht zu haben, wenn er sagt: „Es
ist bey uns keine Quelle des Reich-
thums und des Ueberflusses, welche
eine schlimme Haushaltung nicht verdorben, und in Unordnung gebracht
hätte.“ Auch Montesquien führt die
nämliche Sprache. Beyde haben aber
— (im Bezug auf unsere Gegend) ziemlich vergebens geeifert: dennoch ist
nicht an Landesvermessungen und Aufhebung der Gemeinheiten, noch weniger daran gedacht: die Domainengü-
ter mit Unterthanen zu besetzen, die
großen Bauernhöfe in kleinere zu verwandeln, die Abgaben des Landmanns,

auf

auf einen billigen, vollkommen gleichen Fuß zu setzen, und diese Abgaben auf eine am mindesten beschwer-
liche Art zu erheben; die Kinderzucht
und Schuhlanstalten, nach vernünfti-
gen und richtigen Grundsätzen einzu-
richten. Die Erhaltung billiger Frucht-
preise, durch weißlich veranstaltete Magazine zu bewirken, für die Gesund-
heit und das Leben des Landmanns
väterlich zu sorgen, eine Polizey einzuführen, die durch gute Anweisungen
und überzeugende Beyspiele den Feldbau
und die Viehzucht verbessert, Ordnung,
Reinlichkeit und gute Sitten einführt,
oder überhaupt. durch unermüdeten
Fleiß, gehörige Einsicht, und patriotische
Redlichkeit, der ganzen Landwirthschaft
eine andere, sehr nöthige, sehr nüzliche, höchst wünschenswürdige Gestalt
zu

zu geben Geſchik hat; — doch ich will die Liſte meiner frommen Wünſche nicht zu weit ausdehnen; nur noch dieß einzige will ich hinzufügen: daß auch die Frohnen — dies Trauerſpiel auf der ökonomiſchen Bühne — wie ſie Holzhauſen nennt — noch nicht durchgängig in Franken abgeſchaft ſind, und daß vielleicht noch ein Jahrhundert dazu erforderlich, bis ſich die fränkiſchen Gutsbeſitzer bequemen: ihre Landgüter zu verkleinern, das Land den Bauern gegen beſtimmte Abgaben zu geben, und ſie der Frohnen zu entlaſſen.

Der Verfaſſer.

Da es in Franken nicht an arbeitsamen Händen fehlt, so sollte billig der Akkerbau daselbst in größtem Flore stehen; dieß ist aber nicht durchgängig der Fall! denn man findet noch an den meisten Orten, unzählige Morgen Landes öde und unurbar liegen. Die Ursache davon? — Weil die Vermischung der Grundstükke, die Gemeinheit der Hütungen, die Befugniß fremder Hütungs-Interessenten, kurz! die Pest der Landwirthschaft, noch in ungestörter Ruh daselbst ist; daher bleiben noch so viele Aekker brag, so viele Strekken Landes unbenuzt liegen! — Auch läßt sich der fränkische Bauer selbst noch nicht überreden: daß die Erde unaufhörlich zu wirken bemüht ist, daß sie keiner Ruhe bedarf, die Braach- oder Ruhe-

felder

felder in dieser Absicht folglich unnüz sind; daß
— wenn mit den Früchten oft abgewechselt,
und bald solche die über sich, bald solche die unter
sich wachsen, erwählet, das Unkraut ausgerottet, und kein anderer als wohlgefaulter
Mist in die Erde gebracht wird, man
fast alljährlich auf die herrlichsten, auf die
ergiebigsten Erndten Rechnung machen kann.
Er bleibt der von seinen Eltern ererbten Gewohnheit noch zu sehr, und zwar so getreu,
als wenn die Thorheiten erblich seyn müßten,
und wider die gesunde Vernunft eine Verjäh-
rung statt fände. — Dann besizt er auch —
überhaupt betrachtet! — zu viele Grundstükke,
und diese Grundstükke stehen noch überdieß
nicht in gehörigen, nicht in richtigem Verhältniß untereinander. Er besizt viel Land, aber
nicht hinlängliches Zugvieh zu dessen Beakke-
rung, und keinen hinreichenden Viehstand zu
dessen Bedüngung; dennoch baut er ohne Un-
terschied alles Land selbst an, wenn es ihn auch
gleich nicht an der Gelegenheit fehlt, dasjenige
was er nicht gehörig zu benuzzen im Stande,
vortheilhafter verpachten zu können. Er besizt z. B. 90 Morgen Feld, von welchen er
aber nur 60 gehörig zu düngen im Stande ist,

nun

nun vertheilt er den Dünger, welche diese 60
Morgen erfordern, auf 90 Morgen, übernimmt
sein Zugvieh bey deren Bestellung, und erndtet
dennoch im Grunde von diesen 90 Morgen nicht
mehr, als er von jenen wohlgedüngten 60 Morgen
würde erzielet haben; verlieret mithin von 30 Morgen das Pachtgeld, die Einsaat, das Akkerlohn,
und ist genöthigt seine Saat später zu vollenden.

Die Morgenzahl seiner Wiesen, steht
auch nicht in gehörigen Verhältniß, mit der
Morgenzahl seiner Aekker; da sich diese in
übertriebener Anzahl zu jenen vorfinden, und
doch kömmt bey der Landwirthschaft, alles auf
ein richtiges Verhältniß zwischen Aekkern und
Wiesen an!!! — Der Hütungen — Gemein-
deplätze — öde liegender Gründe — wüste
liegender Länderenen — findet man eine ungeheure Menge in Franken! Man sieht derselben nachtheilige Folgen noch immer nicht ein,
oder vielmehr — was noch mehr Schein der
Wahrscheinlichkeit bey sich führt! — die Viel-
vermögenden — die Mächtigen, die stark Begüterten finden in gleicher Unordnung, ihre
Ordnung — ihre Rechnung zu sehr, als daß
Veranstaltungen zu Verbesserungen gleicher Art,
ausser dem Register frommer Wünsche Plaz

finden

4

finden sollten. Fiat Justitia — et peccat
munduo! — Was der verehrungswerthe Herr
von Pfeiffer, im Lehrbegriff seiner Cameralwis-
senschaften unter andern zur Beherzigung eines
gewissen Staats sagt, paßt auch würklich hieher: „redliche und einem so großen Werk gewachsene, Männer, sollten durch richtige Ver-
messungen durch so unpartheyische als vernünftige Schatzungen, die Sache in gehöriges Licht
setzen, einen Auseinandersetzungsplan entwerf-
fen, und selbigen von noch einsichtsvollern Leuten genau untersuchen lassen. Dieser sorgfältig berichtete Plan, müßte dann mit Ernst,
Genauigkeit und Redlichkeit — in Wirklichkeit
gebracht werden. Dieses wäre wohl das un-
gekünsteltste und billigste Mittel, die Einkünfte
des Staats zu vermehren, und dem Unterthan
wohlhabender zu machen; und eine solche mit
Ueberlegung veranstaltete, und mit Stand-
haftigkeit ausgeführte Unternehmung, würde
dem Landesherren Ruhm, Nutzen und Seegen
bringen. Was nun den Boden anlangt, so
ist solcher — nach Beschaffenheit der Lage,
des Himmelstrichs, der mehr oder mindern
Industrie seiner Bearbeiter — so verschieden, als verschieden die einzelne Dorfschaften
eines

eines und desselben Himmelsstrichs sind. —
Sandigte Gegenden, schwere und thonigte,
leichte weisse und roth lettigte, vermischte kie-
sigte, steinigte, und gute schwarze Erden —
im Durchschnitt ist aber fast der schwarze Boden im Praedominio — es ist derjenige, der
aus wenigen Sand, etwas mehr kalkichter,
noch mehr Stauberde, und gröstentheils aus
thonigter Erde besteht.

Mit der Vermischung der Erdarten, ist
der fränkische Bauer noch wenig oder gar nicht
bekannt, die Gegend um Kupferzell ausgenommen, wo die Landleute unter Anführung ihres
würdigen oeconomischen Oberhaupts, überhaupt
mehr als anderswo mit ihrer gesunden Vernunft zu Rathe gehen. So weiß z. B. der
dortige Bauer: seinem Boden jedesmal durch
die entgegengesezte Erdart, dem thonigten Boden durch Sand, dem sandigten Boden durch
Thon oder Leim, und beyden durch Mergel
zu helfen. S. die Beyträge vom Pastor Meyer
zu Kupferzell St. V. Schon die Alten haben
dergleichen Mischungen vorgenommen! S.
Plinius Hist. nat. lib. 17. c. 7, 8.

Der

Der Bauer läßt sich schlechterdings nur durch Beyspiele, nur durch Thatsachen beleh, ren. Er muß — wenn er anders zur Ver, besserung seiner Grundstükke verleitet werden soll, bey jeder zu verbessernden Sache — sei, nen Vorgänger finden, auf welchen er sich — gleichsam wie auf einer Krükke, in Rüksicht der mit jeden Versuch verknüpften Wegschaft; daß die Sache mißlinge — stützen können. Wenn er sich auch gleich, tag täglich durch eigenen Au, genschein davon überzeugt; daß spröde und sandigte Felder, den Regen zwar geschwinde annehmen, solchen aber nicht lange genug, nehmlich nicht so lange bey sich behalten, als Zeit dazu erforderlich, seine befruchtende Theile gehörig absetzen zu können; daß der gar zu feine Thon, eine Art von Cruste oder Rinde auf der Oberfläche des Akkers ansezt, welche den Akker aller Luft beraubt, ihn zur Aus, dünstung ungeschikt und unfähig macht: die in der Luft enthaltenen fruchtbaren Theile an sich ziehen und in sich schlukken zu können, daß ein thonigter Boden den Regen zu lange bey sich erhält — und dgl. m. so wird er sich den, noch schwerlich zu irgend einer Verbesserung in dieser Rüksicht entschliessen; wenn er nicht

zu=

zugleich durch Beyspiele dieſer Art, von dem überwiegenden Nuhen einer ſolchen Unterneh- mung überzeugt — und auf ſolche Weiſe zur Nachahmung gereiʒt wird. — Ben alle dem läßt ſich — wenn es auch nicht unmöglich iſt, eine beſtimmte Verhältniß der Erdart in ei- nem Boden zu erzwingen — doch die Mi- ſchung, wegen der Koſten der Fuhren und der Urbeiten, nicht gar oft anwenden. Nur ſelten liegt die beſſernde Erdart unter der feh- lerhaften Dammerde. Ueberdieß verlangt dieſe Unternehmung wenigſtens einige minera- logiſche Kenntniß; ſo lange dieſe nicht allge- mein geworden, ſo lange wird es beſſer ſeyn, Empiriker zur Vermehrung des Düngers zu ermahnen, mit dem ſie zum Theil jene Abſicht auch erreichen können. S. Bekmanns Grundſätze der deutſchen Landwirthſchaft. Göttin- gen 1775.

Ehe ich nun weiter in meiner Beſchrei- bung fortfahre — will ich erſt in Rükſicht je- ner Anzahl meiner Leſer, die nicht curubirt in Franken ſind — nur mit wenigen Worten des fränkiſchen Getreyde- und Akker- Maaſes gedenken: Man hat in Franken, ſo wie in

A 4　　　vielen

vielen füdlichen Gegenden Deutſchlands ein
doppeltes Maas.

Man unterſcheidet das Maas zur glat-
ten Frucht (zum Korn, Weizen, Erbſen,
Linſen, und dem Kern oder dem gegärbten
Dinkel (der in der Mühle von ſeiner Schale
oder Hülſe getrennt worden) von dem Maas
zur rauhen Frucht, oder zum Hafer, und
dem unenthülſetem Dinkel, auch wird die Gerſte
faſt durchgängig zur rauhen Frucht gerechnet.
An den meiſten Orten in Franken iſt das Nürnberger Maas gebräuchlich; theils Orten mit,
theils Orten ohne Veränderungen. Ein
Simmer, oder Simra, Nürnberger Maas hat 2
Malter, das Malter 8 Mezen, die Meze 4 Viertel — und das Viertel 4 Maas — und
wird nach dem Windsheimer Maas zu 14
Mezen gerechnet. Das Malter hält $8387\frac{1}{2}$
fr. Kubikzoll, und wiegt $220\frac{1}{2}$ Pf. und thut
nach Berliner Maas $2\frac{1}{2}$ Scheffel und nach
Dresdner Maas 1 Scheffel $4\frac{1}{2}$ Meze, und
noch etwas darüber. Die KornMeze iſt kleiner als das Dinkel-Maas, indem 3 Korn-
Mezen ohngefähr 2 groſe oder Dinkel-Mezen
ausmachen. Mit dem Korn-Maas wer-
ben

ben — wie ich schon angeführt! — die harten Getreyd-Früchte, und mit dem Dinkel-
Maas die rauhen Früchte abgegeben.

Was nun das Feld- oder Akkermaas anlangt — so hält im eigentlichen Weinland
am Mayn und um Windsheim der Morgen
Akker 360 bis 364 Ruthen, um Rothenburg
zählet man auf einen Morgen Akker 460 und
mehrere Ruthen, und im sogenannten Gau,
oder in der Gegend von Uffenheim, hält ein
Morgen Akker 180 Ruthen *).

Gau oder Gowa war bey den alten
Deutschen ein Strich Landes, der aus gewiss-
sen Dorfschaften bestunde. Diese Gauen
wurden ehehin wieder in centuras oder hun-
derte getheilt, darinnen derjenige, der in einer solchen centura die Gerichtsbarkeit zu ver-
walten hatte, ein Cunt oder Zent-Graf hieß.
In Franken wird mit dem Wort Gau der
Strich Landes von Uffenheim, Weickersheim,
Ochsenfurth und Schwarzach über Iphofen,

A 5   wo

*) Im Hausvater I. S. 519. und in B. Spren-
gers Anfangsgründen des Feldbaues, kann
man mehrere Auskunft darüber finden.

wo noch einige Zent-Grafen gefunden werden, angedeutet. Der Getreydebau ist immer der-jenige Gegenstand, in der Oeconomie des fränkischen Landwirthes, worauf er sein haupt-sächlichstes Augenmerk richtet; auch gewährt ihm solcher — unter allen Zweigen seiner Nahrung — den grösten — sichersten und beträchtlichsten Nutzen.

Die Felder sind fast durchgängig offen, nehmlich nicht eingeschlossen — nicht mit Zäunen versehen. Dieß ist auch unnöthig, so lange die Polizey unfähig, oder vielmehr ungeneigt ist: die Huth und Triftgerechtig-keit und andere Hinderungen zu überwinden. Desponnuiers in s. Art de s'enrichir par l'agti-culture verwirft die Einschliessung ganz. An-dere hingegen, und zwar der gröste Hauffe ist dafür. S. Ethio de Noveau sur la question s'il vant mieux permettre à chaque Possesseur de Fer-mer sa possession, ou s'il convient mieux de la lais-fer ouverte. Besauçon 1767. 8. Allgem. Haushalt. und Landwissenschaft I. S. 353. G. A. Hofmanns Anmerkungen zum Garrechte, in ökonom. Nachr. VIII. S. 32.

Das Getreydefeld wird fast durchgän-gig — wenn es 2 Jahre lang hintereinander Ge-

Getreyde getragen hat — ein ganzes Jahr
lang unbeſáet, brache oder in Ruhe gelaſſen,
ohnerachtet der Akker, durch das Brachgras
weder Ruhe genießt, noch geſtárkt wird. S.
Leipz. Sammlung III. S. 327. Vom Nußen der
Brach oder Ruhefelder Oekonom. Nachrichten IX.
S. 117. Hannóv. Beyträge 1762 S. 854. Von
Juſti ökonomiſche Schriften 1. S. 270. Schleſiſch.
ökonom. Saml. I. S. 485. und III. S. 22.

Die Brache läßt ſich weder durch
phyſikaliſche noch ökonomiſche Gründe recht-
fertigen. Nicht Ruhe, ſondern Dúngung
und Bearbeitung, verlangt das Feld, und
beyde können ohne Brache geſchehen. Durch
Anbau der Futterkräuter und Einführung der
Stallfütterung wird die kümmerliche Weide
auf der Brache entbehrlich, hingegen die
Vermehrung der Viehzucht und des Dúngers
möglich. Beſſer iſt, wenig Land vollkommen,
als vieles mittelmäßig und ſchlecht beſtellen
und nußen. S. Bekmans Grundſäße der deutſchen Landwirthſchaft S. 76.

So lange aber die höhere Macht der
Polizey, nicht eine vortheilhafte Aenderung
darinnen bewirkt, ſo lange wird auch ſogar
der

der aufgeklärtere Landwirth, dieser gesezmäsi-
gen Gewohnheit folgen, und der Art immer
sein gröstes Interesse — dem blinden Vorurtheil aufopfern — und unter dem Druk ver-
jährter Mißbräuche seufzen müssen.

Das Feld ist also in 3 Theile getheilt,
und wird — wie ich schon gesagt — ums dritte
Jahr gebraucht. Der eine Theil, welcher
dieses Jahr gebracht wird, heißt die **Brache**
oder das **Brachfeld;** der andere, welcher
voriges Jahr gebracht worden, trägt Winterfrucht, und heißt das **Winterfeld;** und
der dritte, welcher im vorigen Jahr Winterfeld gewesen, und im nächsten wieder Brache
wird, trägt Sommerfrucht, und heißt das
Sommerfeld *).

Bey alle dem finden auch hier wie allenthalben — Ausnahmen von der Regel statt!
denn nur die wenigsten lassen ein ganzes Drittel ihrer Morgen zahl brach liegen — die
mehre-

*) Wem es darum zu thun ist, etwas schönes
und meisterhaftes über die Eintheilung der Felder zu lesen, der s. **Leipziger Magaz.** für
Naturk. und Oekon. 1 St. 1788. S. 1 - 19. ⸗

mehresten besäen einen zwar unbedeuteten, dennoch aber einen Theil ihrer Brache — mit Klee, Erbsen, Linsen, Wikken, Rüben und andern jährlichen Pflanzen.

Die sogenannten Kraut, oder Kohlfelder, werden alljährlich gebaut, und aus dieser Rüksicht auch alljährlich gedüngt. Schon dieser einzige Umstand, sollte den gemeinen Mann, von der Entbehrlichkeit der Brache überzeugen: denn was er im kleinen — ohne Stallfütterung zu bewirken im Stande ist, würde er bey der Stallfütterung auch im Grosen — im Bezug auf seine ganze Brache — zu bewirken im Stande seyn. S. des geheimen Rath Schubart von Kleefelds oekonomische Kameralistische Schriften. Zur Bearbeitung des Feldes — bedient sich der fränkische Bauer des Pflugs, der Egge, und der Walze.

Der Pflug ist mit einem Sech — (Vorbereisen oder Pflugeisen, Säge, Kolter — langes Messer) einem an der rechten Seite befindlichem unbeweglichem Streichbret, zweyer Sterzen, einer einschneidigen Schaar (vorn am Kopf des Pflugs) einem Vordergestell mit

mit ungleichen und beschlagenen Rädern versehen, — diesen nennt er den **Brachpflug**
(weil er sich dessen hauptsächlich zur Bearbeitung des Feldes ausser der Saat bedient) einen andern aber, der in allen wesentlichen
Theilen genau mit jenen übereinstimmt, mit
der einzigen Ausnahme; daß er nicht wie jener
ein ganzes, sondern nur ein halbes Mahlbret
hat, welches in der Mitte des Pflugs abge-
kürzt, und schief abwärts abgehauen ist, damit die Erde auf beyden Seiten des Mahlbrets
von hinten nachfallen, und das Saamenkorn
bedeffen kann — nennt er den **Streich-
Pflug** (weil er blos dazu bestimmt ist, leicht
über den Boden wegzustreichen, und den ausgestreuten Saamen dieser Art ganz wenig mit
Erde zu bedeffen, denn der vorhergegangene
Brachpflug muß die Erde schon loffer und
rührig, auch zu tieferer Einwurzelung der Saamenkörner bereits tüchtig gemacht haben.)
Diese beyden Pflüge, ziehen die Furchen wechselsweis auf die rechte und linke Seite des
Bettes.

Hin und wieder bedient er sich auch des
sogenannten **Wendpflugs** (der mit einem
beweg-

beweglichen Streichbret und seitwärts bewegli-
chem Sech versehen ist) wo er steile Berge,
unebene und hökkerigte Rangen herumzureissen
hat, weil gleiche Flekken ungleich vortheilhafter mit diesem Pflug,. als mit jedem andern
herumzureissen sind, da man damit des hin
und her kletterns auf den Bergen — welches
mit dem gewöhnlichen Pflug, der ein unbewegliches Streichbret hat — eine unvermeidliche
Sache — überhoben ist; denn man ist mit diesem Pflug das gröste Akkerstük, auf ein und dasselbe Bet zu akkern im Stande; man akkert
nehmlich immer damit an der frisch gezogenen
Furche hinauf und wieder herunter, und stekt
zu diesem Behuf das bewegliche Streichbret,
bald auf die rechte, bald auf die linke Seite,
wornach auch das Sech, nach jeder ausgezo-
genen Furche frisch gerichtet, und eingekeult
werden muß.   Hieraus läßt sich leicht erachten: daß er auf ebenen Boden, wegen des
Aufenthalts, der ganz unvermeidlich mit der
immerwährenden Verstekkung des Streichbre-
tes, der beständigen Veränderung und Ver-
keulung des Seches (denn so oft das Streichbret verstekt wird, muß auch dessen Richtuug
verändert werden!) verknüpft ist — dem
gewöhn-

gewöhnlichen Pflug nicht an die Seite zu
setzen, noch weniger vorzuziehen ist; denn
ein solcher Aufenthalt macht doch die Arbeit
äusserst Zeit und kostenspielig. Ueberdieß ist er noch ungleich schwächer als der
gewöhnliche Pflug gebaut (denn es läßt sich
seines beweglichen Streichbrettes wegen,
gleichsam nur ein einfacher Schaarkopf bey
selbigem anbringen, da doch der gewöhnliche
Pflug mit einem doppelten Schaarkopf versehen ist) mithin kann er auch natürlicherweise!
ausser dem Sand, in einem schweren Boden,
nicht so viel Widerstand als der gewöhnliche
Pflug leisten, und ist in solchen Fall, einer
beständigen Reparatur unterworfen. Die
unanfhörlich dabey vorkommende Manipulation, ist noch überdieß, bey Frost-Schnee-
Gestöber, Regenwetter und dergleichen Witterung — welches doch in der Habersaat z. B. kein
seltener Fall ist — eine äusserst klägliche und
verdrüßliche Sache, für den, der diesen
Pflug zu führen, und das Steichbrett und
Sech alle Augenblicke umzustecken und anders
zu richten genöthigt ist! — Mithin verdient
er doch nicht so allgemein eingeführt zu werden,
als

als es der Herr Profeſſor Bekman S. 79. f.
Grundſätze der deutſchen Landwirtſchaft meynt.

Hin und wieder, bekömmt man auch
Pflüge zu Geſicht, die zwar ebenfalls wie der
ſchon beſchriebene Brach und Streichpflug
conſtruirt, aber ganz von Eiſen ſind. In
Rohr einem Dorff ohnweit Schwabach,
habe ich deren einige geſehen, wo auch nicht
die mindeſte Wagner-Arbeit daran zu entdekken war. Alle mögliche einzelne Theile, die
zuſammengeſezt, den Pflug ausmachen, waren von Eiſen, auch nicht Nagel groß Holz
daran. Der Beſitzer dieſer Pflüge (der Wirh
im Ort) verſicherte mir: er würde ſie — ihrer Brauchbarkeit wegen — nicht um vieles
Geld mit andern vertauſchen. Der dortige
Boden iſt meiſt ſandigt und leichter Art;
mithin läßt ſich die Sache daſelbſt ſchon eher
als anderswo der Art thun. Die Ege beſteht
aus 3 Stükken, oder Blättern; nehmlich einem Mittel- und zwey Seitenſtükken die von
einander abgeſondert, und mit eiſernen Ringen oder leichten Ketten, aneinander gefügt
ſind. Das mittlere Stük ruht auf Kuſſen
oder Schleiffen, die — beym hin und her

fahren der Ege — zu gutem Behuf sind;
die beyden Seitenstükken, werden nehmlich
alsdann übereinander auf das Mittelstük gelegt, und so läßt sich die Ege, gleich einer
Schleiffe oder gleich einem Schlitten — auf
die leichteste Weise von einem Ort zum andern bringen. An Ort und Stelle, werden
die beyden Seitenstükke zur rechten und linken heruntergeschlagen, und das mittelste
Stük herumgewendet, so daß die Kufen in
die Höhe zu stehen kommen *). Die eisernen Zinken oder Zähne (viele führen sie auch
nur von Holz) deren ohngefähr 10 auf jedem Stük, mithin 30 auf der ganzen Ege
befindlich — haben durchgängig einen leichten Buch von vorn nach hinten zu; so daß
man nicht leicht Gefahr läuft, Zinken oder
Zähne abzubrechen —**).

Die

*) Jedes Stük ist ohngefähr 3 Fus, die ganze
Ege mithin 9 Fus breit.

**) Sie dient zu dem Behuf: den Boden mürber
und lokerer zu machen, das Unkraut auszu-
reissen, und den ausgestreuten Saamen mit
Erde zu bedekken. S. Oekonom. Nachrichten. VII. *Le Laboureur, ou cours d'agriculture
pratique par A. Crasquin. Paris* 1771. 8. *Le nouvelliste oeconom.* II. Leipz. Intelligenzbl. 1767.

Die Walze, trift ganz mit jener überein, deren man sich in Sachsen, Thüringen
und an den meisten Orten Deutschlands bedient. Es ist ein hölzerner Cylinder ohne
Stacheln. Sie wird hauptsächlich im sandigten Boden gebraucht, um ein solches gar zu
leichtes Land fester zu machen. Hin und wieder bedient sich ihrer der fränkische Landmann,
im Herbst wider die Beschädigung vom Frost,
und im Frühling wider die Beschädigung von
der Hitze. Dieß ist meist von gutem Erfolg!
Schade daß es nicht durchgängig geschieht!
S. Sur l'operation du rouleau sur les terres. Journal oeconomique 1762. Denster von den Ursachen der
Fruchtbarkeit Peters rational farmer Schwedische
Akademie XIII.

Der fränkische Bauer, weiß von der
großen Anzahl sowohl wirklich gebräuchlicher
als auch neuerer Pflüge — die in neuern Zeiten zum Gebrauch vorgeschlagen und bekannt
gemacht worden sind, nichts; auch ist es gut
daß er sich so wenig darum bekümmert, denn
die Wenigsten sind dem seinigen an die Seite
zu setzen, der die Furche völlig umkehrt, dauerhaft, wohlfeil, nicht sehr zusammengesetzt

ist,

ift, und ſich leicht ſtellen, ziehen und regie-
ren läßt, — und dieß iſt ja die weſentliche
Abſicht eines Pflugs! — alle neu erfundene,
noch ſo gut und mühſam ausgedachte, können
doch am Ende mehr nicht als dieß bewirken!
S. G. A. Hofmans ökonomiſch- mathematiſche
Beſchreibung des Pflugs, in ökonom. phyſik. Abhandlung I. Aebuthnets mathematiſche Betrach-
tung des Pflugs, in the farmer's tour through the
Eaſt of England II. Theorie des Pflugs im Hausvater I. S. 1. Duhamel traité de la culture des terres
Anleitung für die Landleute in Abſicht auf den Pflug
Zürch 1772. 8. Berliner Beyträge zur Landwirthſchaft I. Hannöv. Beyträge 1760. Journal. oecom.
1754.

Bey alle dem iſt es Schade, daß der
ſogenannte **kleine Pflug** oder **Cultivator,** welchen Herr von Chateauvieux erfunden, und den man in 3 Millo vollſtändigen
Lehrbegriff von der praktiſchen Feldwirthſchaft, II.
B. Leipz. 1764 S. 107. u. f. beſchrieben, und
Taf. VII. abgebildet findet, noch gänzlich
unbekannt hier zu Land iſt. — Dieſes Ak-
kerwerkzeug iſt vielleicht das einfachſte und
brauchbarſte in ſeiner Art. Es zweft hauptſächlich dazu ab, den ſogenannten Rangesbau
(die ihrer ganz vortreflichen Fütterung halber

in

in ungeheurer Menge hier zu Lande gebaut,
und anderen Orten: Runkelrüben, Mangold=
Beere, Dikrüben, Dikwurzeln, Burgunder=
rüben, Raunschen, Raunscheren (Beta al-
tissima) genannt werden — zu erleichtern.
Ich weiß es jezt aus Erfahrung — da ich
mich dessen seit einigen Jahren selbst zum Ran=
gesbau bediene — daß man ausserordentlich
viel Zeit und Lohn — im Gegensatz der ge=
wöhnlichen Verfahrungsart — damit er=
spart.   Ich werde weiter unten, beym Ran=
geskraut und Erdäpfelbau Gelegenheit bekom=
men, ein mehreres von seiner Brauchbarkeit
zu sagen.

Die Verschiedenheit des Bodens, oder
vielmehr die einander so ganz entgegengesetzte
Erdarten, des sandigten und schweren Bodens
— machen natürlicherweise auch eine verschie=
dene Art von Akker und Feldbau im Franken=
lande nothwendig: denn anders muß der Akker
auf dem Sand und leichten Boden, anders
auf den schwarzen und starken Erdboden zu=
gerichtet werden.

Im sandigten Boden wird vor der
Herbst, oder Wintersaat, der Brachakker 3
mal

B 3

mal umgepflügt: die erste Brach erfolgt sogleich im Frühjahr nach Walburgis, die
zwente um Johanni in dem eigentlichen Brachmonat, und die dritte Brach geschieht nach
Jacobi; um Michaelis aber wird der Akker
besäet, und mit dem Saamen-Getrend zuge-
strichen. Dieses öftere Pflügen ist auf dem
Sande nöthig, damit der Boden immer lokker,
leicht und zur Keimung des Saamenkörnleins
geschikt gemacht werde. Auf dem Sand
und leichten Boden trift man unter der Erde
viel Wurzelwerk, als Rhewesen an, welches
oft 1 bis 2 Ellen lang sich ausbreitet, und
dem Saamkörnlein seine Kraft und Nahrungssaft entzöge, wo es nicht fleissig mit dem
Pflug umgerissen würde. Ein lang anhaltender Regen macht den Sand schwer, fest, und
zur Ausbreitung der Wurzelfasern, so von dem
Saamenkorn in der Erde entstehen, untüchtig. Der Sand läßt sich im akkern klar, und
nicht in grosen Stükken, von einander theilen,
daher kann das Pflügen leichter und mit wenigern Anspann auf dem Sandboden verrichtet werden. Die Sanderde will öfters gedüngt seyn, sonst verschaft die Saat eine
schlechte Vermehrung des Getrendes. Auf
dem

dem Sand macht man im akkern viele Fur=
chen und kleine schmale Beete, die in der
Mitte hoch aufgehäuft sind, und auf beyden
Seiten schief abwärts geh'n. Sie werden
an denen Orten, wo diese Pflügungsart nicht
gewöhnlich ist, insgemein die **Sandbeete**
genannt. Sie werden 4 Furchen breit ge=
macht, wovon nur 2 Furchen gepflügt, die
andern beyden damit bedekt, zwischen den
Beeten aber leere Zwischenräume gelassen wer=
den. Der zur Herbstzeit nachkommende Re=
gen wäscht sodann von den Beeten almälig
die aufgehäufte Erde in die Furchen herab,
und endlich wird aus dem Beet und Furchen
eine gleiche Fläche, die von aufgegangenen
Saamen grünet. Die Absicht dieser Einfüh=
rung, ist in vieler Rüksicht ohntadelhaft!
denn wenn z. B. ein Akker nur 4 - 5 Zoll hoch
Erde, unter derselben aber sogenannten **Kip=
per,** oder steinigten Boden hat, und man
erhöht durch das Zusammenpflügen der schma=
len Beete, diese tragbare Erde wenigstens
um die Hälfte, so können die Getreydewur=
zeln eindringen, so kann die Feuchtigkeit an=
haltender bleiben, und so kann man in diesem
flachen Erdreich, gleichwohl gute Früchte und

B 4 reiche

reiche Erndten hoffen.   Auch in denjenigen
Aekern ist es gut, welche dem Gewässern oder
Ueberschwemmungen ausgesezt sind,   eine ungleiche, bald hohe, bald tiefe, und sonst gegen   andern angränzende Aekker niebrigern
Lage besitzen;   denn auf den in der Mitte
aufgehäuften Beetern bleibt dennoch der auf-
gegangene Saamie gut,   obgleich derselbe öfters in den Furchen im Winter ausrostet oder
ertrinkt. — Alle diejenigen aber — welche —
wie es leider hin und wieder der Fall ist! —
diese auf dem Sande gebräuchliche Pflügungsart auch in besserem Boden einführen, weil
sie leichter, geschwinder, und — wie sie sagen,
zur Erhaltung des im Beet aufgegangenen
Saamens, ingleichen zu Ausleitung des Was-
fers durch die viele Furchen im Winter nüzlicher wäre — handeln sehr unrecht, und vermindern — durch Beybehaltung einer auf ihre
Umstände nicht passende Gewohnheit, ohne
Noth und Nutzen ihre Erndten. In jedem Erdreich das über 6 Zoll Tiefe hat, sind die schmalen Beete verwerflich; denn 1) können die
nicht gepflügte, sondern nur mit Erde bedekte
Furchen, weder von Sonne noch Luft, noch
Regen gehörig durchdrungen werden: 2) ge-
het

het zwischen 4 Furchen allezeit eine verlohren;
3) ist man der Art gezwungen, das Getreyde
mit der Sichel zu schneiden, weil sich die
Sense auf gleichen höfferigten Akkerbeeten
nicht anlegen läßt. Zur Vertheidigung dieser (ausser dem Sandboden, und wo schon
angeführte Umstände nicht obwalten) wider-
sinnig scheinenden Akkerbestellung, schüzt der
eine die Gewohnheit, ein anderer — wie
schon erwähnt — die Erleichterung des Waß-
serablaufs vor, ein dritter behauptet wohl
gar, daß man durch diese schmale Beete und
unnüz liegenbleibende Zwischenräume, weder
in Absicht auf die Aussaat, noch auf die
Erndte, nicht das mindeste verliere, weil die
Rundung oder Wölbung des Beetes, alles
wieder einbrächte und mehr ausmachte, als
durch die ledigbleibenden Zwischenräume müs-
sig gelassen werde. Bey alledem entschuldigen
solche Scheingründe, diesen gewaltigen Miß-
brauch keineswegs! denn üble Gewohnheiten
muß man abschaffen; den überflüssigen Feuchtigkeiten kann man durch Abzugsgräben besser
abhelfen, und das Wölben des Beetes, kann
die Getreydehalme — die niemals seitwärts,
sondern gerade in die Höhe gehen, nicht ver-

B 5 [meh-

mehren, folglich auch den Verluſt der unbe
nuzt liegenbleibenden Zwiſchenräume, nicht
erſetzen. Ueberdieß kann der zweyten Pflü
gungsart, die auf dem ſchwarzen und ſtar
ken Boden gewöhnlich iſt, ihr vorzüglicher
Nußen nicht abgeſprochen werden. Hier
werden die Akkerſtükke auf 8, 10, 12 und
mehrere Furchen, breite Beeten geakkert; nie
drige und naſſe Akker ausgenommen, die um
den Abfluß der überflüßigen Feuchtigkeiten zu
erleichtern — welche den Akker und die darauf
ſtehenden Früchte verſauren würden — auch
auf ſchmälere Beete geakkert werden. Wenn
ebene Felder zu pflügen ſind, ſo läßt man die
Furchen, nach der Abſchlüßigkeit des Akker
ſtüks zu lauffen, ſind es aber abſchlüßige An
höhen, ſo geſchieht ſolches von der, der Ho
rizontallinie ein wenig abweichenden Seite.
Das Feld wird hier nur 2 mal, erſtlich nach
Walburgis, hernach um Jakobi gebracht,
und mit dem Saamen-Getreyd im Septem
ber zugeſtrichen.

Auf die erſte Brache wird der meiſte
Fleiß verwandt — da pflügt der Landmann
die feſte Erde am tiefſten um, und kehrt die
innere

innere harte Erde herauswärts, die äussere
obere Erde aber hineinwärts und desto tiefern
und lockern Grund findet auch das Saamen,
körnlein, in der Erde unter sich zu wachsen,
auch Wind, Schnee und andere Ungemäch,
lichkeiten im Winter aushalten zu können.

Nicht alle Ackerleute wenden gleichen
Fleiß auf die Bearbeitung ihrer Brache ——
und doch kann solche, wenn anders das Un=
kraut, welches doch auch Nahrungstheile aus
dem Boden zieht, nicht überhand nehmen
soll! —— nicht tief und oft genug herumge=
arbeitet werden, welches zumal, wenn man
festes und nasses Land zu bearbeiten hat, un,
umgänglich nöthig ist; und wenn man in sol=
chen Fällen, die Furchen alljährlich etwas tie=
fer ziehen wollte, so würde noch überdieß von
der sogenannten **wilden Erde** (so nennen die
Franken diejenige steife Erde, welche unter
der Dammerde liegt, nie an die Oberfläche
gebracht worden, und also nie Pflanzen ge=
tragen hat) wenig oder gar nichts zu befürch=
ten sey. S. L'agriculture pratique, suivant les
principes de M. Sarcey de Sutieres Par M. de Grace.
Paris 1765. 8. Essays and observations physical and
litterary. Edingburgh III. S. 56. 68. Physik, ökon.
Bibl.

28

Bibl. V. S. 344. V. E. Lüders nähere Bestätigung,
daß das schmale und flache Pflügen aml nüzlichsten.
Flensburg 1769. 8. Leipz. Samml. VIII. S. 159.
Oekonom. Nachr. II. S. 395. III. S. 28. IV.
S. 215.

 Viele akkern in der ersten Brache das
Land nicht tief genug auf, und erheben es in
der nächsten darauf folgenden zweyten Brache
wieder nicht aus der Tiefe in die Höhe: oder
sie machen eine Furche, dekken aber mit der
Erde, welche in der ersten Furche über sich
geakkert worden ist, so viel Land zu, als in
der andern Furche erst aufgeakkert werden
sollte, und lassen es also ungebaut, fest und
hart liegen, wodurch auf einem Akker der
Boden halb zugerichtet wird, und halb umgeakkert bleibt. Kommt es zur Saat, so
kann das Saamkörnlein auf dem harten und
ungebauten Strichlandes nicht tiefe Wurzeln
schlagen, und wo nicht ein nasser Herbst oder
Winter eintritt, der das feste Land erweicht,
so breitet es seine Wurzelfasern nur oberhalb
der Erde aus, und hat im Winter vieles vom
starken Frost und Eis auszustehen. S. Ste-
phan Gugenmus sämmtliche oekon. Schriften mit
praktischen Anmerkungen begleitet von G. Stumpf
Jena 1789. S. 227.

         Auch

Auch sucht mancher; die sogenannten Reine (ungepflügte Zwischenräume) nicht genug zu vermeiden, die daher entstehn: wenn der Pflug ausspringt, und nicht gleich wieder eingerichtet wird. Solche Flekken fangen nach und nach an sich zu verwesen — und der Art natürlicherweise den Getreydeertrag zu verschmälern. S. Hausvater. Schlesische oekonom. Saml. auf dem schwarzen und schweren Boden giebt die erste Brach große Erdschrollen — weshalb sich auch der fränkische Bauer, der Ege hin und wieder nach dem Pflug bedient, und wenn das Land steif und sehr mit Unkraut bedekt ist, so läßt er es auch queer egen, welches gewiß nicht zu verwerfen ist! S. Journal oeconomique: du travail de la herse 1762. p. 125. In der zweyten Brach, wird die bereits sich gesezte Erde wieder loffer gemacht, und das unter der Zeit auf dem Akker gewachsene Gras umgeakkert. Je tiefer die erste Brach verrichtet worden, desto leichter geht die zweyte von statten.

Auf dem schwarzen und schweren Boden sind — wenn auch die allzugroße und dikke, dennoch die kleinern Erdschrollen nicht zu vermeiden.

meiden. Die Akkerleute nehmen dieß auch
nicht so genau, ein Beweis davon — ist das
Sprüchwort welches sie stets im Munde führen : **Geschicht die Dinkelsaat in Schrollen, so folgt die Erndt' darauf im
Rollen.** Es kann aber nur alsdann in Er-
füllung geh'n, wenn nach der Saat im Herbst
warmes-Wetter mit vermischten Regen und
Sonnenschein anhält, wo der Saame nicht
nur bald und glüklich aus den großen Erdschrollen heraussticht, sondern auch von den
almälig zerfallenen Erdstükken noch vor dem
eingefallenen Schnee und Frost rings umher
beveftigt und eingebaut wird, daß er nachgehends im Frühling bey dessen Ersterkung die
Hofnung zu einer guten Erndte giebt. Wenn
aber im Gegentheil die Saat auf einem schrol-
ligten Akker spät vor sich geht, und bald Frost
und Schnee einfällt, ohne daß der Saame
vorher aufgegangen, so sieht es um die künftige Erndte immer mißlich aus. Häufige im
Winter einfallende Wassergüsse und Ueberschwemmungen solcher Aekker, die von Saamen entblöst sind, ingleichen Feldmäuse, die
öfters im Herbst auf den Aekkern sich sehen
lassen, verursachen, daß theils das Saamen-
korn-

körnlein in dem Boden ertrinkt und verfault,
theils, daß es aufgefressen und verzehrt wird,
daher leere Pläße auf den Saamäkkern im
Frühling zum Vorschein kommen. Ueberdieß
verhindern auch große Erdschrollen den zeiti=
gen und völligen Aufgang des Saamens.
Wie viele Saamenkörnlein müssen unter den
großen Stükken, bis sie in eine klare lokkere
Erde zerfallen, bey anhaltender trokner Wit=
terung erstikken, und im Keimen ausbleiben.
Nichts ist daher erwünschter, als wenn sich
die Erde klar und leicht wie ein Staub mit
dem Saamgetreyd, zumal mit dem Korn,
welches im Staub gesäet und gestrichen wer=
den soll, mischt, weil die Saamkörner in
einer bessern Gleichheit auf dem Akker aus=
getheilt, auch von dem Regen leichter ange=
feuchtet und zum Keimen gebracht werden
können. Je kleiner und enger aneinander die
Furchen in der Streich (nach der Aussaat)
ins Gesicht fallen, desto dichter geht auch der
Saame bey dessen Keimung hervor. Die
Streich wird (wie ich schon angeführt!) mit
wenigern Anspann, und zwar nicht so tief,
als die erste oder zweyte Brach verrichtet, weil
die Erde vorher schon lokker und rührig, auch

zu

zu tieferer Einwurzelung der Saamenkörner
bereits tüchtig gemacht worden ist, überdieß
die schwere und schwarze Erde die Wurzelfasern des Saamens so bevestigt, daß sie nicht
sogleich von Wind, Regen und Schnee völlig entblöst und losgerissen werden könne.

Das Streichen geschieht auf zweyerley
Art; entweder auf die Beete, oder in die
Furchen. Die Streich auf die Beet ist im
Sande, die in die Furchen, auf dem schwarzen und starken Boden üblich. Fährt der
Akkersmann zuerst auf die Beet, häuft die
Erde in der Mitte hoch auf, und macht auf
beyden Seiten tiefe Furchen, damit das still-
stehende Gewässer von den hohen Beeten durch
die tiefe Furchen aus den Akker ablaufen möge,
so wird diese Pflügungsart das **Streichen
auf die Beet** genannt. Wo kein Schaden
von Gewässer zu besorgen ist, da scheint die
andere Art des **Streichens auf die Furchen** gewöhnlicher und einträglicher zu seyn.
Der Akkermann fährt zuerst mit dem Pflug
in die Furchen, schlägt 2 oder mehrere Furchen zusammen und macht aus diesen und
zweyen oder mehreren schmalen Sandbeeten
nur

nur ein einziges breites Beet, dadurch bekommt
der Akker selbst wenig Furchen, und eine große
breite Fläche, die überall von gleicher Höhe
ist. Diese Art des Streichens in die Furchen
wird im starken und schwachen Boden, auf
ebenen und flachen Feldern nützlich befunden,
weil die Wurzelfasern des Saamenkörnleins
viel besser mit Erde überal verwahrt werden,
auch stärker in die tiefe Wurzeln, und viele meh,
rere Knoten, Halmen und Nebenhalmen zeugen
können, als auf den schmalen und in die der
Mitte aufgehäuften Beeten, oder Buk und
Bergäkkern, allwo die Saamenkörner nicht
in einer geraden Fläche, sondern entweder
schief und seitwärts, oder unter sich und ab,
wärts, oder, welches das schwerste ist, über
sich und in die Höhe, ihre Wurzelfasern erhe,
ben und einsenken sollen, die doch natürlicher
Weise nur in die Tiefe, und nicht in die
Breite gerichtet sind. Das einzelne was dem
Saamen auf den Bergäkkern zu gut' kommt,
ist dieses, daß die Natur ihren Nahrungs,
saft, nicht auf so viele Halmen und Neben,
halmen verwenden darf, als auf den flachen
und ebenen Feldern geschieht, folglich die
Körner schwerer, gröser und mehlreicher, auch

deshalb von den Getreydverständigen vor dem
übrigen Getreyd, das nicht auf Bergen gewachsen ist, zum Kauf begierig aufgesucht
werden. (Das zum hiesigen Guth Franken-
berg gehörige Feld, besteht gröstentheils aus
Buk und Bergäkkern — und das darauf ge-
wonnene Getreyde wird von den Käufern nicht
nur dem andern in der Nachbarschaft (welches
auf ebenen und flachen Feldern gebaut wird
vorgezogen, sondern auch vorzugsweise theurer
als jenes bezahlt) Die Art des Streichens
in die Furchen, hat weiter darinnen einen Vorzug, daß auf den breiten Beeten und wenigen Furchen) mehr Saamen über sich kommt,
als in den vielen tiefen Furchen, welche meistentheils im Frühling und Sommer bey dem
Ausjäten vertreten, und mit dem Gras zugleich des Saamens beraubt werden. Die
breiten und flachen Beete haben auch diesen
Vortheil, daß sich das Wasser an keinem Ort
allein, wie in den tiefen Furchen sammeln,
und den Saamen ersaufen kann, es theilt
sich vielmehr auf den breiten Beeten gleich
aus, und wo keine langwierige Nässe einfällt,
so sinkt die Feuchtigkeit allmälig hinein, und
befördert, zumal im Herbst und Frühling,
die

die Fruchtbarkeit des Saamens. Der Dung,
kömmt fast durchgängig — vor der zweyten
Brach, auf die Brachätter damit er hinunter
gestürzt und in der Streich wieder über sich
gebracht werde, der nachkommende Regen
und Schnee aber ihn auflösen, und des Saam-
korns Wachsthum befördern möge Einige
führen ihn auch vor der ersten Brach, und
noch andere vor der Streich auf die Aeker.
Im lezteren Fall bleibt er aber meist auf der
Oberfläche des Akfers liegen, und dann pflegen sich — wenn er nicht kurz genug ist — die
Feldmäuse darunter zu verbergen, und den
Saamen abzufressen. Der Dung, der vor
der ersten Brache auf das Feld geführt wird
— wird auch natürlicherweise besser und klärer
durch das zweymalige Brachen mit der Erde
vermischt, und kömmt in der Streich tiefer in
die Erde — nur schlägt er, bey einem
trofnen Winter und Frühling nicht allezeit
gleich an.

Der Roßdung wird (seiner brennenden
austrofnenden Eigenschaft wegen) selten allein — meist mit andern Dung vermischt,
auf nasse, tiefe und kalte Aeker, der Schaaf-

mist

mist auf thonigten und fruchtbaren Boden,
der Rindviehmist hingegen auf kalkigten und
sandigten Boden geführt. Dieß stimmt
ganz mit der Natur der Sache überein; denn
der Pferd und Schaafmist hat mehr öhligte
und schärfere Theile, ist auch einer Gährung
fähig bey welcher eine Hitze entsteht; der
Schaafmist ist der nützlichste, welches die
Pferchäkker bezeigen, worauf die Gerste
und Dinkel ungemein frech, dick und reich an
Körnern aufwachsen — der Rindviehmist hingegen, der die Mittelstrase hält, weder zu
feucht noch zu brennend, wässerigter und schlei-
migter ist, und ohne vorhergegangener Gährung in Fäulung übergeht, die doch durch
die übermäßige Menge der wässerigten Theile,
aufgehalten wird. S. Wallerius Fundam. chem.
agric. c. 13. Reinhardts vermischte Schriften I.
Schlesische ökon. Saml. I. Oekonom. Nachrichten III.

Die besten Aekker auf dem schwarzen
milbigten und starken Boden haben mit der
Zeit einer Düngung vonnöthen. Diese
wiederfährt ihnen gemeiniglich nach 6, 8, 9
bis 10 Jahren. Wer seine Felder aber in
besо

befferen Stand zu erhalten, und eine reichere
Vermehrung des Getreydes zu bewirken sucht,
der kömmt ihnen auch noch eher zu Hülfe.
Wie stark der fränkische Bauer düngt? —
ist eine fast nicht zu beantwortende Frage!
dieß kömmt lediglich auf seinen Viehstand —
Zeit und mancherley Umstände an. Ueberdieß sind ja auch die Fuhren, die Größe der
Akkermorgen — der Dung selbst so verschieden,
daß man im Allgemeinen etwas mit Gewißheit darinnen zu bestimmen schlechterdings
ausser Stande ist. So viel läßt sich aber mit
gröster Gewißheit behaupten und ganz leicht
beweisen: daß der fränkische Bauer, zum
gröstentheil, äufferst zwekwidrig und ganz gegen alle ökonomische Grundsätze mit seinem
Dung verfährt: denn erstlich bringt er meist
solchen, der langes Stroh enthält auf seine
Aekker — ein solcher enthält mehr Vehikel
als wesentliche Theile in sich — kann mithin
auch nur halbe Wirkung leisten! S. Sukow
Kameralwissenschaften S. 54. Ekkardts Experimental-
Oekonomie. Reichhardts Land und Gartenschatz. Hannöv. Hausv. Leipz. Int. B. 1772.

Seine Entschuldigung ist: weil der
kurze Mist, der zwar seine Wirkung bald

äus-

äussere, nicht lange dauern, der lange hingegen länger anhielte. — Ist denn aber dessen
Nutzen gleich im ersten Jahre sichtbar? —
und fällt der Art nicht die wesentliche Absicht
des Düngens weg, da er im ersten Jahr keine
Wirkung äussert? — Dann bleibt er auch den
Sonnenstrahlen und der Kälte, eine zu lange
Zeit auf dem Felde ausgesezt — wodurch er
einen großen Theil seiner Vollkommenheit verliert. S Wallerius de ementatione agri. Upsaliae.
1758. 4. Wallerius diss. de caussis sterilitatis agrorum.
Upsal. 1754 Memoire sur la qualité et sur l'emploi des
eugrais, par M. de Massac. Paris 1767. 12. Diksoús.
Treatise of agriculture I. S. 46. 82. — Berliner
Beyträge zur Landwirthschaftswissenschaft. 1. S.
490. Allgemeine Gründe der Düngung in Schrebers
Saml IV. S. 376. Handb. Samml. 1758. S. 1154.

Einige würzen ihre Aekker nicht nur
mit animalischen Dung, sondern auch mit
guter Erde, die sie an andern Orten, als in
Weyhern, Rangen oder Waasen abheben,
und in die Aekker führen lassen; doch hilft die
beste hinein geführte Erde nicht allemal gleich
in den ersten Jahren zur Fruchtbarkeit der Felder, bis sie vorher erlegen, klar und lokker
worden ist, auch sich mit der übrigen Erde
genau vereinigt hat.

Die

Der fränkische Bauer, bedient sich auch
hin und wieder vieler auſſer dem Miſte vorkommenden animaliſchen und vegetabiliſchen
Abfälle zur Düngung seiner Felder z. B. der
Hornspäne, des sogenannten Dornſchlages,
Salzbößiges, der ungebrannten Kalkerde, der
ausgelauchten Aſche, des Gypſes u. d. m.
und dieß nennt er die **Oberedüngung,** weil
er sie nur oben aufs Land bringt ohne sie unter
zu ackern.

Was den Gyps anlangt, der zu Staub
zermalmt und — wenn die Gewächse noch
jung ſind — nach, oder kurz vor einem Regen, oder überhaupt, wenn die Blätter der
Gewächse vom Thau oder Regen naß ſind,
ohngefähr ſo dik wie das Korn (Rokken) aus-
geſtreu't wird — ſo hat der Herr Paſtor Mayer
zu Kupferzell das Verdienſt ihn allgemein bekannt gemacht zu haben. S. J. F. Mayer, die
Lehre vom Gyps, als einem vorzüglich gutem
Dung zu allen Erdgewächſen. Anſpach 1769 4.
zweyte Auflage. Mayers Beyträge und Abhandlungen I. S. 261. J. F. Mayers Vertheidigung des
Gypſes, als einer vortreflichen Düngſorte. Frankf.
am Mayn 1771. 8. Zweyte Fortſetzung ſ. Beyträge S. 1. Mayers erſte Fortſetzung d. Beyträge
S. 173.

C 4　　　　　　　Daß

Daß er wohl 10 mal so viel Gegner als Anhänger in Franken hat — beweist nichts! denn dieß rührt wohl einzig und allein daher: weil die meisten davon eine chymische Unter-suchung der Steine und Erdarten anzustellen, und mithin auch den ökonomischen Nutzen der-selben, in seinem ganzen Umfang gehörig zu bestimmen unfähig sind, und andere die an sich richtigen Grundsäße der Chymie, unrich-tig anwenden, und dadurch nur ohne Noth Gelegenheit geben, eine sonst sehr nüzliche und vortrefliche Wissenschaft, in den Augen der übrigen, welche sie gar nicht kennen, veracht-lich zu machen.

Aus allen Erfahrungen, die man bis jezt noch mit dem Gyps gemacht, läßt sich mit Zuverläßigkeit behaupten: daß der rohe ungebrannte Gypsstein, das zähe, strenge und thonige Erdreich loker macht, indem die eigentlichen Theile des Gypssteines, die Theile des Thones von einander trennen, und ihren allzustarken Zusammenhang vermindern, wo-durch also verursacht wird, daß die Luft, der Regen und andere atmosphärische Feuchtigkei-ten besser und häufiger eindringen, die stok-

ken-

fenden Gewäſſer leichter durchflieſſen oder ver-
dünſten, und die Wurzeln der Gewächſe ſich
beſſer ausbreiten können; — daß der ausge-
ſtreuete Gypsſtaub — welches durch die Erfahrung völlig erwieſen iſt! — die Erdflöhe
(und vielleicht auch anderes Ungeziefer) gänzlich vertreibt. Der Gypsſtaub wirkt daher
vorzüglich auf Kohlgewächſe und Hülſenfrüchte,
weil dieſe vorzüglich von den Erdflöhen leiden;
er wirkt um deſto ſtärker, je heiſſer, trokner
und offener die Stellen ſind, wo man ihn
hinſtreu't, weil auf ſolchen Stellen die Erdflöhe gemeiniglich am häufigſten ſind, er wirkt
auf naſſen, kalten oder ſchattigten Orten gar
nicht, weil dieſe gemeiniglich von den Erdflöhen gar nicht beſucht werden: deshalb muß
er aber auch geſtreu't werden, ſo lange die
Pflanzen noch jung ſind, inſonderheit wenn
man an ihnen merkt, daß ſie kränklich ausſe-
hen und nicht recht fort wollen, denn dieſes.
iſt mehrentheils ein ſicheres Anzeigen, daß die
Erdflöhe anfangen ſie zu benagen, und ſie na-
gen blos an den ganz jungen und harten Gewächſen; endlich muß er geſtreu't werden, wenn
die Blätter der Pflanzen feucht ſind, weil die
Mayeriſchen Erfahrungen zeigen, daß blos

unter

unter dieser Bedingung die Erdfläche abgehal=
ten werden.

Herr Mayer versichert, daß er noch nie
so viele, so schöne und frühe Pflanzen erhal=
ten habe, als nach'em er die Erdflöhe von ih=
nen durch den Gypsstaub abhielt. Jeder
Landwirth weiß, wie ungemein schädlich,
selbst auf den fettesten Aeckern, die Erdflöhe
den Gewächsen sind, und die Hauptursache
daß früh' im Merz gesäete Erbsen, mehren=
theils am besten gerathen, ist keine andere
als diese: weil die Erdflöhe im Merz noch
nicht so häufig zu seyn pflegen, als in den fol=
genden Monaten. Es ist also gewiß, daß
junge Erbsen und Kohlpflanzen, die von den
Erdflöhen leiden, so bald man diese ver=
treibt, gemeiniglich sich dermasen bessern,
und aufs neue so stark zu wachsen anfan=
gen, als wenn man ihnen neuen Dünger
gegeben hätte; daher es ganz natürlich ist;
daß der Gyps dergleichen Früchte zu dün=
gen scheint, ob er gleich dieses nicht thut.
Versuche über den Gyps von Herren Tschiffeli in
den Berner Abhandlungen 1771. S. 69-83. Han=
növ. Magazin 87. St. vom Jahr 1774. Cal. 1385. fgg.

Er=

Erfahrungen und gemeinnützige Bemerkungen vom
Gypse und deſſen nüzlichen Gebrauch, eine Preiß-
ſchrift der Churfürſtl. Maynziſchen Geſellſchaft,
nüzlicher Wiſſenſchaft, zu Erfurth, herausgegeben v. D. Gr. Iman. Hegel E. f. 1780 8.½2. B.
Verſuche über den Gyps v. Herrn N. A. Kirch-
berger, im 2. St. des 12. Jahrg. 1771. der durch
die ökon. Geſellſchaft zu Bern geſammelten Abhandlungen und Beob. S. 31-68. Der Landwirth,
von Mich. Hube I. Theil I. St. Warſchau und
Dresden 1779. gr. 8. S. III. ſgg.

Der Gypsſtein wird hier in Franken,
auf mancherley Weiſe zermalmt oder zu Staub
gemacht. Anfänglich wird er durch eiſerne
5-6 Pf. ſchwere Hämmer, in der Größe eines Hühnereyes oder einer Wälſchennuß zu
Stükken geſchlagen, und thut ihn alsdann
entweder in einen gewöhnlichen Stampftrog
(wo er, da die Stampfe unten mit Eiſen be-
ſchlagen iſt, in kurzer Zeit und leicht zu Mehl
gemacht wird, (oder auf Oehl, Walk und
Lohmühlen (wo die Arbeit noch viel geſchwin-
der von ſtatten geht, und man in 24 Stunden eine ſehr große Menge Gypsſtaub mahlt)
Herr Paſtor Mayer hat S. 74 ſeiner Geſchichte
der Landwirthſchaft zu Kupferzell zu dieſem Behuf ein Pochwerk abgebildet) oder auch eine
Gyps-

Gypsstampfmühle (den Riß davon, nach welchem verschiedene im Hohenloischen erbaut worden sind S. den XX. Theil ter öconom. techn.
Encyklopäd. v. D. Johann G. Krünitz F. 1091.
oder auf einem Wergeltrog) Mehltrog wie ihn
Herr Meyer nennt, worinnen man das Obst
zerquetscht, daraus man den Cidermost oder
Obstwein macht, wenn man das zerquetschte
Obst auf der Preße ausgedrükt hat.   Dieser
Wergeltrog besteht aus einem etwas krum ge-
wachsenen Eichen oder andern festen Stük Holz,
wo die Höhlung 6, 8 bis 10 Zoll mehr oder
weniger tief ist, und aus einem harten Sand
oder andern Stein) gemeiniglich wird ein ab-
gelaufener Mühlstein dazu genommen, welcher
noch auf seinem Rand 4, 5 bis 6 Zoll breit
ist, in der Mitte dieses Steines wird ein rundes ausgehöhltes Holz oder eine Nabe von einem Wagenrad angebracht, damit die Stange
welche durchgeschoben, und durch welche der
Stein hin und her gerollt wird, nicht so bald
durch das stete Reiben am Steine beschädigt
werden möge.   Der Trog ist beynahe eben so
breit als der Stein welcher darinnen läuft,
und den Gyps zermalmt.   S. F. 1092. Der
Krünitzischen ökon. technol. Encyklopäd. Theil XX.
oder sie bringen ihn auch auf die von dem geheimen

heimen Rath Schubart von Kleefeld im III. Theil
seiner ökonom. Kameralschriften S. 159 beschriebenen Gypsmühle.   Der rohe Gyps hat in
der Düngung deshalb einen Vorzug vor
dem gebrannten, weil er sonst — vermöge
seiner bindenden Kraft, das Feld wie mit einer Cruste überziehen, und der Art jede Ein-
wirkung jeden Einfluß der Witterung verhindern würde ; überdieß soll — wie der faule
Gestank verräth — viel Oehl beym Brennen
verlohren gehen; welches doch zum Wachsthum der Pflanzen nicht wenig beyträgt.   Die
Art und Weise ihn auf das Land zu bringen
ist ganz einfach — er wird nehmlich aus Säe-
tüchern gesäet.   Der Einwurf: daß zu befürchten sey, Gyps werde dem Vieh, welches mit
Gras oder Heu von begypsten Wiesen gefüttert
werde, schaden, hat Gelegenheit gegeben, zu
bemerken, daß man sogar Gypsmehl als eine
Arzeney des Viehes gebrauchen könne.   Herr
Mayer legte dem Publiko gerichtliche Zeugnisse
vor, daß krankes Vieh durch Gypsmehl kurirt
worden; und so bestätigen pfälzische Landwirthe
eine andere Aussage von ihm, daß nehmlich
Mastvieh, wenn auf jedes Futter etwas Gypsmehl gestreu't, oder davon in das Sauffen
gemischt

gemischt wird, eher und mit besseren Erfolg
fett wird. Das Füttern mit Gypsmehl haben
die Bauern zu Bürkheim im Churpfälzischen
selbst aufgebracht, nachdem sie die Wirkung
eines gewissen Altares näher untersucht hatten.
Bey jeder Wallfahrt war die Masse dieses Wun-
deraltares vermindert, indem die Landleute sich
eine Portion Pulver abschabeten, und solche
ihrem Vieh unter das Futter mengten. Endlich entdekte man; daß der Altar aus Gypstein
bestehe, und jezt thut der Gyps dasselbe Wun-
der! Inzwischen wäre doch anzurathen: hie-
bey behutsam zu verfahren, am sichersten, soll
man damit gehen: wenn man nicht rohen sondern gebrannten Gyps, und beym Füttern nur
kleine Portionen davon nimmt.

Die sogenannten Düngesalz, die meistentheils in einer Mischung von Stauberde,
Kalk, Asche und Salz bestehen, so wie das
Kreuznacher, die Terre végétative d'Etapls, des
Hunters Oil Compost — sind wenig oder gar
nicht hiezu Land bekannt; auch findet man Versuche genug aufgezeichnet welche deren Untüch-
tigkeit erwiesen haben, in Roziers observations
sur la physique 1772. Aviel oder V. 2. S. 185.
Hannöv.

Hannöb. Magaz. 1765. S. 957. und 1766. S. 1614.
Schrebers neuere Cameralschriften VIII. S. 252.
Düngerlexicon in ökon. Nachr. I. S. 177. Young
is Rural oeconomy S. 247. 3. S. Popowitsch, von
den verschiedenen Arten zu düngen, in Schriften
der Pfälz. ökon. Gesells. 1770. S. 1691.

Dagegen ist die sogenannte grüne Düngung, welche von alten Zeiten her in Italien
im Gebrauch ist — Cato, de re rustica l. c 23. p. 184.
wo nicht allgemein gebräuchlich hie zu Lande,
doch wenigstens nicht gänzlich unbekannt. Man
säet allerhand Pflanzen vornehmlich Hülsenge-
wächse auf solche Stüffen, die des Dungs be-
nöthigt sind, und ackert solche kurz vor der
Blüthe unter. —

Das Saamenfeld, wird theils — wo es
Zeit und Umstände erlauben schon im Herbst
gestürzt — und dann gleich im Frühjahr der
Saame darauf untergeackert — oder es bleibt
denn Winter hindurch (welches freylich nicht so
gut als jenes ist) als Stoppelfeld liegen — und
wird im Frühjahr nur ein einzigesmal, nehmlich
wenn der Saame schon darauf gesäet worden
— umgerissen.

Zur Aussaat wird jedesmal der beste,
schwerste, völlig reif gewordene und zwar zur
Herbst-

Herbſtſaat der gleich ausgedroſchene — zur
Frühjahrsſaat, der wohl aufgehobene und
wohl gereinigte Saame gewählt.

Mit der ſo ſehr empfohlenen Einquellung
(Impräguation) des Saamens in wäſſerigten,
oder fetten, oder ſalzigten oder ſeifenartigen,
oder geiſtigen Mumien, von welcher man
ſchon bey Virgil Georgic. I. 193; bey Columella
X. und II. bey Palladino I. und X. auch bey Plinius
XVIII. und in den neuern Zeiten vornehmlich
bey Vallemont und Ambroßzeiger, Vetersen, Rün-
hold — Reinhardt — Juſti &c. Nachricht findet, läßt ſich der fränkiſche Bauer nicht täu-
ſchen; auch hat dieſe Verfahrungsart weder
Gründe noch richtige Erfahrung für ſich: denn
ſie kann das Aufgehen des Saamens nur unter ſeltenen Umſtänden beſchleunigen, und gemeiniglich iſt ſie unwirkſam, noch öfterer
ſchädlich. S. Wallerii diſſertatio de artificioſa
foecundatione immerſiva ſeminum vegetabilium. Hol-
miae 1752. 4. J. C. Gehleri progr. de uſu mece-
rationis ſeminum in plantarum vegetatione Lipſ. 1763.
4. Georgical eſſays I. S. qq. onſteeps.

Die Säezeit wird von einigen — nach
dem Natur oder botaniſchem Kalender — deſſen

fen Gebrauch) wie Herr Bekmann fagt, in der Landwirthfchaft älterer und ficherer ift, als der Gebrauch des aftronomifchen — S. Linnei differt. veruatio arborum, in Amoen. acad. III. Linnei calendarium florae, in Amoen. acad. IV. Stillingfleet's Mifcellaneous tracts. &c. von andern aus dem Mondwechfel und den lächerlichen Kalenderzeichen beftimmt; und doch follte lediglich die Witterung — und die verfchiedene Lage und Befchaffenheit der Felder darinnen entfcheiden!!! —

Das Säen gefchieht an einigen Orten auf zweyen, und an andern Orten auf einem Beine; an einigen Orten mit zweyen Gängen, an andern mit einem Gang. Der Säman giebt wohl acht, ob die Akkerbeete flach, breit und in die Furchen geftrichen werden, allwo er im Säen drey bis vier Gänge hin und her, auf ein jedes Beet zu verrichten hat; erfcheinen aber die Beete wie auf dem Sand, fchmal, in der Mitten aufgehäuft, und die Streich wird auf die Beete, nachher eingetheilt, fo übergeht er ein jedes Beet im Säen ein oder zweymal. Er bindet ein weiffes leinenes Tuch um feinen Leib und

Achsel, füllt es mit dem Saamengetrend,
nimmt aus demselben bey einem jeden Schritt
eine Handvoll, und wirft das Getrend mit
ausgestrekten Arm behend vor sich, daß er zer-
streu't werde. Diese Arbeit im Hin- und Her-
gehen, wiederholt er auf jeden Beet des Akkers so lange, bis die bestimmte Menge des
Getrendes zu Ende geht. Wie dik der fränkische Landmann säet — läßt sich im Allgemeinen nicht bestimmen, so viel aber doch behaupten: daß er in diesem Stük ganz nach zureichenden und physikalischen Gründen verfährt; denn er mißt zum grösten Theil, die
Menge seines auszustreuenden Saamens nach
der inneren Beschaffenheit seiner Aekker ab. S.
Le Laboureur par Crasquin Paris 1771. 8. S. 132.
Peters rational farmer London 1771. 8. S. 70. Essay
sur la quantité de semence la plus avantageuse au
produit des recoltes par M. Mourgue, Montpellier
1768. 8. Oekon. Nachrichten I. S. 298. und II. S.
274. Anzeige von der Leipz. ökonom. Societät von
der Michaelis Messe 1772. Reichardts Land und
Gartenschatz I. S. 95. und V. S. 110. Im leichten Boden, wird die Saat — vornehmlich
die Sommersaat untergepflügt, und zuweilen
eingewalzt — damit sie etwas tief zu liegen
komme (ist nicht zu verwerfen! S. die
ökonom.

ökonomiſche Nachrichten, I. S. 73, 277, 557,
721; und III. S. 27, 289, und IV. S. 190.)
im feſten Boden hingegen wird ſie einge=
egt — dieß heißt ganz nach zureichenden
Gründen verfahren! S. Berliner Beyträge zur
Landwirthſchaft I. S. 759, die Schriften der Ber=
ner Geſellſchaft 1774. St. 2. S. 81.

Von allen den ſinnreichen und meiſt ſehr
koſtbaren Sáemaſchinen, der Herren Genets
Roucoui — Soumille — Weſtbek — Thunberg
— Locatelli -- Chateauvieux - Duhamel -- Cronſtedt -
Arbuthuot, Tall - Raudall -- Worlidge &c., hat
zur Zeit noch keine nur den mindeſten Bey=
fall in Franken erhalten. Ein Beweis; daß
der fränkiſche Landwirth ſich nicht ſo leicht zu
einem unnöthigen Zeit = und Koſtenaufwand
verſteht, S. die Schriften der Leipz. ökonom.
Societát. I. der Hannöv. ökom. Geſellſchaft I. und
den Hausvater II.

Leider! ſind dem fränkiſchen Landwirth,
die Hánde noch zu ſehr durch die leidige Hut
und Triftgerechtigkeit gebunden; als daß er
— auch bey dem beſten Willen, nach den Re=
geln der Oeconomie zu verfahren, und den
Ertrag ſeiner Lándereyen — bey einem richti=

D 2   gen

gen Verhältniß des Getreydebaus und der
Viehzucht — auch durch den Wechsel oder
durch die jährliche Abwechslung der Früchte
zu erhöhen im Stande wäre. S. Gömersch
Hausvater. T. I. S. 114. „Je mehr verschiedene
Arten von Erdgewächsen sich einander abwechseln, desto mehr wird der Ertrag einer
jeden, bey vorausgesezter guter Cultur, vermehrt werden." In der vor einigen Jahren
von der kurfürstlichen Kammer zu Hannover
gegebenen Instruction für den Verwalter eines Domainenguths. §. 49. „Weil aber
das Land an einerley Frucht sich müde trägt
(oder, welches gleich viel ist, weil diese Frucht
am Ende keine ihr eigenthümliches Nahrungstheilchen mehr findet) so muß es wechselsweise mit andern Früchten bestellt werden."

Je mehr man mit den Getreydegattun-
gen abwechselt, und je weniger Verwand-
schaft der dießjährig gewählte Saame mit dem
im vorhergehenden Jahre ausgestreueten Saamen hat, desto ergiebiger muß — bey vorausgesezter guter Cultur — die davon zu er-
wartende Ernde ausfallen. Einige Physiker
rathen deshalb sogar an: die selbst gezogenen
Säme-

Sämereyen, die — durch häufige Wiederho=
lung — schon zu verwandt mit unsern Boden
geworden sind — mit ausländischen Säme=
reyen gleicher Art zu vertauschen. S. Roth=
manns, Garten=Cathechismus für Landleute, 1783,
Remmels Garten=Cathechismus. Mills vollstän=
diger Lehrbegriff der praktischen Feldwirthschaft.
Allgemeine Haushaltungserfahrungen einer Socie=
tät in England. J. C. Wöllner von Aufhebung
der Gemeinheiten in der Mark Brandenburg. Ber=
lin 1766. Von Justi ökonomische Schriften I. Essay
sur l'amélioration des Terres par Patallo. Darjes
Ackersystem in ökonom. Nachrichten X. —

· Jezt will ich die verschiedenen Feld=
früchte, die hauptsächlich in Franken gebau't
werden, der Reihe nach durchgehen, und den
Anfang mit dem **Dinkel** Triticum Spelta.
Lin. als derjenigen Getreydeart machen, welche
gleichsam in Franken zu Hause ist; weßhalb
ich bey dessen Naturgeschichte, und Cultur
auch weitläuftiger als bey jener der folgenden
Getreydearten seyn werde.

Herr D. Joh. Georg Hofmann, theilt
in seiner Nachricht vom Ackerbau, die Getreyde=
früchte in zwey Classen ein, und zeigt: daß
der Dinkel (oder Dünkel) in die andere Classe

zu

zu den rauhen Getreydfrüchten gehört, weil
der innere Kern im Dreschen seine äusserlichen
Hülsen oder Häute nicht ablegt, sondern die,
selben auch nach dem Dreschen fest vereinigt
behält. D. Schorer in seinen Gesundheitsregeln
giebt ihm den Nahmen: **Spelzen**. Die
Griechen nennen ihn ζεα oder ζεια (war ein
besonderes Gerstengeschlecht). Vom Hippo,
crates wird Zea, vom Galenus Olyra genannt.
Plinius unterscheidet beydes, und will unter
dem Wort Zea das Saamkorn, unter dem
Wort Olyra aber die ariucam, oder ein
gröberes, schwärzeres und rauheres Mehl von
einer besondern, in Frankreich gewöhnlichen
Getreydfrucht, dessen Korn schwarz und so
klein wie eine Erbse ist, verstanden wissen.
Herodotus begreift unter dem Wort Zea und
Olyra einerley Frucht, nehmlich den **Dinkel**.
Der Nahme **Spalt** wird ihm beygelegt, weil
die äusserlichen Spalzen oder Hülsen, die den
Dinkelkern umgeben, gespalten und von ein,
ander getheilt sind, auch der Dinkelkern selbst,
inwendig in seinen Schelffen auf der flachen
Seite derselben mitten durch nach der Länge
einen kleinen Einschnitt, Rinne oder Spalt,
der aber nicht durchgeht, zeigt.

Die

Die verſchiedene Anzahl von Dunkelkör-
nern, ſo mit beſondern Hülſen eingekleidet
ſind, macht dreyerley Dinkelgeſchlechter aus;
das erſte und ordentliche Geſchlecht des Dinkels trägt in zwey vereinigten Schläuchen
zwey Körner zugleich, auf jeder halbgeſpalte-
nen Seite ein Korn. Der Kern hat gegen
die äuſſere Seite einen erhabenen Rükken,
und läuft ſchief abwärts gegen die innere,
flache und breite Seite zu, in deren Mitte
der vorhin gedachte Spalt oder die Rinne zu
ſehen iſt. Oben ſpizt ſich der Kern zu, unten
aber wird er etwas rund und dik. Das
zweyte Dinkelgeſchlecht iſt einkörnigt, und
findet ſich meiſt oben und unten an einer Dinkelähre. Es werden zwar auch zwey verei-
nigte Schläuche in deren Hülſen entwikkelt,
aber man bemerkt nur in dem einen Schlauch
ein Dinkelkorn, und in dem andern gegenüber-
ſtehenden Schlauch iſt kein Korn zu finden,
ohne Zweifel aus Mangel des Nahrungsſaf-
tes, der entweder, in den unterſten Spalzen
der Dinkelähre vorbey, und gröſtentheils in
die Nebenſpalzen gedrungen, oder gar nicht
bis an die Spize der Dinkelähre geſtiegen iſt.
Das dritte Geſchlecht des Dinkels iſt drey-

D 4   för-

förnigt, kommt selten vor, und hat nur in
guten Jahrgängen auf fetten und wohlgedüngten Aeckern, bey einer oder der andern großen
und starken Dinkelähre statt. Wenn das
Dinkelkorn in der Saat tief und weit von
andern Körnern kömmt, daß es stauden kann,
so entstehn auch wohl 3 mit einander verei-
nigte Schläuche, davon auf der einen Seite
2 Schläuche, jeder mit einem Dinkelkorn,
und auf der andern gespaltenen Seite ein
Schlauch mit einem Dinkelkorn versehen ist.
Es schließt nicht die ganze Dinkelähre, in allen daran befindlichen Spalzen oder Hülsen
dreyförnigter Dinkel ein, sondern nur einige
wenige Hülsen an der Dinkelähre halten zu
Zeiten drey Körner, die übrigen führen ihre
gewöhnliche zwey Körner, oder auch nur ein
Korn.

Jedes Dinkelkorn ist von außen, mit
drey Hülsen oder Häuten verwahrt. Die erste, unterste und äusserste Schelfe ist eine
Fortsetzung des Dinkelhalmes, welche durch
die ganze Dinkelähre, in kleinen abgesezten
Gliedern, die äusserste unterste und stärkste
Dinkelspelzen mit einer gleich starken und
weiß

weiß gelben Schelffe einkleidet. Sie ist doppelt gespalten, auf beyden Seiten von einander getheilt, unten mit dem mitten durch die
Aehre gehenden, und gliedweis abgesezten
Halm fast zusammengewachsen, aussen erhaben, inwendig hohl, und richtet sich in der
Gestalt nach der zweyten darauf folgenden
Hülse, welche von der ersten und äussersten
umschlossen wird. Die zweyte innere Hülse
stellt das Behältniß des Dinkelkorns vor, stekt
in der ersten äussersten Schelffe, ist dünner,
geht über dieselbe auf beyden Seiten weiter
heraus, hält ordentlicher Weise die zwey von
einander getheilten Schläuche, und wo drey
Körner verborgen sind, auch wohl 3 Schläuche
in sich. Jeder Schlauch ist wieder aus zwey
weissen Häuten zusammengesezt, davon das
eine äussere Häutlein erhaben und hohl sich
zeigt, damit es das Korn in sich fassen kann,
das andere innere Häutlein ist flach, breit
und dünn, auch dekt es das Korn auf beyden
Seiten zu. Die dritte Hülse geht in der
Mitte über die bereits beschriebene zwey Hülsen höher heraus, und ist die Scheidewand
der zwey mit einander vereinigten und auf
beyden Seiten abgetheilten Schläuche. Sie

D 5   ist

ist ein zartes, weisses, langes und leeres
Häutlein, darinnen niemals ein Korn stekt,
und hat meistens noch ein kleineres leeres
Häutlein von eben der Beschaffenheit bey sich,
gemeiniglich wird er als Winterfrucht, und
nur an den wenigsten Orten Sommerdinkel
gebaut, der sich durch seine gerstenartige
Grannen, und weitläuftige Aehren, von jenem unterscheidet. Er erfordert einen guten,
fetten und schwarzen Boden. Im schwarzen
und schweren Feld schlägt er wohl fort, weil
seine zarte Wurzelfasern von der starken Erde
gut befestigt und verwahrt werden, daß nicht
den Winter über, und im darauf folgenden
Frühling die rauhen Winde, Schnee, starke
Nachtfröste und Glatteis sie so leicht beschädigen, lo*reissen und verderben können, welchem Ungemach der in der Oberfläche der
Erde stehende und nicht tief genug eingewur-
zelte Dinkelsaame vornehmlich ausgesezt ist;
daher öfters schon im Herbst eine schöne,
dikke Dinkelsaat aufgegangen, und im Frühjahr, zumal im Monat Merz, wieder ver-
schwunden war. Die Landleute führen hiervon ein Sprüchwort: Merzen Schnee thut
dem Saamen weh! — In einem recht fetten
Boden,

Boden, wo sich der Roggen legen und faulen,
der Weizen aber zu sehr ins Stroh wachsen
würde, wird der Dinkel mit dem besten Erfolg von dem fränkischen Landmann gebaut;
besonders aber um Rothenburg ob der Tauber,
Windsheim, und an dem Fluß Altmühl.
Im Uffenheimer Gau wird er meist mit Roggen vermengt und der Art (nach fränkischer
Mundart!) als **Gemischtes** ausgesäet. Der
Erdboden daselbst ist weiß, lettigt und leicht,
mithin zum Korn und Dinkelbau geschikt.
Der Bauer säet dieses gemischte Getreyd zur
Vorsorge aus; damit, wenn nach der verschiedenen Jahreswitterung, Lage und Güte der
Aekker, das eine Getreyd ausbleiben und nicht
wohl gerathen sollte, dennoch das andere damit vermischte Getreyd desto besser fortwach-
sen, und den Schaden des ersteren ersetzen
möge. Ist das Dinkelkorn den Winter über
oder im Frühling von allzuvieler Nässe in der
Erde ausgerostet, ersoffen oder erfrohren, so
wird wenig Dinkel, und desto mehr Korn,
im gemischten Getreyd aufkommen; bleibe
aber das Dinkelkorn den Winter über gut,
und der Roggensaame steht dünn, so kann
dieser bey einem im Frühjahr, zumal im A-
pril

prilmonat, gänzlich verſagten Regen, nicht
mehr um ſich ſtauden, und wird daher wenig
Korn und mehr Dinkel in dem gemiſchten Ge,
treyd über ſich wachſen, weil das Saamen,
korn vom Roggen zu Anfang des Maymonats
das Dinkel Saamenkorn dagegen im Monat
Juni zu ſchoſſen anfängt, unter welcher Zeit
der Dinkel in der Erde noch viele Wurzelfa,
ſern und große Stauden treibt, auch zu ſeiner
Vermehrung mehr Zeit und Plaß, als das
Roggenkorn gewinnt. Dieſes gemiſchte Ge,
treyd wird nicht nur im Gau, ſondern auch
an mehreren Orten von Franken obgleich nicht
ſo häufig, in kießigten mit guter, leichter
und ſchwarzer Erde vermengten Aeffern ge,
baut, und mit dem Vortheil benbehalten: daß
man auf einen Affer zwenerley Getreyd zu,
gleich einerndtet, und hernach im Dreſchen
auch zwenerley Getreyd auf einmal, wiewohl
nicht in gleicher Menge, empfängt.

Ich habe mich ſchon erkühnt, den
Panegyriker der gemiſchten Frucht in einem
kleinen Aufſaß, unter der Aufſchrift: Fort,
ſetzung meiner ökonomiſchen Skizzen zu machen,
wo ich geſagt: daß mich theils eigen gemachte
Er,

Erfahrung, und dann die Durchsehung verschiedener Erndte und Treschregister — die
seit 30 und mehreren Jahren richtig fortge-
führt worden, hinlänglich davon überzeugt:
daß nicht alle Dinge, die den Stempel des
Alterthums und des verjährten Herkommens
bey sich tragen, zu verwerfen sind, zumal
wenn mehr Gründe für, als gegen die Sache
angeführt werden können; welches ganz der
Fall bey der gemischten Aussaat ist. Wir haben seit einigen Jahren blos lauteres Getreyd
auf hiesigem Guth ausgesäet, und bey weitem
nicht so viel eingeerndtet, als — laut schon
erwähnten Erndt und Treschregister — in den
vorhergehenden 30 Jahren, sowohl an Geströhde als an Körnern, bey der gemischten
Aussaat, eingeerndtet worden ist. Unsere
Nachbarn aber haben in dieser nehmlichen
Zeit, bey ihrer gemischten Aussaat, sowohl
an Geströhde als an Körnern mehr als wir eingeerndtet, ohnerachtet ihre Felder — zum
gröstentheil, um ein Beträchtliches geringer
als die unsrigen sind. Dieß kann unmöglich
blos Zufall seyn, da es sich in einer ununterbrochenen Reihe, von mehr als 30 Jahren,
bestätigt findet. Jedes Gewächs erfordert
im

im Bezug auf andere, nicht gleich artige Gewächse — besondere, ungleich artige Nahrungstheilchen, zu seiner vollkommenen Ausbildung, die ganz verschieden von jenen sind,
die ein andres Gewächs zu seiner Erhaltung
aus dem Boden zieht: so, daß es ganz der
Natur irgend eines Gewächses zuwider ist:
die Nahrungstheilchen eines andern, ungleich
artigen Gewächses an sich ziehen, und solche
in seine eigene Substanz verwandeln oder um-
schaffen zu können: theils, weil diese Nahrungstheilchen, den — zu ihrer Aufnahme
bestimmten Werkzeuge oder Haarröhrchen un-
angemessen sind, oder, weil der Bau dieser
Saugekanäle so beschaffen ist, daß sie ihrer
nicht habhaft werden können; theils, weil die
einzelnen Bestandtheile, die ein ganzes Nahrungstheilchen ausmachen, aus einer ganz andern, und verschiedenen Materien, als die
Bestandtheile jenes Gewächses gebildet sind,
und mithin diese beyden Materien — von ganz
verschiedener Art und Natur — einander auch
nicht anzunehmen, und sich in eine, und dieselbe Masse zu vereinigen im Stande sind.
So wie sich das Oehl, mit einem andern ungleich artigen flüßigen Körper, niemals der

Art

Art vereinigen wird, daß sie beyde in einem Gefäs, nicht immer zwey verschiedene Massen bleiben sollten. Dieß vorausgesezt — so ist es ganz leicht die Gegner der gemischten Aussaat — deren Scheingründe vielmehr zu widerlegen. „Ein Stük Feld — pflegen sie meist zu sagen — kann nicht mehr noch weniger hervorbringen, es sey nun, daß man es ganz mit gemischtem Getrende bestelle, oder in 2 gleiche Theile theile, und die eine Hälfte mit Roggen, die andere mit Dinkel besäe. Es sey nun auch: daß sich ein Mißwachs, in dieser oder jener Frucht erreiche, so wird man doch immer, durch die andere Hälfte entschädigt, und weiter läßt sich auch kein Vortheil bey der gemischten Aussaat denken!" dennoch verhält sich die Sache ganz anders: denn wenn ich den, zur gemischten Frucht wirklich bestimmten Akker, der Art in zwey Theile theilen, und jede Hälfte mit lauterer Frucht besäen wollte, so würden solcherweise — nach obiger Voraussetzung! die in jeder Hälfte befindlichen fremden Nahrungstheilchen — jene nehmlich, die nicht zur Ausbildung dieser Frucht geschikt, sondern vielmehr dazu bestimmt sind; einer andern Frucht zur Ernährung dienen

nen zu sollen — verlohren seyn. Ein solcher
Fall kann sich bey der gemischten Aussaat
schlechterdings nicht zutragen, da beyde Saa-
mengattungen die ganze Strefe Feldes, ge-
meinschaftlich unter sich theilen, und jedes
einzelne ihrer eigenen Substanz oder Masse
angemessene Nahrungstheilchen, der Art auf-
zunehmen im Stande ist: so; daß gleichsam
die eine Saamengattung — aus wesentlicher
Uebereinstimmung mit ihrer Natur — die
Nahrungstheilchen, zu ihrer Ausbildung auf-
nimmt, die die andere Gattung, aus natürlicher Abneigung — als ganz unbrauchbar
verwirft. Wäre daher nur eine Saamengattung in diesem Stük Feld befindlich, so würden, die — ihr unangemessenen, oder mit
ihren Bestandtheilen ungleich artigen Nahrungstheilchen, von ihr unbenuzt liegen bleiben, und — in Ermangelung einer 2ten Gattung, mit deren Natur sie übereinstimmten,
verlohren seyn. Hieraus folgt ganz deutlich:
daß ich — wenn ich einen Morgen Land mit
lauterem Getreyd besäet hätte, und nur ein
ganzes Drittel dieser Aussaat zurükgeblieben
wäre, diesen Verlust nicht würde erlitten haben, wenn ich das lezte Drittel mit Korn
ver-

vertauscht, nehmlich 2 drittel Dinkel, und
ein Drittel Korn genommen hätte. Zwey
Drittel vom Dinkelsaamen können nehmlich
hinreichende Nahrungstheilchen zu ihrem Auf=
kommen gefunden haben, der dritte aber nicht,
ohnerachtet noch andere, aber fremde Nah=
rungstheilchen vorhanden waren; daher sie
in ihrer Geburth erstikken, und — aus Man=
gel hinlänglicher Nahrung — im Boden zu=
rükbleiben mußten. Da aber dennoch fremde
Nahrungstheilchen vorhanden waren, so konnte
auch unmöglich einer andern, ungleich artigen
Saamengattung, gleiches Schiksal widerfah=
ren, sondern es müßte nothwendig, statt dem
zurükgebliebenen Drittel vom Dinkel, das,
an dessen statt beygemischte Drittel vom Korn,
aufgehn, weil dieses die ihm angemessenen
Nahrungstheilchen gefunden, jenes aber nicht.
Die Gegner der gemischten Aussaat, berufen
sich auch hin und wieder, auf die an vielen
Orten befindlichen Aekker, wo, seit Menschen
denken her, auch neben der gemischten Aus=
saat nichts als lautres Getreyd gebaut wor=
den ist, und noch gebaut wird. Meines Er=
achtens, läßt sich auch in diesem Betref, ei=
niger Grund der Wahrscheinlichkeit, zur Ent=

kräftung ihres Beweises angeben; denn so gut
uns Menſchen, Gewohnheit zur andern Natur
werden kann, eben ſo leicht iſt auch zu begrei-
fen: daß ein Stük Feld nach und nach, durch
die ununterbrochene Gewohnheit; entweder lauteres, oder gemiſchtes Getreyd zu tragen,
gleichſam geſchikter und aufgelegter gemacht
werden kann, lauteres als gemiſchtes Getreid
zu tragen, und auch ſo umgekehrt. Wenn man
z. B. ſeit 30 und mehreren Jahren, nichts als
lauteres Getreyd auf einem beſtimmten Stük
Feld gebaut; ſo iſt es leicht möglich, daß ſich
— durch die immerwährende Gleichheit, nach
und nach ein viel ſtärkerer Zufluß, der — dieſem Getreyd angemeſſenen Nahrungstheilchen
hingegen, da die übrigen fremden Nahrungstheilchen — durch die Länge der Zeit, wo ſie
in einer gänzlichen Unthätigkeit gelegen — verdrängt und vertilgt, ihren Plaß eingenommen,
und ſich der Art zum Oberhaupt aufgeſchwun-
gen hat. Dieß kann aber ſchlechterdings nur
eine anhaltende Gewohnheit, eine lange Reihe
von Jahren bewirken, wo man wirklich ſo, und
nicht anders verfahren iſt. Ich bin weit entfernt, den Saß behaupten zu wollen: als
könne man durchaus nicht von der Gewohnheit

ab-

abgeh'n, und ein Stük Feld, welches seit mehreren Jahren mit gemischtem Getrend bestellt
worden ist, auf eine gleich vortheilhafte Weise
mit lauterem Getrand bebauen. Es könnte
vielleicht in der Folge lauteres Getrend so gut
tragen, als es jezt das Gemischte trägt. Würde
es aber wohl wirthschaftlich gehandelt seyn:
Veränderungen — ohne Verbesserung mit beträchtlichen Verlust machen zu wollen? —
denn wenn es auch nach 6 und 7 Jahren, noch
so schönes lauteres Getrend trägt, so gewinne
ich doch nicht mehr dabey, als was ich schon
vor 6 und 7 Jahren, bey der gemischten Aussaat gewiß hatte, und habe überdieß noch einen ganz unschäzbaren Schaden, in den Zwi-
schen-Jahren, bis ich es wieder in das alte
Gleise bringe; weil sich durch die Gewohnheit,
gemischtes Getrend zu tragen, der Zufluß der
Nahrungstheilchen verhältnißmäßig eingeschränkt hat, so, daß bey einer ungemischten
Aussaat — wenn auch noch so dik gesäet
würde! — ein ganzes Drittel auf viele Jahre
hinaus verlohren ist; da die Nahrungstheilchen
der zweiten Saamengattung der Art ungenuzt
liegen bleiben, und die übrigen zwey Drittel
ohngefähr, auch nur 2 Drittel des mit ihnen

E 2   ver-

verwandten Saamens ernähren können, daher
ein Drittel offenbar verlohren ist.   Dieß
Drittel muß nun bey lauterer Aussaat, so
lange verlohren bleiben, bis sich der Zufluß
der Nahrungstheilchen, durch die Länge der
Zeit oder Gewohnheit, wieder verändert, und
einer andern Gattung, den Vorzug über sich
einräumt.

Hier wird es nicht am unrechten Ort'
angebracht seyn — eine kleine Entschuldigung, in meiner eigenen Angelegenheit anzu-
schalten.   In einer Recension der allgemeinen
jenaischen Litteraturzeitung, bin ich von einem mir unbekannten Rec. der mich nachsichts-
voll behandelt, väterlich zu Recht gewiesen hat,
unter andern auch zur Bekanntmachung der
30 jährigen Erndte, und Treschregister (deren ich, wie schon gesagt in jenem Aufsaz über
die gemischte Aussaat erwähnt) aufgefordert,
und zwar mit dem Zusaz aufgefordert worden: sie nach Hügedans Vorsicht im Schlöze-
rischen Briefwechsel zu bearbeiten.   Da ich
nun aber bis jezt, allerley Zerstreuungen halber, dieser Aufforderungen noch kein Genüge
geleistet habe, und mancher wohl deshalb auf
den

den hämischen Gedanken gerathen könnte: als
hätte ich mit falschem Schmuk geprahlt, und
als wäre ich die versprochenen Beweise aufzu-
bringen ausser Stande — so dient hiermit zur
Nachricht: daß ich — sobald ich den lezten
Bogen der physik. ökon. Beschreibung von
Franken, die ich gegenwärtig unter der Feder
habe, beendigt — damit an's Licht treten
werde. Ich würde es schon gegenwärtigen
Bogen einverleiben, wenn ich nicht befürchten
müßte: mich dadurch zu weit von meinem
Ziel zu entfernen, und die Bogenzahl dieses
Werkchens — manchen zur Ungebühr dadurch
aufzuschwellen. Dieß ist alles, was ich in
diesem Betref öffentlich sagen zu müssen —
zu meiner eigenen Genugthuung erforderlich
hielt — jezt wieder zur Sache! Die Saat-
körner zu dieser gemischten Aussaat — werden
auf den Boden durcheinander gemengt — einige mischen 3 Theile Dinkel, mit einem Theil
Korn an, andere die ihrem Feld mehr zutrauen
1½ Theil Korn mit 2½ Theil Dinkel — und
so geht es in einer unendlichen Abweichung
fort — nachdem das Feld grob oder klar da-
liegt, wird nun auch mehr oder weniger Dinkel dazu genommen.

Was

Was die Bestellung der Dinkeläkker anlangt; so haben die fränkischen Landleute die blühenden Bürsten zu einem Vorbedeutungszeichen gesezt, woher sie alljährlich abnehmen wollen, ob sie frühe, mittel oder späte Saat, die beste Saat-Zeit abgeben werde. Diese Bürsten, sind eine Art von Disteln, welche einen langen stachlichten Stengel und länglicht runden Kopf haben, auch im Augustmonat eine blaue Blüthe treiben. (Karten, Kartendisteln, Tuchmachercarten, deren sich die Strumpffabrikanten und Tuchmacher bedienen.) Blühet der oberste Theil oder Ring des Distelkopfs, so soll die frühe Saat die beste Saatzeit seyn; blühet der mittlere Theil des Kopfs, so soll die Mittelsaat, die beste Saat — anzeigen; blühen aber diese Bürsten an den untersten Theil, so sollen sie die späte Saat, als die beste Zeit zum Säen, bestimmen. Von der Saatzeit ist auch dieses Sprüchwort bekannt: **Wenn die Hieften** (cynosbatus) **werden roth, rüstet man sich zu der Saat.** Indes ist schon längst folgende Regel für gut angenommen worden: **Frühe Saat, die beste Saat, spät säen betrügt,** wo nicht allezeit doch meistentheils.

theils. Das Dinkelkorn mit seinen äufferli-
chen Hülsen kömmt öfters tief in die Erde,
und erfordert daher längere Zeit, auch mehreren durchdringenden Regen, als das Roggenkorn, bis es hervor keimen kann; mithin
ist allerdings die frühe Saatzeit, da die Tage
noch länger, der Sonnenschein stärker, die
Erde wärmer und der Regen fruchtbarer sich
erweist, vorzüglich zum Dinkelbau zu erwählen. Die frühe Saat ist auch deshalb gewisser, weil der Saame noch vor dem Winter,
ehe er über der Erde an seinen obern Theil ab-
stirbt, desto besser zu erstarken, und um sich
zu stauden pflegt, je längere Zeit ihm hiezu
vergönnt wird. In der späten Saat ist der
Erfolg schon ungewiß; denn bleibt bey einem
trofnen Herbst der Regen lange aus, oder
stellt sich der Winter frühzeitig ein, so geht
das Saamkorn den Winter über nicht mehr
auf, und im künftigen Frühling ist zu besorgen, es möchte der Keim des Saamens erfrieren. Nichts ist dem keimenden und in
seiner Milch stehenden Dinkelkorn schädlicher,
als ein frühzeitig eingefallener starker Frost,
durch welchen die Milch des Korns gerinnt,
und der zarte Herzkeim mit seinen ausgewach-

E 4   senen

senen Wurzelfasern verdirbt, daß daher kein
junger Saame mehr auf.den Aekkern nach-
wächst, und die Aekker, wo sie anders nicht
brach liegen bleiben, sondern einige Frucht
mit Nutzen bringen sollen, im Frühling von
neuem umgeakkert, und mit einer andern
Sommerfrucht als z. B. mit Gerste angesäet
werden müssen. Um Walburgis ist eigentlich
der Zeitpunkt, wo das Dinkelkorn um sich
stauden soll, und dieß ist mithin, wo es nicht
geschehen, die beste Zeit zu einer anderweiti-
gen Besäeung des leeren Akkers, ohnerachtet
man der gemeinen Sage nach, das Dinkelkorn noch um Walburgis mit einer Nadel in
der Erde suchen soll; wenn aber einmal im
Frühling das Unkraut über den Saamen die
Oberhand behält, so entzieht es ihm seinen
nöthigen Nahrungssaft, daß der Saame nicht
mehr um sich stauden kann. Wenn kein merk-
licher Frost oder Eis vor Weynachten einfällt,
so sagt man von der frühen Saat, daß der
Saame sich alsdann überwachse, und viel Geströh und Schöber, aber wenige Körner ab-
gebe, allein da in unsern Gegenden in 10 oder
20 Jahren kaum einmal ein solcher später Winter einrükket, so wäre es nicht klug gehandelt,

wenn

wenn man in dieser Hofnung, sich alljährlich mit der Saat verspäten wollte. Gesezt auch, daß von einem in der Frühsaat, gleich zu Anfang des Septembermonats, bestellten Dinkelakker viele Schöber-Getreyd, und von einem jeden Schöber wenigere Körner erhalten würden, die in der mittel oder späten Saatzeit dagegen gestrichene Aekker wenigere Schöber an Geilröhde, und mehrere Körner an Getreyd ausgäbe: so wird doch die Berechnung der Körner auf beyden Seiten, ausser der grösseren Menge des Geströhs, auch den vorzüglich grösseren Ueberfluß der Körner, bey den in der Frühsaat bestellten Aekkern zu Tage legen. Z. B. es sammlet jemand von einem in der frühen Saat gestrichenen Akker 4. Schöber-Dinkel ein, ein andrer hätte ein gleiches Stük Feld in der späten Saatzeit streichen lassen, und erhielt in der Erndte nur 2 Schöber Getreyd, jener hebt nach dem treschen nur 2 Malter, dieser aber 3 Malter von einem Schöber-Dinkel an Körnern auf, so wird doch jener vor diesem sich einer reichern Erndte zu rühmen haben. — Der junge hervorkommende Dinkelsaame geh't an der Farbe grün, wie der Roggenkorn-Saame roth auf.

E 5

Der

Der fränkische Bauer bringt seinen Dinkel als Kern, nehmlich enthülst zu Markte,
säet ihn aber mit den Hülsen aus. Nach den
angestellten Versuchen, mit den in besondern
Geschirren eingesäeten Dinkelkörnern, hat
man gefunden: daß weder die blosen Dinkel-
hülsen ohne den Kern, noch auch der blose
Dinkel, ohne seinen anklebenden Hülsen und
Häuten, aus der Erde hervor keime und Saamen bringe. Der glükliche Aufgang des jährigen Dinkels hat erwiesen: daß der Kern davon zum Auskeimen eben so gut und geschikt
sey, als ein neuer frisch gewachsener Dinkel.
Bey alledem wird fast blos neuer und frisch aus-
getroschener zur Aussaat genommen.

Die Zeitigung des Dinkels ist nach der
verschiedenen Jahreswitterung unterschieden.
In mittelmäsigen Jahren, da Sonnenschein
und Regen gehörig mit einander abwechseln,
geht der Dinkelschnitt zu Anfang des August-
monats an, bey einer anhaltenden Dürre aber,
gelangen alle Getreydefrüchte zu einer frühern
Zeitigung; so hat man schon das Roggenkorn
vor Jakobi, und den Dinkel um Jakobi eingesammelt.

Es

Es wird ein sehr feines und weisses Mehl
aus ihm bereitet, welches vorzüglich zu den
schönen Bakwerken und Confituren gebraucht
wird, und nicht nur durch ganz Deutschland
sondern auch nach Frankreich, und in die nörd-
lichen Länder, unter den Namen: **Nürnberger Mehl** verschift wird. Es ist aber ein
Vorurtheil, wenn man glaubt, alles dieses
feine oder sogenannte Spalzmehl, werde nur
aus Dinkel gemacht, denn es wird auch viel
Weizen dazu genommen. Es kömmt bey der
Bereitung desselben hauptsächlich auf eine
Beutelmühle an, die derjenigen welche man in
Duhamels Abhandlung von Erhaltung des Getreydes I. Tab. 1. Fig. 3., oder in Mills Feldwirthschaft III. Tab. 2. Fig. 6, oder auch bey Malouin
im Schauplatz der Künste VIII. Tab. I. Fig. 1.
abgebildet findet, in den wesentlichsten Theilen vollkommen gleichet.

Ehe der Kern auf die Mahlmühle kommt,
so nezt man ihn zuvor ein wenig mit Wasser
ein, rührt ihn fleißig herum, und läßt ihn
noch eine Zeitlang liegen, auf daß er sich hernach im Mahlen von den Mühlsteinen leichter
zerreiben und zermalmen lasse. Der erste
Zug

Zug des Korns auf der Mahlmühle giebt das
Schrotmehl, zum andernmal kommt der Grieß,
der von dem übrigen Mehl weggesiebt wird,
zum Drittenmal lauft von dem besonders aufgeschütteten und gemahlenen Grieß der Auszug oder Vorzug herab, welcher das schönste,
kläreste und weisseste Mehl ist. Wird der
Grieß nicht auf die Seite gethan, sondern
mit dem Schrotmehl vermengt, auch zum
dritten und viertenmal aufgeschüttet, und so
lange gemahlen, bis der Grieß roth ist, so
wird das anfangs herabgelaufene schöne und
weise Mehl hinweggethan und zusammenge-
schüttet, das nachkommende schwarze Schrotmehl aber macht das Nachmehl aus. Mah-
let man das Nachmehl weiter aus, so geht
von der äussern Haut des Korns die Kleyen
in den Vorkasten, das schöne weisse Mehl dagegen und das Nachmehl bleibt allezeit in dem
Beutelkasten.

Vor dem Mahlen wird er — wie schon
gesagt — erst enthülst — zu welchem Behuf
die Mühlsteine etwas von einander entfernt
werden, so wie es zu den Gerstengrauppen
ge-

geſchieht, welches die fränkiſchen Müller vollkommen verſtehen.

Da nicht an allen Orten Gerbmühlen gefunden werden, und vielleicht vielen die Art
und Weiſe, den Dinkel zu gerben, unbekannt
ſeyn möchte, ſo will ich zu mehrerer Erläuterung eine kurze Beſchreibung der vornehmſten
Stüffe der Gerbmühlen, wie ſie in den fränkiſchen Sammlungen beſchrieben wird, hinzu
fügen.

„Die Gerbmühle kommt in vielen Stüffen
mit der Mahlmühle überein. Beyde Mühlen
treibt das große Waſſerrad und das große Kammrad; beyde Räder gehen durch einen großen
Wellbaum, der in ſeiner Axe ſich herum bewegt. Das große Waſſerrad treibt das große
Kammrad, und dieſes leztere geht in den Trilles, das iſt ein kleiner Wellbaum, neben dem
großen Wellbaum. Der Trilles läßt ſich nach
Belieben hin und herrüffen. Soll die Gerbmühle geh'n, ſo rüft man ihn in das Geſchirr
hinein; ſoll aber die Mahlmühle geh'n, ſo
rüft man ihn aus dem Geſchirr heraus. Es
giebt ein großes und ein kleines Geſchirr. Unter
dem

dem großen Geschirr versteht man die an dem
Trilles befindliche 24 bis 30 Spindeln, welche
durch ihre Bewegung das große Mühleisen und
sodann den Mühlstein herumtreiben. Das
kleine Geschirr begreift die zwey großen runden
Scheiben, durch welche das armdikke vierekkigte Eisen geht. Um diese Scheiben laufen 6
hölzerne, in einer gleichen Weite von einander abstehende Spindeln, die oben und unten
mit starken eisernen Ringen versehen sind. Der
Trilles hat noch ein kleines Kamrad, welches
insgemein das Gerbrädlein genannt wird: beyde
der Trilles und das Gerbrädlein gehen durch einen Wellbaum. So oft das Gerbrädlein mit
einem Kamm an eine von den 6 Spindeln komt,
so treibt es das große Mühleisen, und den
Mühlstein, herum. Es erfolgt also die Bewegung des Mühlsteins mit einer doppelt ver-
mehrten Kraft und daher rührenden unglaub-
lichen Geschwindigkeit, einmal von dem großen,
und hernach von dem kleinen Geschirr. Der
obere Mühlstein als der Lauffer, ist nur be=
weglich, der untere Mühlstein ist unbeweglich,
durch beyde Steine geht das große Mühleisen,
aber dieser ist in und zwischen den Mühlsteinen
nicht mehr vierekkigt, sondern rund, damit es
destо

defto beffer, und gefchwinder den obern Mühlftein herumtreiben möge.   Der obere Mühlftein wird in der Gerbmühl von auffen mit einer Schraube in eine folche Lage gebracht,
daß er von den untern Mühlftein ein Dinkelkorn hoch, das ift ohngefähr ¼ höchftens ½ Zoll
weit abfteht.   Auf der Mahlmühle dagegen
liegt der obere Mühlftein auf dem untern fo
genau,   daß fie faft einander berühren, und
daher das Dinkelkorn zermalmen.   Um das
vorhin gedachte dikke Mühleifen, welches von
dem großen und kleinen Gefchirr herumgetrie-
ben wird,   geht in der Mitte deffelben eine
hölzerne Scheibe,   in welcher 4 Windflügel,
deren Stiel von Holz,   die beyden vordern
und breiten Flügel aber von Leder, oder Pap-
pendekkel feft gemacht,   einer in den andern
vornen eingeftekt und hinten mit Keulen verwahrt find: fie geh'n herum wie ein Hafpel.
Derjenige Raum,   wo die 4 Windflügel an
dem Mühleifen herumgeh'n,   wird von auffen
in der Runde mit Brettern zugemacht und
eingefchloffen,   daß die Luft nicht hinein noch
heraus zu geh'n im Stande.   Die Müller
nennen ihn den Harg,   oder eigentlich den
Windkaften, weil dafelbft Wind gemacht wird.

                                    Hier-

Hierinnen unterscheidet sich vorzüglich die
Gerbmühle von der Mahlmühle, als welche
lezcere, keine Windflügel und keinen Wind-
kasten hat. Oben auf der Gerbmühle ist die
Gossen, wo man den Dinkel aufschüttet, das
ist ein vierekkigt, hölzernes Gefäs, welches
conisch, oben weit und unten eng, zulauft.
Unter der Gossen, ist das Gossenschälein, das
ist ein vierekkigt Kästlein, wohin der Dinkel
aus der Gossen fällt. Unter dem Gossenschälein ist ein eiserner Ring inwendig in dem
obern Mühlstein nach der Runde eingelegt,
an diesem Ring geht perpendicular ein Steffen,
welcher die Ruden — Ruthen heißt, in die
Höhe, der bewegt das Gossenschälein. In
dem unterm Mühlstein ist eine kleine Rinne,
die sonsten die Haur genannt wird, eingegraben, wohin der Dinkel fällt. Der eiserne
Ring hat 3 Staffeln oder Fallen. Wenn das
Geschirr und das Mühleisen den obern Mühlstein herumtreibt, so wird allezeit an den Ort
des Rings, wo eine solche Staffen oder Falle
ist, der Steffen auch zugleich in ein Zittern
und Bewegung gebracht, dadurch läuft der
aufgeschüttete Dinkel aus dem Gossenschälein
durch die Mühlsteine, diese arbeiten und körnen

nen den Dinkel vermittelſt der gegebenen Di-
ſtanz, welche der obere Mühlſtein, als der
Laufer von dem unbeweglichen Mühlſtein hat,
dergeſtalt aus, daß er von der Haue des untern Mühlſteins in die mit Brettern verſchla-
gene und abwärts gehende Rinne, von dieſer
aber in den Windkaſten, wo die Windflügel
ſich bewegen, getrieben wird. Der in den
Windkaſten erregte Wind, treibt ſodann die
Spreu oder die leeren Hülſen, als den leich-
teſten Theil durch die offene horizontal gehende
Spreuröhre, die ohngefähr 9 Schuh lang
und 2 Schuh hoch iſt, hinaus, der Kern
aber, als der ſchwerſte Theil fällt ſogleich bey
der mit Brettern verſchlagenen Rinne aus dem
Windkaſten durch eine beſonders hierzu gemachte Oefnung auf die Kerntafel, in gerader Linie herab, und wird beſonders geſammlet.
Das von der Spreu entledigte und unverletzt
gebliebene Dinkelkorn iſt nun der ſogenannte
Kern, welcher als eine angenehme Waare nach
Nürnberg, Fürth ꝛc. verführet wird. Zu ei-
nem Simmer Kern werden 2½ bis 3 Malter
Dinkel, nach der verſchiedenen Güte und
Schwere der Dinkelkörner, erfordert. Die
Spreu miſcht man, in Mangel und Theurung

der Fütterung, für die Pferde unter den Ha=
ber, und für das Rindvieh unter anderes Fut=
ter, damit es desto länger zureichen möge.
Unenthülst dient er besser als der Hafer zum
Pferdefutter. Beym Brauen verhält er sich
zur Gerste wie 7 zu 6. Dies sey nun genug
vom Dinkel! Jezt will ich nun eine Stufe
weiter in meiner Nomenclatur herabsteigen,
und auf den **Weizen** kommen. Dieser wird, wo
viel Dinkel gebaut wird, wenig — sondern blos
in einen leichten, lokkeren, kiesigten, oder san=
digen oder vermischten Boden gebaut. Er findet
an solchen Orten wo viel Dinkel gebaut wird,
aus mehreren Ursachen keinen Plaß, theils, weil
er öfters den Brand bekömmt, theils wird er
auch deshalb an den Orten wo der Dinkel
wohl geräth, nicht gerne gebaut, weil er leicht
überzeitig, trokken und dürr, von einem star=
ken Wind ausgeschüttelt, auch somit die An=
zahl der Körner vermindert wird. Sammlet
man aber den abgeschnittenen Weizen zu früh
und unzeitig ein, so gehen seine weichen Körner
im Treschen nicht recht aus den Hülsen, und
drükken sich breit. Das aus dem Weizen be=
sonders zugerichtete Mehl giebt auch ein schwe=
reres Brod, das im Bakken sich schwer erhebt.

Andes

Anders verhält sich das Dinkelmehl. Man
baut den gemeinen Winter = und Sommerwei=
zen, mit und ohne Grannen (Triticam hy-
bernum Lin. Trit. hyb. aristis carens --
Tritic. aestivum -- Trit. aestiv. aristis
munitum Lin.) Doch wird lezterer, der
Sommerweizen am stärksten in Franken gebaut.

Wenn die Felder gut sind, und ein mit=
telmäßiger Sommer, das heißt: nicht zu viel
Nässe oder außerordentliche Dürre ist, so
schlägt dieser Weizen sehr gut ein, und schüttet
mehr als der Winterweizen. In nicht zu
schlechtes Feld, hauptsächlich in Kleestoppeln
gesäet, giebt er eine vortrefliche Erndte. Be=
sonders ist an ihm zu schätzen: daß er nicht
so leicht als der Winterweizen ausfällt *).
Den Weizenbau betreffend S. neue ökom. Nachr.
IV, S. 465.

F 2   Win=

*) Zum Winterweizen nimmt man den besten und
   fettesten Boden. Zum Samenweizen wird nicht
   nur ordentlich reif gewordener erwählt, son=
   dern er wird auch noch dazu vorgetroschen, und
   von diesem nur der Vorsprung genommen:
   bey alle dem ist es schwer, ihn so sauber zu
   bringen, daß nicht noch sogenannte Pferdewik=
   ken darunter bleiben, welche sowohl das Mehl
   als

Winter und Sommerkorn (Sec. cer. hyb. Sec. cer. ver. Lin) wird in einem recht klaren Boden, der für den Weizen nicht gut genug ist gebaut. Jenes das Winter-korn,

als den Saamen verderben, und auf keine andere Weise, als durch das Ausziehen auf dem Felde, wieder heraus zu bringen sind. Die Saat wird theils, kurz vor, theils kurz nach Michaelis vorgekommen. Auf den besten Aeckern, wird die spätere, und auf den geringeren Feldern die frühere Saat vorgenommen. Der Weizen erhebt sich im Frühjahr nicht so zeitig als das Korn; er bleibt niedrig auf der Erde liegen, bis warme Nächte kommen, und der Erdboden erst von der Sonne erwärmt worden. In dieser Zeit wird das Jäten vorgenommen, wo er, so viel möglich, von allem Unkraut gesäubert wird. Wenn man Klee unter den Weizen säet, so ist man dieser Mühe überhoben, weil der Klee das Unkraut verdrängt. Was dem Brand im Weizen anlangt, so bleibt immer (allen angepriesenen Marktschreyereyen ohnerachtet,) das wirksamste Gegenmittel dieses: gute Felder dazu auszusuchen, sie gehörig zu düngen, gehörig zu ackern, und sie recht von den Quecken und anderem Unkraute zu reinigen, denn ordentlich reif gewordenen guten Saamen, und zwar nur den Vorsprung zum Saamen zu nehmen.

forn, welches längeres Stroh und größere
Körner giebt, wird am allgemeinsten gebaut
— dieses äusserst wenig; es wird erst um
Johanni ausgesäet, weshalb es auch mit dem
Namen Johanniskorn belegt wird.

Das Säen des Sommerforns geschieht
mehrentheils aus nachfolgenden Ursachen,
nehmlich: wenn einer im Herbst zum Winter-
forn etwa nicht genug Dünger gehabt, oder,
— wegen häufiger Arbeit oder allzuschlechter
Herbstwitterung, mit der Bestellung nicht hat
fertig werden können, oder auch wohl gar aus
Nachläßigkeit oder Faulheit, die Zeit hat
verstreichen lassen. Im ganzen ist es selten
wohlgethan: Sommerkorn statt Winterkorn
zu säen; denn es erfordert die nehmliche Wartung und Bearbeitung, und schlägt nur zu
oft, wenn die dazu nöthige feuchte Frühlings-
witterung nicht eintritt, und ein trofner Sommer folgt, nicht gut ein, mithin hat man
Mühe und Arbeit beynahe umsonst verschwendet; man müßte denn einen feuchten, kühlen
Boden haben, wo es — wenn die Witterung
mittelmäßig ist, noch so ziemlich geräth.
Wenn man es aber auf einen trofnen Boden

F 3 säet,

ſáet, und dürre Witterung einfällt, ſo bringt
man kaum den Samen wieder heraus. Man
kann ohne Bedenken — in Ermangelung des
reinen Winterkorns, reines Sommerkorn zum
Samen nehmen, und im Herbſt ſtatt des Winterkorns (aber auf Dünger oder in Kleeſtop-
peln) ſáen; doch muß man die Vorſicht dabey beobachten: es ja nicht zu zeitig, ſondern
ſo ſpät als möglich zu ſáen, weil es ſich ſonſt
überwáchſt, und zuverläßig eine ſchlechte Erndte
erfolgen würde. Das Winterkorn wird meiſt
auf diejenigen Felder geſáet, welche nach der
1000 jährigen eingewurzelten Gewohnheit im
vorigen Jahre zur Brache liegen geblieben,
und gut gedüngt und bearbeitet worden: auch
kömmt es hin und wieder in die Felder, wo
Erbſen, Wikken, Flachs, Sommerweizen,
Klee, Rüben, Kraut und Erdbirn im
Dung geſtanden. An ſolchen Orten aber
(deren es mehrere in Franken giebt) wo
viel Schweinwildpret vorhanden, iſt es
nicht wohlgethan, das Erdbirnfeld noch im
Herbſt mit Korn zu beſáen, weil die wilden Schweine auſſerordentlich ſtark nach den
Erdbirn gehen. Es iſt immer beſſer das Feld
im kommenden Frühjahr mit Gerſte oder Haber

ber zu beſäen, weil die Säue alsdann die
noch zurükgebliebene Erdäpfel im Felde ſchon
herausgewühlt haben.

Die Ausſaat geſchieht theils früh' theils
ſpät, ein jeder richtet ſich nach ſeinem Him-
melsſtrich, nach ſeinen guten oder ſchlechten,
viel oder wenigen Feldern, und vorzüglich
auch nach der Witterung. Es geſchieht daher
theils Orten, lange vor, theils Orten auch
mit oder nach Michaelis. Im leichten Boden wird es auch hin und wieder untergepflügt.
Solche Aekker werden — wenn ein trokner
Herbſt und Winter einfällt, von den häufigen und oft lang anhaltenden Winden ſehr
trokken gemacht, und die obere beſſere Erde
leicht davon weggeführt, daß mithin die Körner, welche hoch liegen, von der Erde ent-
blöſt und ohne Nahrung ſind; mithin iſt das
unterpflügen des Samens gleichſam nothwendig. — Wer zufälliger Weiſe, nicht zu neuem
Samenkorn kommen kann, der nimmt im
Nothfall auch von dem vorjährigen Korne
zum Samen, und — wenn es nicht etwa zu ſehr
ausgedürrt iſt — ſo iſt der Unterſchied gegen
die übrige Saat kaum merklich. Was dieje-

nigen

nigen guten Landwirthe anlangt, die nicht nur
auf guten, sondern auch auf reinen Samen se,
hen, so lassen sie nun solches Getreyd, welches
am wenigsten unrein ist vortreschen, und neh,
men zugleich sehr sorgfältig dabey in Acht:
daß nur die Spitzen der Kornähren vorgeschla,
gen werden, weil sonst, wenn man nach dem
Seil zu schlägt, das Unkraut ergriffen und mit
ausgetroschen wird. Das Unkraut ist selten
so lang, daß es an die Spitzen der Kornäh,
ren reichen sollte, mithin steft es am mehrsten
nach dem Stile zu. Das Korn, welches
auf dem Felde in Samleten oder Gelegen ei,
nige Tage im Regenwetter gelegen, nehmen
solche gute Wirthe nicht zum Saamen, weil,
wenn nur einiger Sonnenschein zwischen den
Regen kömmt, die Körner dadurch alsbald in
Trieb gesezt werden, woraus alsdann, kein gu,
ter Same entstehen kann.

Einkorn (St. Petersforn Triticum
monoccum Lin) ist eine besondere Art des
Dinkelforns, welche da sie einförnigt ist,
auch Einkorn oder St. Petersforn ge,
nannt wird Es hat doppelte Hülsen oder
Bälge. Die erste Hülse ist auf beyden
Sei,

Seiten getheilt, hart, schmal und deckt den äusseren, mittleren und erhabenen Theil nicht völlig zu, gegen den innern Theil ist sie etwas eingebogen, und sticht über das Korn hervor.

Unter dieser äussern harten Hülse, kömmt die andere darunterliegende Hülse, welche das Einkorn völlig umschließt, zum Vorschein, das ist ein dünnes weisses Häutlein. Gegen den innern Theil des Halms wird es breit, gegen den äussern Theil aber schmal, erhaben und hohl, wie die Gestalt des darinnen liegenden Korns, es erfordert. Das Einkorn nach seinen Kern betrachtet, ist grösser, dikker, breiter und mehr gelb an der Farbe, als das eigentliche Dinkelkorn. Es trägt in seinen beschriebenen Bälgen, in einer doppelten gleiche Ordnung in zweyen Zeilen, die gerade gegeneinander überstehen, einzelne Körner, und stellt völlig eine Gerstenähre, mit lang hervorragenden Spießen, die aus dem innern weissen Häutlein oben an der Spitze des Einkorns herausgewachsen sind, vor. Das im Herbst ausgesäete Einkorn, erfriert nicht, ob es gleich vor Einrükkung des Winters noch

F 5   nicht

nicht aufgegangen ist, daher säen es einige
besonders, ohne Dinkel, um Weynachten
oder erst um Lichtmeß, wenn sie anders vor
Frost und Eis in die Erde kommen können;
dagegen erfriert das Dinkelkorn leicht. „Als
sich — heißt es in den fränkischen Sammlungen
vor einigen Jahren viele im Herbst mit der
Dinkelsaat verspäteten, und kein Regen mehr
nach Michaelis erfolgte, der den Aufgang des
Dinkelkorns beschleunigte, so blieb der Dinkel
und das darunter vermengte Einkorn, wovon
der Dinkel selten völlig befreyt ist, den ganzen Winter über, der ohnehin trocken war,
in der Erde liegen, bis im künftigen Merz-
monat, durch das eingefallene Regen und
Thauwetter, das Dinkelkorn aufgieng, aber
von den zu Nachts erfolgten starken Reiffen
und Glatteis, in seiner Milch gleichsam wieder erstikt und völlig erfroren ist, daher im
folgenden Jahr, zumal auf den Dinkeläkkern,
die spät erst um Michaelis gestrichen worden
sind, sehr wenig Dinkel nachwuchs, und von
einem Morgen Akker kaum ein Schober Dinkel geschnitten wurde, das darunter vermengte
Einkorn aber, kam erst im April und Maymonat nach, trieb große Stükke und vermehrte
                                        sich,

sich, daß auf einigen Aeckern mehr Einkorn
als Dinkel gesehen wurde. Wenn das Einkorn einmal unter den Dinkel vermengt, und
auf die Aecker gesäet wird, so hat es eine besondere Kraft vor den Dinkel, um sich zu
wuchern und zu stauden. Man sieht das Einkorn nicht gern unter den Dinkel häufig aufwachsen, weil das davon zubereitete Mehl
schwer, und gelb an der Farbe ist; das Einkorn, welches gleich nach dem Schnitt trokken und nicht beregnet heimgeführt worden,
reichet auf der Mühle ein weißgelbes Mehl
dar, und verräth seine Vermischung mit dem
Dinkel an der weißgelben Farbe, welche die
davon gebakene oder gekochte Speisen an sich
nehmen, als ob Schmalz, Eyerdotter oder
ein wenig Safran damit vermengt worden
wäre: ist aber das Einkorn naß und beregnet
in die Scheuer gekommen, auch von vielen
Regen zu lang auf dem Halm stehen geblieben, so ist das davon zubereitete Mehl im
Kochen oder Bakken fliessend, kurz, nicht ergiebig, auch schwer und grauschwarz. Einige die zur künftigen Saat einen reinen Dinkel ohne Einkorn verlangen, rauffen deswegen
aus den Dinkelgarben, ehe sie gedroschen
wor-

worden, das Einkorn vorher heraus, legen
es bey Seite, und treschen es nach dem er-
haltenen Saamen-Dinkel mit den übrigen
Dinkel. Andere geben sich gar die Mühe,
und lesen auf ein kleines Stük, z. B. auf
¼ oder ½ Morgen, so viel sie hiezu nöthig haben, von dem Dinkel das Einkorn mit Fleiß
aus, damit sie in Zukunft von diesem Stük
Akker einen reinen Dinkel zur Saat auf ihre
übrige Felder bekommen mögen; wieder andere vertauschen oder verkaufen ihren einkör-
nigten Dinkel, und kaufen sich von andern einen reinen Saamendinkel ein, damit sie das
Einkorn los werden. Es wird als Sommer-
und Winterfrucht ausgesäet. Die Hülsen die
gemeiniglich nur einen Saamen haben — bekommen deren in guten Boden 2 auch 3.
Dieses Einkorn ist im Ertrag und in der Größe
der Körner weit geringer als der Dinkel, auch
sieht man es zum grösten Theil nur als Unkraut im Felde stehen, es sey dann: daß man
das Winterfeld nicht zur rechten Zeit bestellen
können, oder daß die Winterfrucht selbst
durch Nässe oder andere Zufälle verdorben
worden, alsdann säet es, doch auch nur äusserst selten, und an den wenigsten Orten —

der

der fränkische Bauer Frühlings ins Winterfeld.

An Gerste wird gebaut — und zwar meist
auf Pferchäckern — die vierzeilige Sommergerste welche weder in der Aussaat, noch bey
Bereitung des Biers, ohne ihre Hülsen keimt
und wächst. (hordeum vulgare Lin.) die
Reißgerste, Bartgerste (hordeum zeocriton
Lin.) und dann auch, doch nur äusserst wenig, die vielzeilige Wintergerste — welche
nur in der Erde, nicht aber ausser der Erde
auskeimt. (hordeum hexastichon Lin.)
Dieß ist die zweyte Art des Dinkelkorns,
und wird deshalb auch **Dinkelgerste** genannt.
Wintergerste heißt sie blos deshalb: weil
sie im Herbst noch vor den Winter ausgesäet
wird. Sie geht bey'm Treschen aus ihren
Hülsen oder Schelfen, welche die Sommergerste beybehält. Das Winter-Gerstenkorn,
ist kürzer und dicker als das Sommer-Ger-
stenkorn. Die Winter-Gerstenähre hat 4
Zeilen-Körner, die schon um den Johannis-
tag, zu Ende Juni reif werden, die Som-
mer-Gerstenähre aber, stellt 2 Zeilenkörner
vor, die in einer gedoppelten gleichen Ordnung

nung gegen einander überſtehen, und erſt nach
dem Roggenkorn, oder vielmehr nach deſſen
Schnitt ihre Zeitigung erhalten. Das Win-
ter-Gerſtenkorn iſt ſchwärzlich, das Sommer-
Gerſtenkorn, gelb weiß. Das Winter-Ger-
ſtenkorn, wird nicht zum Bierbrauen genommen, weil es keine Hülſen mit ſich führt, und
daher zum Auskeimen nicht ſo tüchtig iſt.

Dieſe Wintergerſte wird nur äuſſerſt
ſelten in Franken gebaut, weil ſie nicht in einem jeden Jahrgang, noch auch auf jeden Boden wohlgeräth, und leicht im Winter erfriert.
Diejenigen Landleute, ſo vieles Geſind halten,
und in einem Feld viele Aekker beſitzen, ſäen
zu Zeiten nur $\frac{1}{2}$ Morgen mit der Wintergerſte
ein, damit ſie im Sommer noch vor der Erndte,
da ihnen gemeiniglich das Roggen-Kornmehl
ausgeht, von dieſer Wintergerſte, die eher
als das Roggenkorn zeitig wird, einen kleinen
Vorrath von Mehl machen, und ihn zum
Brodbakken anwenden können. Das hieraus
gebakkene Brod iſt ſchwärzlich, trokken, und
reißt im Bakken gern, wie ein anders Ger-
ſtenbrod auf.

Was

Was die Sommergerste anlangt, so wird gröstentheils die großkörnige ausgesäet, welche auch — sowohl in der Wirthschaft als zum Bierbrauen die beste ist. Diejenigen Stoppeläkker, wo im Frühjahr die Gerste hin, kommen soll, werden schon im Herbste gestürzt. Die zeitig gesäete Gerste behält immer den Vorzug, ohnerachtet es äusserst gefährlich ist zu frühe zu säen, wenn noch Fröste zu vermuthen sind, weil — wenn sie erfolgen, die Gerste meist verlohren ist. Eben so gefähr, lich ist es hier zu Land, zu spät zu säen: denn wenn anhaltende Dürre einfällt, so geht sie nicht nur schwer auf, sondern sie hat auch wegen der Dürre keinen Trieb zum wachsen, sie kann nicht ausschossen, bekömmt auch wohl Brand, kurz, es wird manchmal kaum der Same wieder erbaut. In nassen Feldern wird mehr spät als zeitig Gerste gesäet, weil alsdann diese Felder mehr ausgetroknet, und von der Sonne besser erwärmt werden. Viele Landwirthe säen auch Gerste in's Krautland: wenn aber der Krautakker stark gedüngt wor, den, so schlägt es öfters fehl, weil die Gerste alsdann zu viel Trieb hat, und sich hernach lagert, oder wohl gar an Körnern und Stroh ver,

verdirbt. Man würde daher in aller Rükficht
besser thun, dem Beyspiel jener zu folgen,
die das Krautfeld im Herbst noch mit Winterfrucht besäen; und das kommende Jahr
darauf auf solchen Feldern meist vortrefliche
Gerste erbauen. Es giebt deren auch; die
ihre Gerste in gedüngte Brachfelder säen,
dieß ist aber nicht zur Nachahmung zu empfehlen, weil es weniger Nutzen bringt. Die
Wintergerste, die, wenn sie einen guten Akker,
trofnen Winter und Frühjahr hat, sehr wohl
geräth und mehr als die Sommergerste schüttet, wird zu oder gleich nach Michaelis gesäet. Bey der Gerste wird hauptsächlich auf
guten und reinen Samen gesehen, auch —
wenn sie viel Unkraut bey sich führt öfters
ausgejätet.

Mit dem allerschlechtesten Boden muß
der Haber vorlieb nehmen: nehmlich der gemeine weise Haber (avena sativa alba Lin.)
der glatte schwarze Haber (avena nigra Lin.)
der türkische Haber (avena orientalis Lin.)
und der weise frühzeitige Haber, oder August-
haber.

Er

Er wird so zeitig man nur in die Felder
kommen kann, sobald sie nur wegen der Früh»
jahrsnässe zugerichtet werden können — gesäet.
Nicht selten geschieht es — daß er in dem
schweren Boden — und zwar mit dem besten
Erfolg! — mit dem Schnee untergeakkert
wird. Wer — wie es häufig der Fall ist!
nicht viele gute Aekker hat — und die wenigen
guten die er besizt — zu Gerste, Flachs ꝛc.
liegen lassen muß, die übrigen schlechteren
aber nicht gehörig düngen und bearbeiten
kann, der sollte sie wenigstens dadurch zu ver»
bessern suchen: daß er Klee mit unter dem Ha»
fer säe. Alsdann würde er nicht alle Jahre
die Noth und Sorge mit schlechten Feldern
haben, wie und mit was er sie besäen soll? —
Die Früchte mögen seyn, welche sie wollen,
so kommen sie, wie leicht zu vermuthen, in
guten Boden allemal besser fort, und man
erhält alsdann auch eine reichere Erndte. Er
wird zum größtentheil in die Winterstoppeln,
theils aber auch, in abgelassene und ausge»
troknete Teiche, auch auf gut gefaulte und
mürbe gewordene Rasenflekke, und auf lehmi»
ge Aekker gesäet, wo derselbe vortreflich wächst.
Alle Felder zu Haber, sollten eigentlich im

Herbſt, und nicht erſt — wie es viele zu thun
pflegen! im Frühjahr geakkert werden, weil
alle Felder, es mögen nun Stoppelfelder
oder Raſenſtekke ſeyn, im Winter von dem
Froſt mürbe und lokker gemacht werden.

Wenn der lehmige Boden vor Winters
geakkert worden, ſo wird auch dieſer, ſonſt
an ſich ziemlich feſte Boden, durch den Froſt
recht ſchön mürbe, und daher auch im Frühjahr zu leichter und baldiger Bearbeitung viel
geſchikter. Wenn aber ſolche Lehmäkker
oder Raſenſtekke erſt im Frühjahr geakkert,
und zur Saat zurechte gemacht werden, ſo
brauchen ſelbige nicht allein noch einmal ſo
viel Arbeit, ſondern ſie können auch, wenn
die Witterung hierzu nicht recht gut einſchlägt,
wie es ſich vielmals im Frühjahr zuträgt! —
aller daran gewandten Mühe und Arbeit ohnerachtet — nicht zu der gehörigen Güte gebracht werden, es bleiben alsdann noch häufige
ſogenannte Bänder liegen, welche nach dieſem,
der Saat keinen Nußen, ſondern viel Schaden verurſachen; der Akker iſt noch zu roh
und voller ſolcher Raſenſchnitten, es kann alſo
der Haber keinen Trieb bekommen: er wird
gelb,

gelb, oder an manchen Orten wohl gar nicht
reif. In sehr nassen Feldern, verdirbt und
vergelbt der Hafer, weil er zu viele Nässe
durchaus nicht leiden kann. Man sollte mithin in gleichen Fällen, mehr — als es noch
jezt geschieht! darauf bedacht seyn: die überflüßige Nässe entweder durch gut angebrachte
Wasserfurchen, oder durch andere kleine Gräb-
chen wegzuschaffen. — Er wird durchgängig
nicht so viel als anderes Getreyde geegt, (im
schwarzen und schweren Boden zum größtentheil untergeackert) und es schadet ihm wirklich nichts, wenn er auch nicht so stark mit
Erde bedeckt ist, wenn er nur unter sich guten
Boden hat; denn er treibt viele Keime, und
macht starke Wurzeln. Die frühe Haafersaat,
ist in aller Rüksicht besser, als die späte. Er
erlangt mehr Nahrung durch die Winterfeuchtigkeit; er bekommt schöne Wurzeln, und
wird ein starker Stok; der Stok erhält einen
guten Trieb, daß sich derselbe alsdann recht
gut ausbreiten kann, und sich dadurch, wenn
hernach anhaltende warme Tage kommen,
selbst Schatten über seine Wurzeln macht,
folglich die nöthige Feuchtigkeit behält, und
ihm die Dürre keinen Schaden verursacht.

G 2   Der

Der spät gesäete Hafer hingegen, kann sich
bey fortdauernden trokkenen Wetter nicht so
gut erholen; weil ihm die gehörige Feuchtigkeit fehlt: er wird niemals so schön, als der
frühgesäete, klein von Stängeln und flach,
auch wenig von Körnern, mithin auch weniger mehlreich als der frühe. Der sogenannte
weisse Haber, ist unter den verschiedenen Gattungen, die ich angegeben, und die in Franken gebaut werden, die beste. Er will einen
guten fetten Boden haben, wenn er nicht ausarten und flachkörnigt werden soll. Am
schönsten wächst er, und trägt die schönsten
Früchte, wenn er in Kleestoppeln oder auch
in einen lehmichten fetten Boden gesäet werden
kann; und wer einmal solchen guten und
reinen Saamen hat, der sollte allemal darauf
sehen: daß er ihn in einen solchen, oder in
einen andern guten Akker brächte, weil er
ausser diesem auf schlechtem Felde auch schlechter und flachkörnigter, als er vorher war, wird.
Der glatte schwarze Haber, oder der sogenannte Eichelhaber, ist schwärzlich und dikschä-
lig. Er schüttet zwar gut, ist auch mehlreich,
hat mehr Bitterkeit und ist nicht von solcher
Güte, als der weisse Hafer. Auf solchen

Fel

Feldern, wie sie bey vorhergehender Art ange=
zeigt worden, geräth er am besten, besonders
wenn er fein zeitig gesäet worden. Die dritte
Gattung bringt zwar wohl Körner genug;
allein, er ist sehr leicht, hat wenig Mehl,
und mancher ist oftmals nicht viel besser, als
Spreu. Die vierte Gattung ist noch so ziem=
lich mehlreich, allein doch immer den ersten
Gattungen nicht an die Seite zu setzen. Man
betrügt seine Pferde mit solchem Hafer, und
er ist nie anders, als nur im höchsten Noth=
fall, zu säen und zu Futter zu gebrauchen.
Ein Malter guter weisser Hafer ist besser, als
ein Simer von sezteren. Auf leichten Feldern
geräth er gut. Zum Samen wird kein alter
Hafer genommen, weil solcher zu lange in der
Erde liegt, bis er zum Aufgehn kommt.

Hierse (meist im Sand) und zwar die
gemeine weisse und gelbe Hirse (Panicum
miliaceum Lin. auch die schwarze Hirse
(Milium femine nigro.) Sie kann nicht
zu viel Nässe vertragen, kömmt mithin nicht
auf nasse Aekker.

Im Frühjahr wird das dazu bestimmte
Feld gut geakkert und, wo möglich, etwas
we=

G 3

weniger Dünger, wenn nehmlich der Boden
von guter Art ist, bald vor die Furche gebracht. Dagegen aber, wird der Boe
den, wenn selbiger von Natur leicht ist,
stärker gedüngt, und zwar mit kurzem Mist.
— Ein Mittel, welches der blinde Aberglaube
gegen den Brand im Hierse ausgeheft, ist:
wenn man ihn aus einem Tuch, worinnen ein
todtgebohrnes Kind bey seiner Geburt gewik-
kelt gewesen, welches aber gar nicht gewa-
schen worden — aussäet. Ein anderes:
wenn man ihn entweder 2 oder 3 Tage
vor, oder 2 oder 3 Tage nach dem Sonn-
tag Cantate aussäet. Ein drittes verlangt:
daß er die Woche nach Pfingsten, entweder
des Morgens früh', oder des Abends, im zunehmenden Mond gesäet werden soll. Die
gleichfals vom blinden Aberglauben vorge-
schriebenen Mittel — daß die Sperlinge solchen nicht fressen — sind: eine Wolfsgurgel
zu nehmen, und den Hiersesamen durchlauffen
zu lassen; oder — sobald man auf den Akker
kömmt — ein Steinchen zu suchen, es in den
Mund zu nehmen und so lange darinnen zu
behalten, bis man mit dem Säen fertig ist,
worauf es eingegraben werden muß; oder ein
Spän-

Spänchen von einer Radespeiche zu nehmen,
und solches, so lange man säet — ohne ein
Wort zu reden, zwischen den Zähnen zu halten, hierauf aber an dem einen Ende des
Beetes zu vergraben. Dieß soll bewirken:
daß alsdann, wenn der Hierse reif ist, die
Vögel zwar kommen, sich darauf setzen, aber
nichts fressen, sondern blos die Schnäbel auf-
sperren, und unterrichteter Sache wieder davon fliegen sollen. O sancta simplicitas!!!
— Oder man soll am Fastnachtstage ein Stük
Spekkuchen, und wenn man säet, die Hände
damit beschmieren ꝛc. Könnte man mehr wohl,
von ganz in die tiefste Barbarey versunkenen
Menschen erwarten? — und doch werden sie
unter die civilisirten Nationen unseres aufgeklärten Zeitalters gezählt!

Das auf Erfahrung gegründete Hülfs-
mittel, wider den Brand im Hirse ist folgen-
des: Sobald der Hierse reif wird, läßt man
jemanden in den Hierse gehen, und ihn die
reifsten Kolben aussuchen, von solchen alsdann
die schönsten gelben Spitzen, so viel man zur
künftigen Aussaat nöthig hat, oben abschneiden, und in einen Sak sammeln, und in

die-

dieſen Säcken wird er auf den Böden wohl
aufgehängt, damit die Mäuſe nicht dazu kommen können. Wenn alsdann aufkommendes
Frühjahr wieder Hierſe geſäet werden ſoll,
ſo laßt man dieſen Samen ausreiben und
ſäen. Noch leichter kann man zu reifen Samen kommen, wenn man bey'm Abladen die
Veranſtaltung trift: daß der vom Abladen
ausgefallene Same von der Tenne geſam-
melt werde. Die Ausſat wird entweder
zu Ende May oder Anfangs Juni vorgenommen.

Heidel-Heidekorn — Buchweizen (Poly-
gonum fagopyrum Lin.) wird faſt häufiger
noch als die Hierſe im Sande gebaut. Man
hat zweyerley Heidekorn, nehmlich ſchwarzes,
welches kleinkörnig und die beſte Sorte iſt;
die zweyte Gattung iſt größer von Körnern
und nicht ſo ſchwarz, ſondern etwas heller.
Die erſte ſchwarze Art iſt es, welche am ſtärk-
ſten hier zu Land gebaut wird, und auch am
beſten zur Grütze iſt. Es braucht keinen al-
zuferten, ſondern nur einen mittelmäßigen,
aber doch trokkenen, von Quekken und anderem
Unkraut gut gereinigten Boden, weil es nicht
viel

viel Näſſe vertragen kann.   In guten Feldern, wo der Akker zu fett iſt , läuft man
Gefahr: daß es ſich legt, und keine Körner
bringt.— deshalb wird es auch nur in mittel-
mäßige und leichte Felder (meiſt im Sandboden) geſäet, wo es als eine Sommerfrucht
eingeerndtet, und die Stoppel alsdann im
Herbſt wieder mit Winterkorn beſäet wird.
Dadurch erhält man den Vortheil: daß auf
dem Herbſt ſchon etwas Land mehr bedüngt
und halb bearbeitet iſt, welches dem Landmann
ſehr zu ſtatten kommt, beſonders, wenn der
Herbſt viele Näſſe mit ſich bringen ſollte, wodurch die Arbeit in den Feldern vermehrt
wird.   Der Dünger zum Heidekorn wird im
Herbſt auf diejenigen Brachen, wo es hinge-
ſäet werden ſoll, geſchaft, in große Haufen
geſchlagen, und — wenn der Akker zugerichtet wird — auseinander geworfen.   Manche
ſäen auch das Heidekorn ungedüngt auf Korn-
ſtoppeln, und laſſen ſolche erſt alsdann, wenn
ſie das Heidekorn eingeerndtet haben büngen
und mit Winterkorn einſäen.   Dieß thut aber
wenn die Felder zu mager ſind nicht allemal
gut.   Die Aekker wo Heidekorn geſtanden,
werden dadurch meiſt von den Quekken be-

G 5   freit;

freit; denn da es sehr breitblättrig wächst,
und sich auch sehr auf den Akker ausbreitet,
so werden dadurch die auf dem Akker noch befindlichen Quekken vollends verdämmt, daß
nicht fortkommen, sondern verderben müssen.
Wenn in der Blüthe starke anhaltende Regen,
ingleichen kalte Winde einfallen, so vergeh'n
die Blüthen, und alsdann ist wenig Hofnung
zu einer guten Erndte vorhanden; und wenn
es auch schon wieder frische Zweige treibt, so
wird es doch selten reif. Ein gutes Kenn-
zeichen giebt die Blüthe, wenn sie schön weiß
ist, dagegen ist wenig Hofnung vorhanden,
wenn sie in's röthlichte fällt. Der Anbau des
Heidekorns zieht, ausser dem Vortheil daß
das Unkraut dadurch erstikt wird, noch diesen nach sich: daß es den Akker — gleich den
Erbsen — fein lokker macht. Die Mäuse gehen — da sie es vor allem andern Getreide am
liebsten fressen, stark darnach. Eine zweyte
dabey vorkommende Unannehmlichkeit ist noch
diese: daß beym Einerndten sehr leicht abfällt,
und daher vieles verlohren geht, wenn man
nicht ausserordentlich vorsichtig dabey zu Werke
geht. — Man sollte es nicht erst in Bunde
binden, sondern — gleich den Erbsen und
Wikken,

Wiſſen, auf den Wagen laden und einführen
laſſen; denn es iſt bekannt: daß — wegen
der Austroknung ſeines ſtarken Strohes öfters
3 Wochen lang auf dem Feld in Hauffen bleiben muß, wodurch alſo das ſchwache Stiel-
chen, woran das Korn hängt, ſehr dürre
wird, mithin auch ſehr leicht abbricht. Ja,
beym Schneiden bricht ſchon vieles ab. Wenn
es nun endlich zum Einfahren trokken genug
iſt, und in Bündel gebunden werden ſoll, ſo
wird noch das mehreſte abgebrochen.

Türkiſcher Weizen, oder Mays (Zea
vulgaris Lin.) in äuſſerſt geringer Quantität, blos hin und wieder zur Fütterung und
Maſtung des Geflügels.

Die ſogenannte Saubohnen — (Faba
major Lin.) auch Pferdebohnen (Faba minor) werden — hauptſächlich im Altmühlgrund
— in beträchtlicher Menge gebaut. Mayer
ſagt zum Schluß ſeiner pragmatiſchen Geſchichte
von Kupferzell: „Der Gedanke, der in mir
„niemalen erſtirbt, den ich jeden Landwirth
„empfehle und deſſen Inhalt, wenn er befolgt
„wird, im Stande iſt, unglükliche Arme,

„§u

„zu begüterten reichen Leuten umzuschaffen,
„ist der: Kein Bauer sollte seyn, der nicht
„alle Jahr 2 Morgen Klee säete, 2 Morgen
„mit Kartoffeln stekte, und 2 Morgen mit
„kleinen Saubohnen ansäete.‟

Erbsen Linsen und Wikken, kommen
meist in einen leimigten tiefgepflügten Akker,
und werden — um das beständige Blühen ab»
zukürzen, zeitig gesäet und eingeegt, doch
müssen die Linsen auch schon im sandigten Bo»
den vorlieb nehmen.

Man sollte sich nicht — wie es manche
thun! — daran binden, nur immer einerley
Feld zu Erbsen zu nehmen — besser ist es:
damit fortzurükken, weil diese Felder dadurch
lokkerer werden. Die Fabeln und Mährchen
bey der Erbsenaussaat, die meist jeder durch
eine schlechte Erndte theuer genug bezahlen
muß — sind ungeheuer.

Einige glauben, wenn sie die Erbsen im
neuen Mond säen, so bekämen sie wohl viel
Blüthen, aber wenig Schoten; und wenn
das

das Säen im alten Mond geschähe, so kämen
Moden in die Schoten.

Andere sagen: man müsse die Erbsen
säen, wenn der Mond im Fische, Wassermann
oder anderm wässerichten Zeichen liefe, wo
alsdann die in einem solchen Zeichen gesäeten
Erbsen sich eher weich kochen liessen; rc. rc.
Es mag einer im alten oder neuen Mond, im
ersten oder letzten Viertel säen, so hat dieses
doch keinen Einfluß weder auf Mißwachs,
noch auf wenig oder viel Blüthen, noch auf
Moden oder Weichkochen; sondern, wenn Gott
gute Witterung schenkt, und man mit Sachkenntniß dabey zu Werke geht. Bey den
Erbsen ist es eben so wie bey den andern Früchten; eine Art ist immer besser wie die andere,
und eine Art kocht auch immer weicher und
besser als die andere. Bey alledem kömmt es
auch vieles dabey auf einen guten milden Boden, und auf das Wasser an, in welchem sie
gekocht werden. Besonders sollen sie gut und
bald weich kochen, wenn sie auf einen nicht
allzufesten oder nassen Boden, welcher mit
viel strohigten Schafdünger gedüngt werden,
gestanden. Wenn ein Akker guter milder Natur,

tur, oder durch die Bearbeitung milde gemacht
worden iſt; ſo werden alle Früchte gut darauf
gerathen. Mithin ſollte man auch zu den
Erbſen nicht den erſten beſten Boden, ſondern
einen guten oder wenigſtens mitler milden Boden nehmen. Denn ſollte man auch mehr darauf
bedacht ſeyn: einen guten reinen Samen,
worunter keine braune Erbſen auch keine Pfer-
bewikken befindlich, auszuwählen. Sie werden zum gröſtentheil hier zu Land untergeakkert.
Die Saat geſchieht im Frühjahr, ſobald der
Akker nur ſo weit troffen iſt, daß man mit
dem Pflug darin arbeiten kann. Durch das
Einakkern erſpahrt man etwas an der Ausſaat,
weil die Erbſen, die eingeakkert werden, nicht
ſo dik, als andere, die man nur einegt, geſäet werden dürfen.

Das zu tiefe Unterakkern verurſacht aber
auch oftmals: daß viele, wenn anhaltende
Näſſe einfällt, verfaulen und nicht aufgehen
können. Was die Blüthzeit der Erbſen anlangt, die einen ſo kritiſchen Zeitpunkt in dem
Kalender des abergläubiſchen Landvolks ausmacht, ſo iſt es natürlich: daß — wenn der
Regen alsdann eine Zeitlang anhält, nicht
viel

viel Schoten werden können, weil sie von der
häufigen Nässe verfaulen müssen. Das ver-
nünftigste was sich von den Moden in den
Schoten denken läßt, ist: daß diese Würmer
durch die Luft oder den Thau, wenn sie noch
sehr klein sind, in die Blüthe geführt werden,
und alsdann in der Schote mit verwachsen.
Was ich hier von den Erbsen gesagt, ist auch
von den Wikken und Linsen zu verstehen; doch
wird zu lezteren ein milderer Boden genommen; sie gerathen aber bey alledem, wenn
der Sommer halbwege etwas zu naß oder auch
zu trokken ist, nicht allemal gut, weil sie eine
recht temperirte Witterung verlangen.

Hier zu Lande ist es nicht so stark wie z.B.
in Sachsen gebräuchlich: das Wintergetreide,
wenn es im Herbst stark aufgewachsen ist,
von Schaafen beym Frost abhüten, oder im
Frühjahr schröpfen, nehmlich mit den Gras-
stumpfen abschneiden zu lassen. Dieß ist auch
gemeiniglich schädlich; wenigstens allemal gefährlich für den Saamen; denn die Beobach-
tung: daß die Schaafe vornehmlich die
schwächeren und härteren Pflanzen lieben, mithin diese verstümmeln und die stärkeren unbe-
schä-

ſchädigt laſſen, wird immermehr durch die Erfahrung beſchädigt.   S Schleſiſche ökonomiſche
Saml. I. S. 146. und II. S 321. Hannöv. Anzeigen 1751. S. 306. Berliner Beyträge zur Landwirthſchaft II. S. 1.

Das Abſchneiden des jungen Sämens,
an ſeinen oberſten Spitzen geſchieht aber gleichwohl hin und wieder, doch nur in äuſſerſt
ſeltenen Fällen, und dann auch meiſt ohne
Schaden; wenn ſich nehmlich der junge Din-
kelſame vor allzuſtarken Trieb auf die Erde
niederneigt. Dieſes Abſchneiden wird in Franken das **Serben,** und die abgeſchnittenen
Spitzen die Serb genannt.   Dieſe Serb
wird dem Vieh mit eben der Vorſicht wie der
junge Klee ſparſam vorgelegt, weil ſonſt ein
Auflauffen des Leibes und Zerplatzen des Wan-
ſtes zu befürchten iſt.   Alles jung und frühzeitig hervorſchieſſende Gras hält weit mehr
Saft in ſeinen Wurzelfaſern und grünen
Blättern, als ein bereits in die Höhe ge-
ſchoſſenes und ausgewachſenes altes Kraut.
In dieſer Abſicht trägt und ſamlet man auch
im Frühling die jungen Kräuter zum künftigen Gebrauch ein, weil ſodann der häufige
Saft anfangs in den Wurzelfaſern ſtekt, und

von

von daher auf das Wachsthum der Blätter
einzig verwendet wird. So kann gleichfalls
im Frühling die beste Kraft von den grünen
Kräutern gerühmt werden, weil sie mit Saft
angefüllt sind. Im Sommer und Herbst geht
der Saft bey denen im Frühjahr aufgewach-
senen Kräutern nicht mehr so häufig in die
Blätter, sondern steigt in die obern Theile,
in den Stengel, Blüthe und Saamenbehält-
nisse, diese nehmen zu und grünen, die untere Blätter aber werden saftlos, holzigt und
welk. Im Frühling arbeitet die Natur an
den untern Theilen, damit ihre Wurzelfasern
vermehrt, und von dem häufigen Saft dikker
werden mögen; im Sommer dagegen wird der
nachkommende Saft zur Ernährung der obern
Theile verwendet. Im Frühjahr hindert die äus-
serliche noch fortdauernde Kälte des Nachts,
daß der häufige Saft nicht schnell in die obern
Theile steigen kann; im Sommer aber ist der
Saft von der Wärme dünner, flüßiger und
flüchtiger gemacht, daher er stärker von den
Gewächsen ausdünstet, und seine eilfertige Wirkung bey Menschen und Thieren almälig verliert.
Aus diesen Gründen läßt sich die von einer überflüßigen Fütterung der Dinkel — Seeb her-

rührende Gefahr leicht ab ehmen. Je häufiger und geschwinder auf einander die Dinkel — Seeb ohne Vermischuug eines andern
dienlichen Grases dem Vieh gegeben wird,
desto gewisser zieht sie eine schädliche Wirkung nach sich.

Aus den faulenden entzündbaren, ölig-
ten und salzigten Theilen des Dungs zieht
der junge Dinkelsaame seinen Nahrungssaft.
Dieser als ein noch nicht genugsam gereinig-
ter und von der Wärme flüchtig gemachten
Saft findet bey den Thieren, die von der
Dinkel Seeb mehr zu sich nehmen, als ihr Ma-
gen und Gedärme in sich fassen können, auch
lüftige und salzigte Theile, welche in einander wirken, und durch ihre Auflösung eine
Gährung und schnelle Entwiffelung der ver-
borgenen lüftigen Theile, mit einer gewaltsa-
men Ausdehnung, auch, wo keine eilfertige
Hülfe und starke Bemühung darauf erfolgt,
wohl gar ein Zerplatzen des Wanstes anrichtet. Derjenige Dinkelsame, so eine schwarz-
grüne Farbe zeigt, gros, dik und frech auf-
wächst, auch sich umzulägen scheint, hat des
Seebens vonnöthen. Das Seeben trägt
vieles zur Vermehrung der Dinkelkörner bey;
denn

denn wenn die obersten Spitzen abgeschnitten
werden, so tritt der Saft in die Wurzelfasern zurük, diese werden daher größer, dikker
und saftreicher, und beschleunigen mit einem
stärkern Trieb das Schossen der Dinkelhal-
me, wie auch das Wachsthum der Aehren
und Körner. Selten wird der Dinkelsaame
im Herbst, gemeiniglich im Frühling, und
zwar im May oder Brachmonat geseebt, weil
die zurükgelassene Winterfeuchtigkeit und die
darauf erfolgte Frühlingswärme auf einem ge-
düngten Akker den Samen schnell wachsend,
und dessen Blätter dik, frech und schwer
macht, daß sie sich auf die Erde niederlegen.
Das Seeben wird deshalb an dem Dinkelsaamen vorgenommen, damit nicht die Körner
taub, leicht und klein werden, auch das viele
Geströh sich nicht künftig von Schwere auf
die Erden neigen möge Man sieht gern
nach dem Seeben einen baldigen warmen Regen auf daß der Dinkel im Schosen gut fortfahre. Eine darauf folgende Dürre macht
die obersten Spitzen des Dinkels gelb, und
hindert das Schossen. Das Seeben darf
auch nicht zu spät vorgenommen werden. Ist
einmal der Dinkelsaame in die Röhrlein ge-

gan-

gangen, so ist das Seeben uherlaubt und
schädlich, weil die abgeschnittenen Röhrlein
nicht mehr nachwachsen.

Der erlangte Grad der Reife, trokene
und warme Witterung, bestimmen auch hier
zu Lande — wie an allen Orten, die Zeit der
Erndte. Der fränkische Bauer verliert nicht
— wie es Denser berechnet (S. Denser von
Ursachen der Fruchtbarkeit) von 100 Roggen-
körnern 39 und von 100 Gerstenkörnern bis
zur völligen Reinigung 37 Körner; denn er
ist dergestalt darauf bedacht, das Ausfallen
der Körner zu verhindern, daß er aus dieser
Ursache sein Getreyd nicht selten von dem gehörigen Grad der Reife nach Hause führt.
Dieß Verfahren ist aber schlechterdings nicht
zu billigen. S. Journal oeconomique 1761. S.
823. de la saison favorable pour couper le froment,
l'orge et autres grains. Oeconom. Nachr. III. S.
529. 490 Hofmanns Klugheit hauszuhalten V.
S. 168.

Andere hingegen, gehen auf der andern
Seite wieder zu weit, und lassen die Gerste
und den Haber bis zur Ungebühr auf dem
Felde

Felde liegen. Ich trage kein Bedenken, das
was ich schon anderswo über diesen Gegenstand gesagt, bey dieser Gelegenheit wörtlich
zu wiederholen.

Die Gerste, und hauptsächlich der Haber muß auf dem Felde rosten — pflegt der
Bauer und mit ihm der träge Schlendrianiste
zu sagen: die beyde ihren Satz einstimmig
auf Herkommen, Obserservanz und Schlendrian gründen. Wenn es der gedrükte Bauer,
dessen fleißige Hände von einem gehäßigen
Zehendmeister oder Zehendknecht gebunden
sind — allein sagte, so wäre es um so viel
weniger auffallend; denn wenn dieser auch
wirklich vom Gegentheil überzeugt ist, so
muß er doch, ohn' alles Erbarmen — wo in
der Erndte häufiges Regenwetter einfällt —
beregnete und ausgewachsene Frucht und halbverfaultes Stroh, statt der ihm von Gott
bescheerten reinen Frucht einerndten, und
wehe ihm! wenn er sich's einfallen ließ, die
einfallenden trofnen Stunden, wo er seine
Früchte gutbehalten nach Hause bringen könnte,
zu benützen, und seinem unbarmherzigen Ze-
hendherren der Art vorzugreiffen! S. Gül-
denes

benes A. B. C. Buch für die Bauern von Chriſt.
Frankfurth am Mayn 1787, S. 6. in der angeführten Note.

Was für unwiderlegliche Gründe mögen
aber wohl jene — die ganz ungebundene Hände,
freye Macht und Gewalt haben: über ihre
Grundſtükke und erzeugte Produkte zu ſchal-
ten und walten wie ſie wollen — unſerm Satz
entgegen zu ſetzen im Stande ſeyn? — Etwa,
weil ſich ſonſt der Haber nicht rein ausdre-
ſchen läßt, und man dann zu viele Körner
im Geſtröhde verliert? — oder weil er ſonſt
das Gemäs nicht ſo vortheilhaft ausfüllt, und
dergleichen Scheingründe mehr? Geſezt auch
— wiewohl es äuſſerſt unbedeutend iſt! —
es blieben auf jedes Schober einige Mäschen
mehr im Geſtröhde zurük, ſind denn dieſe
Körner deshalb verlohren, kommen ſie nicht
dem Vieh in der Fütterung zu gut? Ein vernünftiger Landwirth, ſieht gewiß mehr auf
die Conſiſtenz als auf die Menge des Futters,
welches er ſeinen Vieh vorlegt. Und iſt wohl
überdieß dieſer Verluſt — wenn blinder Unver-
ſtand es doch durchaus Verluſt genannt haben will! — nur im mindeſten mit jenen
wah-

wahren und beträchtlichen Verluſt zu verglei-
chen, den ich durch das Ausfallen — bey anhaltender trokener Witterung, durch das häufige Beregnen, durch halbverfaultes Stroh,
durch Austroknung meiner Stoppelweide und
dergl. m. erleite?

Der unvernünftige ökonomiſche Harpax
geht noch weiter, in ſeinem unſinnigen und
unökonomiſchen Verfahren. Wenn die Witterung ja ſeiner thörigten Erwartung allzu-
weite Schranken ſezt, und er auch vielleicht
ſchon einen beträchtlichen Theil ſeiner Ausſaat durch das Ausfallen der Körner verlohren hat, ſo ſucht er auch noch in der Scheune
ſeinem Haber, die ihm unentbehrlich ſchei-
nende Würze durch die Gießkanne von einer
Lage zur andern zu erſetzen, ohne nur im mindeſten bey dieſem mehr noch als jüdiſchen Verfahren zu erwägen: ob er nicht vielleicht ſelbſt
dadurch den Keim zu unendlichen Uebeln in
ſeine Mauern legt? — Sollte wohl die dadurch verurſachte halb erſtikte dämpfende Gährung — wenn ſie auch nicht bis zur gänzlichen
Fäulniß übergeht — nicht im Stande ſeyn,
ſchädliche Inſekten herbeyzulokken, oder wohl

H 4   gar

gar zu erzeugen? — S. Abhandlung über die vermeintliche Entstehung des so schädlichen Fichten-Insekts auf dem Harze, von den Wildmeister Jäger zu Meusebach. So wie auch, die gekrönte Preißschrift darüber von einen ungenannten Verfasser in Klausthal auf dem Harz.

Sollte es wohl nicht Veranlassung zu häufigen Pferd und Rindviehkrankheiten geben? (denn wenn lezteres auch nicht just mit Haberkörnern ernährt wird, so ist ihm das Haberstroh doch ein sehr willkommen Futter in den Wintermonaten. Was die Winterfütterung der Schaafe anlangt, so verdient dieser Gegenstand deshalb um so vielmehr beherzigt zu werden, da das Haberstroh einen beträchtlichen Theil derselben ausmacht ꝛc.

Das Getreide wird zum größten Theil — fast allgemein mit der Sichel geschnitten, und nur an einigen wenigen Orten, wie z. B. im Hohenloischen — mit der Sense gehauen. Diese ökonomischen Werkzeuge findet man beschrieben und abgebildet in in Museo rustico I. S. 36. 309. Fig. 5, 6. The Complete Farmer --- Bayley's Advancement of arts. London 1772. 4. S. 115.

Das

Das abgeschnittene Getreyd wird von den Schnittern in kleine Haufen gelegt, die man Gelage oder Sameten (nach fränkischer Mundart) nennt, und bleibt so lange bis es ausgetroknet ist — nach Beschaffenheit der Witterung oft 8 bis 14 Tage — in diesen langen Zeilen liegen. Hierauf werden diese Sameten von einigen, um Garben daraus zu binden — zusammengetragen, von andern mit Strohbändern, die vorher ins Wasser getaucht worden, umschlungen, und von noch andern mit dazu bestimmten hölzernen Knöbeln, folgends zusammengerüttelt. Diese Garben, die nach Willführ des einen oder des andern, bald gros bald klein gemacht werden, werden nach dem Schöber (von 60 Stük) gezählt, und so in die Scheunen eingeführt, daselbst gehörig gebanst (nehmlich sagen weiß geschlichtet) und wenig oder gar nicht, wie es an andern Orten geschieht S. Journal oeconomique 1762. S. 545. in Feimen (Fiemen) unter freyen Himmel gelassen.

Es ist zwar — wie ich eben angeführt, ein allgemeiner Gebrauch hier zu Lande: das abgeschnittene Getreyd, ehe man es in Garben bindet, auf den Schwed, oder vielmehr

H 5   auf

auf der Erde trokken werden zu laſſen: bey
alle dem, würde es weit ſicherer und vortheilhafter ſeyn, es ſogleich nach dem Abſchneiden
in Garben zu binden, und in gefälligen Hauffen mit den Aehren in die Höhe zu ſtellen;
weil dadurch das baldige Abtroknen der Aehren, oder der Fruchtbehältniſſe befördert, nicht
weniger bey einfallenden Regenwetter das Aus-
wachſen des Getreydes behindert, wenigſtens
verſpätet wird, indem ſehr begreiflich, daß
eine in die Höhe gerichtete, folglich der freyen
Luft blos geſtellte Getreidegarbe, eher abtroknen wird, als die auf der Erde liegende Frucht,
wo der Regen nicht ſo geſchwinde ablauffen,
der Wind das Abtroknen nicht ſo leicht und
ungehindert befördern kann. Ueberdieß iſt die
Befolgung dieſer Vorſichtigkeitsregel von
großem Nutzen, wenn zu der Zeit, wo das
Getreyd, ſeiner erforderlichen Eigenſchaft zu-
folge, füglich eingefahren werden kann, ein
unvermutetes Regenwetter einfällt: denn
wenn ein andrer die noch wenigen günſtigen
Augenblikke erſt mit dem Binden der Garben hinzubringen genöthigt iſt, ſo iſt man
der Art faſt ſchon mit ſeiner Fuhre unter-
wegs, und ehe jener noch zu laden anfängt,

fängt, mit seiner Erndte schon im sicheren
Hafen.

Der einzige Umstand: wenn nehmlich
viel Unkraut unter dem Getrerde vorhanden,
kann eine Ausnahme von der Regel machen:
denn in diesem Fall, könnten die fast zusam-
mengebundenen Garben, wenn auch nicht
gleich, doch in der Folge, zu schwithen und
zu schimmeln anfangen. Friedrich Kraft,
Pfarrer des haagischen Kirchspiels zu Büdin-
gen, sagt unter andern in seiner Apologie der
Clevischen Kornsense:

„Der vornehmste Nutzen der Clevischen
Kornsense besteht darinnen: der Mäher weiß
das Getreyde mit dem Hakken so lange fest zu
halten, bis er so viele Hiebe gethan hat, daß
es eine Garbe ausmacht, welches er aus der
Erfahrung weiß, oder eigentlich der Mäher
hält erst den Pik oder die Latte mit dem Haken
mit seiner linken Hand gegen das stehende Getreyd an, so daß es ehender ein wenig zurük-
gedrükt, als nach ihm zugezogen wird. Sol-
chergestalt thut er etliche Hiebe. So lang'
Getreyd steht, legt sich das Abgehauene dagegen

gen an. Dann zieht er es mit dem Haken
nach sich, hauet noch einmal, wodurch es ganz
losgeht, und wälzt oder zieht es zu einer
Garbe zusammen, welche er — vermittelst des
linken Keims und Fusses an den ihr bestimm=
ten Ort niederlegt. Alles geht hierbey rein
ab; so daß nicht ein Halm stehn bleibt.

Der fleißige Mäher legt demnach immer
eine Garbe nach der andern, neben oder hinter
sich in die schönste Ordnung hin; die nachfol=
genden Weibsleute; machen aus den Getreyde
selbst ein Band, womit sie die Garbe oben und
unten zubinden (denn Strohseile werden nicht
auf den Akker mitgenommen. Das Getreyd
liegt der Art nicht in Schwaden, wie abge=
mähtes Gras, sondern garbenweis da; auch
wird beym Fortschreiten, auf kein daliegendes
Getreyde getreten u. s. w.'' Warum soll nun,
was im Clevisch und Märkischen thunlich —
nicht auch bey uns hier in Franken thunlich
seyn? (ländlich sittlich! wird mancher dabey
denken; bey alledem ist doch jede Sache,
einer Verbesserung unterworfen!) Diese ver=
besserte Verfahrungsart — ist überdieß so we=
nig Schwierigkeiten unterworfen, daß sie —
mit

mit Ausnahme jenes schon angeführten einzigen Umstands (das überhandgenommene Unkraut betreffend — allenthalben ohne alle Mühe
— einzuführen ist. Ich habe vergangen Jahr,
nur ein kleinen Versuch damit angestellt, und
hin und wieder das Getreyd mit dem besten
Erfolg gleich von der Sichel wegbinden, und
in Garben aufstellen lassen: in Zukunft werde
ich es aber im Großen so machen; denn ich
finde: daß man der Art, weit geschwinder,
als nach der gewöhnlichen Verfahrungsart zu
seinen Zwek gelangt, und viele Gäng, mithin
vielen Zeitverlust dabey erspahrt: weil (welches
doch auf einer großen und weitläufigen Markung von Belang ist) die Schnitter ihre
Arbeit mit einenmal auf jeden Stük beendi-
gen können, und der Mühe überhoben sind:
immer wieder auf dasselbe Stük zurük oder
darauf zu gehen müssen.

Mit Ausnahme des Saatkorns, und
einiger andern Früchte (die, um der Ent-
zündung vorzubeugen — auf der Stelle abge-
troschen werden müssen) wird das Treschen
durchgängig bis auf den Winter als die dazu
schiklichste Zeit verspahrt, und wenn das Getreyd

trend geschwizt hat, bey trokener Witterung
und zwar fast durchgängig des Nachts, bey
Licht vorgenommen, das heißt: der Bauer
steht mit seinen Gesind gleich nach Mitternacht
auf, und trisch dann bis Tagesanbruch auch
darüber fort, um alsdann noch mit seinen
Anspann in's Holz oder anderwärts hinfah-
ren zu können. Er trischt nach Befinden der
Umstände 1 bis 1½ Schöber auf einmal aus.
Dieß kömmt lediglich auf die Anzahl der tre-
schenden Personen, und auf die Kürze oder
Länge der dazu bestimmten Zeit an. Nachdem
die Scheuren-Tenne lang oder kurz ist, legt
man 8. 10. oder mehrere Garben, auf jeder
Seite nehmlich 4. 5. und 6 Garben in der
Reihe an (welches ein Stroh heißt) flegelt
die obersten Spizen der Aehren ab, löst das
Strohband auf, breitet die Garben auseinander, kehrt das Gesträh an die Wand und
die Aehren gegen die Mitte der Scheunentenne,
und schlägt alsdann in einer gewissen Ordnung
die Körner von dem Gesträh los. Sind die Garben auf einer Seite wohl abgedroschen worden,
so wendet man sie um auf die andere Seite,
schüttelt vorher das Stroh rein aus, und wiederholt diese Arbeit wie auf der obern so auch auf
der

der untern Seite. Das abgetroschene Getreyd
bringt man mit dem Rechen in die Mitte der
Scheunentenne, und häuft es daselbst nach
der Länge auf, bis die beliebige Zahl der Garten im Treschen voll gemacht worden ist.
Das leere Geströh wird wohl ausgeschüttelt,
mit dem Strohband wieder in Schütt gebunden, und dem Vieh theils lang (wenn es Haber, Gersten, Linsen Stroh ꝛc. ist) aufge-
steft, theils im Winter zu Halm oder Hekfer-
ling geschnitten, und, mit Heu oder Sied vermischt, als eine Fütterung gereicht, theils
aber zu einer Streu verbraucht, und damit
die nöthige Düngung gemacht. Das bey den
Treschen vorkommende kurze verwirrte Stroh,
wird ebenfalls zusammengebunden, und **Wier-
stroh, Wierbunde, Wiergebunde** genannt.
Es dient zur Winterfütterung. Der Nahme
wird von den veralteten **Wieren** wovon noch
verworren gebräuchlich ist hergeleitet.

Nachdem man die Körner geworfen,
werden sie durch allerley besondere Siebe,
(Reitern) sortirt, und dann durch noch andere Siebe, oder Fegen (Fegmühlen, Staub-
mühlen, Windsiebe S. Mayers Landwirthschaft
von

von Kupferzell S. 112. Tab. 3. Zinkens ökonomiſches Lexicon Tab. 5. Abhandl. der ſchwediſchen Akademie XII. von Staub und anderem Unrathe noch ferner gereinigt.

Das ausgetroſchene und in der Mitte der Tenne aufgehäufte Getreyd, wird nehmlich mit dem Rechen auseinandergezogen und ausgebreitet, das kleine Geſtröh, welches noch unter dem Getreyd iſt, von demſelben abgeſondert, auf einen breiten Haufen gebracht, noch einmal getroſchen, und durch die weiten Reutern, welches ein mit großen, weiten und vierekigten Löchern verſehenes Sieb iſt, durchgeſiebt, allwo man das im Sieb zurükbleibende Geſtröh beſonders ſamlet, und zu Kefer — Büſcheln bindet. Das durch die weite Reutern gelaufene Getreyd wird nachher zuſammen auf einen Haufen gebracht, und mit der Wurfſchaufel allmälig gegen den Wind in die Scheurentenne geworfen. Durch dieſen Wurf ſpringt-z. B. der ſchwere Dinkel, worinnen die Körner ſtekken, am weiteſten, und behält die Oberſtelle, der leichte, brandigte, ſchlechte und kleine Dinkel nimt in der Scheurentenne die mittlere Stelle ein, und
die

die leeren Hülsen oder Spalzen ohne Körner, mit dem leichten Geströh, verwelkten Blätter und Gras, fallen sogleich am nächsten bey'm Wurf ab, und bleiben am untersten Theil liegen.

Das leere Geströh mit den verwelkten Blättern, Gras und leeren Hülsen wird die Sied genannt. Was in dem mittlern Platz an leichten und kleinen Körnern zu liegen kommt und besonders zusammengekehrt wird, heißet das: **Aesterich** oder Afterkorn, und was die obere Stelle einnimmt, macht das gute und schwere Fruchtkorn aus. Giebt es wenig Sied und Aesterich, so bekommt man eine größere Menge von guten Korn. Das schwere und gute Dinkelkorn wird dann noch weiter durch die enge Kornreutern, welches ein etwas engeres Sieb ist, als die vorhin gedachte weite Reutern, geräder (die Träscher sprechen es **gerattelt** aus) nehmlich im Sieb hin und her geschüttelt, damit das kleinere Roggenkorn, wenn etwa eins mit dem Dinkel vermischt wäre, nebst dem Staub und Rabekörnern durch dieses Sieb laufen möge, die großen und langen Dinkelkolben aßer, so oben im

Sieb bleiben, nimmt man ab, und schüttelt
sie besonders auf einen Haufen, daß sie noch
einmal getroschen und klein geschlagen wer,
den. Den eigentlichen Dinkel nebst dem Rog,
genkorn, Staub und Radekörnern, schüttelt
man nachgehends gelinder als vorhin in dem
Kernsieb, welches ein enger gegittertes Sieb
ist, als die enge Kornreutern, hin und her,
und läßt das Korn , Staub, und Radekorn
durchlaufen, der Dinkel aber mit seinen Spal,
zen, welcher in dem ausräden die obere Stelle
hat, und in den Kornsieb zurük bleibt, wird
nunmehr lauter und rein zusammen nach und
nach auf einen Haufen geschüttet. Zulezt läßt
man das Roggenkorn durch das Radesieb wel,
ches noch enger gegittert ist, als das Korn,
sieb lauffen, alsdann bleibt in dem Sieb das
lautere Roggenkorn, das gleichfals besonders
gesammelt wird, zurük, das Radekorn (wo,
runter viel Raden, das Unkraut: nigellast-
rum) aber nebst dem Staub lauft durch das
Radesieb, und giebt das Taubengesäme.

Die Jahreszeit und Witterung, die
Gröse der gebundenen Garben und derselben
Aehren, die Lage, Güte und Bau der Aekker,
sind

sind, so merklich von einander unterschieden,
daß man weder von einem Morgen Akker eine
gewisse Anzahl an Schöbern, noch auch von ei=
nem jeden Schober ein gewisses Getreydemas
an Körnern auf alle Jahre bestimmen kann.
Oft hebt man z. B. vom Schöberdünkel 2
Malter, oft 18 Mez oft gar $2\frac{1}{2}$ und 3 Malter
auf. Vom Haber 2 Malter, auch 18 Mez,
oft aber nur 14 bis 15 Mezen. Von der
Gerste 10 bis 11 Mezen oft auch nur 7 bis
8 Mezen ꝛc.

Von der künstlichen Austroknung der
Körner vor oder nach dem Treschen, deren
Duhamel du Mouçeau --- Des Laudes Gesner und
andere mehr zu dem Behuf erwähnen: die
Gährung welche die in den Körnern zurükge=
bliebene Feuchtigkeit verursacht, zu verhüten,
weiß der fränkische Landwirth nichts, wenig=
stens ist sie bey ihm nicht im Gebrauch. S.
Man. Ant. Planciz Abhandlung oder neuer Vor=
schlag das Korn durch sehr viele Jahre gut zu er=
halten. Wien 1764. 8. S. 503 der fränkischen
Sammlungen in der Fortsezung vom Dinkelbau
heißt es: Das im Jahr 1752. zu Anfang
der Ernde angegangene warme Regenwetter

mit

mit täglich fortdauernden Gewittern verursachte, daß nicht nur vieles reife Getreyd,
Korn und Dinkel, das über die Zeit auf dem
Halm stehn bleibt, ganz feucht, dik und wet-
terfarb erschien, sondern auch das abgeschnittene, welches auf den Aeffern liegen blieb,
und eine trokene Witterung erwarten sollte,
zugleichen das naß gesammelte und naß in die
Scheunen geführte Getreyd auf dem Feld und
in den Scheunen und auf den Böden auswuchs
und keimte. Die Landleute legten ihr naß ein-
geführtes Getreyd fest auf einander, dekten
den obern Theil mit trofnen Stroh, das die
Feuchtigkeit an sich zog, liessen es bald aus-
treschen, schütteten die ausgetroschenen Ge-
treydkörner auf einen lüftigen Boden dünn
auseinander, und wendeten es mit Schauf-
feln öfters um, bis es trokken wurde. Auf
solche Art verringerten sie den sonst merflichen
Abgang des Getreydes, und verwahrten das
Stroh vor einer Fäulung. Indes gab das
von vielen Regen aufgeschwollene wässe-
rige Dinkelkorn das ganze Jahr hindurch ein
feuchtes Mehl, welches in Zubereitung der
Speisen nicht ergiebig war, sondern immer schwer, wässerig, fliessend, grau und
schwärz-

schwäzlich, fast wie ein Roggenkorn Mehl
blieb.

Was die gefährlichen Kornraupen anlangt, so ist entweder das öftere Umstechen
des Getreydes im Sommer schon hinreichend
dieselben davon abzuhalten, oder es ist lediglich der Vorsicht der fränkischen Bauern zuzu-
schreiben, die ihr Getreyd zum größten Theil,
noch vor den Sommer an den Mann zu bringen wissen — daß dieses Uebel nicht von Be-
deutung bey ihnen ist; bey alledem soll der
weisse (Phalcena granella Lin. p. 889.)
und schwarze Kornwurm (Curculio frumen-
tarius und Cur. granarius Lin. p. 608)
in den vergangenen Jahren die Getreydevor-
räthe um ein beträchtliches geschmälert haben;
so daß man unter andern, das sämtliche in einem anspachischen Magazin aufgehäufte Getreyde, welches einzig und allein zur Mastung der Schweine verbraucht worden, zu
einen Reichsthaler das Malter hat weggeben
müssen.

Es ist von den größten Physikern darge-
than, daß ein in feuchten Jahren eingeerndte-

J 3

tes Getreyd, zur langen Aufbewahrung schlechterdings untauglich ist; weil die in den Körnern zurükgebliebene Feuchtigkeit, eine Gährung verursacht, die nicht nur den gänzlichen
Vorrath unbrauchbar zu machen, sondern
auch schädliche Insekten herbey zu loken, und
der Art schon den Keim der Verwüstung, auf
die folgenden Jahre auf die Getreydböden zu
bringen im Stande ist. S. Duhamel, Abhandlung von der Erhaltung des Getreydes, übersezt von J. L. Titius Leipz. 1755. 8. Ergänzung
zum Traktat von Erhaltung des Getreydes, übersezt von J. D. Tietz Leipz. 1768. 8. J. Gesneri
diff. de variis annonae conservandae methodis earum-
que delectu. Turici 1761. 4. Des Landes Recueil
des differens traités de Phisique Paris 1748. 1753. 3.
Vol. in 4. Vol. I. Phys. ökonom. Bibliothek V. S.
584 — Abhandlung über die vermeintliche Entstehung des so schädlichen Fichten-Insekts auf dem
Harze, von dem Wildmeister Jäger zu Meusebach.
So wie auch: die gekrönte Preißschrift darüber von
einem ungenannten Verfasser in Klausthal auf dem
Harze.

Sollte es nun wohl nicht ganz zwekwidrig, nicht ganz ohne alle Sachkenntniß verfahren seyn: den armen Unterthan, durch
eine

eine übel verstandene Sperre (sobald sie nicht
unumgänglich nothwendig ist, und wie könnte
sie es je, bey weislich und aus uneigennützigen
landesväterlicher Sorgfalt errichteten Maga,
zinen seyn?) überhaupt durch den leidigen Arm
der Polizey dazu zu zwingen: sein in gleichen
Jahren mühsam eingeerndtetes Getreyd ent,
weder aufschütten oder um ein Spottgeld in
die aus Eigennuß und ohne gehörige Sach,
kenntniß errichteten Magazine liefern, und
seine Steuern und Abgaben dennoch in beyden
Fällen, gleich andern Jahren contribuiren zu
müssen? —

Die Getreyde, Magazine in Franken,
machen wahrlich! zum Theil eine äusserst trau,
rige Scene auf der ökonomischen Bühne aus.
Ich rede nicht von allen, sondern blos, dieß
aber aus voller Ueberzeugung von einigen, von
welchen es unter andern ganz bekannt ist: daß
man in einem Jahr (fast wie das vergangene
1790), wo das Getreyde zur Aufbewahrung
schlechterdings untauglich gewesen, die Bauern
durch die leidige Sperre gezwungen hat ihr
Getreyde (welches sie doppelt so hoch an Aus,
wärtige verkaufen zu können Gelegenheit genug

J 4   hatten,

hatten, um ein Spottgeld in diese Magazine
liefern zu müssen, da sich doch fast in jedem
einzelnen Dorfe dieses Amtes, einige Bauern
freywillig anheischig machten, die ganze Gemeinde — im Fall der Noth — mit dem zur
Consumtion erforderlichen Getreyde ganz allein
versehen zu wollen; mithin war die befürch-
tete Theuerung, ein bloses Hirngespenste der
habsüchtigen Kameralisten Kurz! dieses auf-
geschättete, und vielleicht in den Magazinen
ganz unzwekgemäs behandelte Getreyd, wurde
bald (die ganz natürliche Folge einer gleichen
Procedur, denn das Gegentheil war physikalisch unmöglich) ein Raub der Verderbniß —
konnte anders nicht als weit unter dem Preiß
verkauft werden, und dennoch mußte der arme
Unterthan — was unkammeralistische Köpfe per
ignor. vinc. verschulder) auf die empfindlichste
Weise büsen. Wer sollte dieß wohl glauben? —
Man schrieb zum Ersaz dieses Verlustes eine
Steuer die Wegrechtens i. e. per fas et nefas
— eingetrieben, der arme Unterthan mithin,
ganz ohne alles Verschulden, mit doppelten
Ruthen gestraft wurde. — Im vergangenem
Jahr legte Würzburg einen Accis à 1 fl. rh.
auf das Malter Korn, und 1¹ fl. rh. auf das
Mal

Malter Weizen. Konnte dieß wohl etwas anderes als Theurung bewirken? — Die Bauern erhielten 18 fl. rh. für das Paar (das heißt: für ein Malter Korn und ein Malter Weizen) in Ochsenfurth, wenn sie aber ihren Accis mit $2\frac{1}{2}$ fl. rh, bezahlen, so durften sie ihre Früchte an die Schifleute (die es auf dem Mayn bis in die Rheingegenden bringen) abgeben. Diese bezahlten 23 fl. rh. mithin 5 fl. rh. mehr als der Bürger; mithin hatte der Bauer $2\frac{1}{2}$ fl. rh. Profit, wenn er es dem Schifmann — nicht dem Bürger gab. Nun sieht jedermann leicht ein: daß der Bürger (vermöge dieser Procedur) gezwungen war: den Bauern eben diesen Profit zu geben, und daß der übertriebene hohe Preiß des Getreydes dadurch nicht verringert, sondern befördert wurde.

1789 war die Erndte die ergiebigste — der Unterthan bis zur künftigen Erndte versehen — und der Preiß von 15 — 18 und 19 fl. rh. ein Umstand, der sich in den vergangenen Jahren schon öfters erreicht — ohne in der Folge eine Theurung oder Speere nach sich zu ziehen. Die Güter würden, seit dem sie-

J 5   ben-

benjährigen Krieg nicht um das alterum tan-
tum gestiegen seyn, so: daß jezt ein Morgen
Akker, der sonst 100 fl. rh. galt - mit 3 - 400 fl.
rh. bezahlt wird — wenn nicht der fränkische Landmann immer Liebhaber zu seinen Früchten in den Rheingegenden und in
Schwaben oder der Schweiz gefunden hätte — wodurch sein Fleiß und überhaupt Industrie aufgemuntert worden. — Entsez-
zen pakt den Wandrer hier am Haaren —
gießt Schauer über seine Haut!!! S. 509
der fränkischen Sammlungen in der Fortsetzung
vom Dinkelbau heißt es: wo vieljähriger
alter Dinkel aufbehalten, oder alter und
neuer Dinkel auf einen Boden geschüttet,
und das Wenden des Dinkels unterlassen wird,
da beobachtet man den Wurm im Getreyde,
der durchfrißt, nagt und zerbricht in kurzer
Zeit die in den Hülsen stekende Dinkelkörner
so klein, daß das Korn mit Zurüklassung der
leeren Hülsen sich in den Staub verwandelt.
Es sind kleine weisse Würmer, welche erstlich
in das alte, und von da auch in das neu aufgeschüttete Getreyd, in Korn und Dinkel kommen, und beydes verderben.

Zur

Zur Vertreibung der Kornwürmer, hat der fränkische Bauer hin nnd wieder,' und zwar nicht ohne allen Erfolg — Heu und Krummet auf seine Getreyboden gelegt, um sie durch dessen Dunst zu vertreiben. Mehrere Auskunft über diesen Gegenstand findet er aber, in: Cour. Tributii Raugonis de curculionibus Berlin 1665. 12. und Schneeberg 1746. 8. Hamburgisches Magazin 1. S. 301. Vorschrift der königl. Kammer zu Hannover wegen des Kornwurms vom Jahr 1747. Observations sur la physiqne, sur l'historie naturelle et sur les arts et metiers, par l'abbé Rosier 1772. Janvier IV. I. p. 171. und W. 2. p. 249. Physik. ökonom. Bibliothek V. p. 116. Le nouvelliste oeconomique XXV. p. 37. Von Justi ökonomische Schriften II. S. 236.

Man bemerkt noch ein besonderes Insekt, welches auf den Getreyböden dem aufgeschütteten Getreyd, vorzüglich dem Dinkel schädlich ist — daß sind die **Wiebel**, kleine, und vielfüßige Thiere. Wenn diese einmal in einem Hauße einnisten, so ziehen sie eben den Schaden, welchen der Wurm anrichtet, dem Getreyd zu. Sie geh'n nicht nur dem Getreyd, Korn und Dinkel, sondern auch dem Mehl, Zukker, Brod und andern Eßwaaren, nach

nach, und pflegen es allmälig zu verzähren. Sie sind schwer zu vertreiben. Man giebt heisses Wasser, das man auf sie schütten soll, Schwefelöhl und Rauch, der sie erstikt, imgleichen Coloquinten und deren abgekochtes Wasser, womit man die Speicher besprengt, als sichere Mittel zu deren Ausrottung an. Das beste Mittel ist wohl die zeitige Verkaufung eines solchen angestekten Getreydes, bevor es völlig verzehrt wird. Diese Insekten sowohl als der Wurm werden im Getreyd erkannt, wenn man die Hand tief in den Getreydhaufen stekt, und sie nach dessen Herausziehung mit einer weisen Haut überzogen sieht.

Nach den fränkischen Samlungen sollen in den 50ziger Jahren, auch die Hamster, eine Art von großen und fetten Feldmäusen — welche doch sonst in Franken eben nicht gewöhnlich sind! — dem reifen Dinkel, noch vor der Dinkelerndte großen Schaden zugefügt haben. Sie machten in die Erde große und weite Löcher, trugen die abgefressenen Dinkelkolben hinein, und wollten sich damit auf das künftige versorgen. In Nachgrabung und Fangung derselben fand man in den Löchern große Häufen zu halben bis ganzen Mezen Din-

Dinkel als ihren eingetragenen Vorrath bey=
sammen, welche zwar in der Erde die Feuch= =
tigkeit an sich zog, und eine graue Erdenfar=
be annahm, inzwischen aber doch nach der
Erndte von dürftigen Leuten ausgegraben, ge=
troknet und zu Mehl gemahlen wurde.

Von den Krankheiten, welchen das Ge=
trend hier zu Land schon vor der Erndte aus=
gesezt ist, verdient hauptsächlich der **Brand**
als die allgemeinste Krankheit, da sie den
Weizen, Dinkel -- Haber - Gerste -- Hirse
-- 2c. 2c. trift -- angemerkt zu werden. Er
zeigt sich dadurch daß die dünnen Schalen der
Körner, nichts als ein feines, schwarzes übel=
riechendes Pulver enthalten. Unter allen den
Meinungen über die Ursachen dieser Krankheit,
ist fast nicht eine einzige, welcher man -- bey
genauer Untersuchung, eine vorzügliche Wahr=
scheinlichkeit zugestehen könnte. Herr von
Münchhausen leitet sie von einer Art Infasions=
thiere her. S. Hausvater I. S. 151. 329, 334.
II. S. 751. III. S. 899, und Vorrede zum zwey=
ten Stük des ersten Theils. Herr von Linne' be=
stätigt diese Meynung durch seinen Beyfall
S. Linnei amoenit. acad. VII. S. 395. und Syste=
mat. Chaos fungorum und Chaos uſtilago.

Bek=

Bekmann hat durch sorgfältige Beobach=
tungen gefunden, daß der Brand keine andere
Thierchen zeigt, als die man in andern ein=
geweichten vegetabilischen Dingen, sogar im
abgekochten Thee, und im Waſſer, das über
Kanaſter geſtanden, bemerkt. Herr Tillet
hat eine Abhandlung von den Urſachen, wo=
her die Körner des Getreydes in den Aehren
verderben und ſchwarz werden, an das Licht
geſtellt. Der Herr G. R. von Wolff S. deſ=
ſen Schrift, Entdekkung der wahren Urſache von
der wunderbahren Vermehrung des Getreydes rc.,
cap. 4. pag. 34. ſeqq. ſtekte einſt Gerſten und
Haberkörner in einen mit Erde gefüllten Ka=
ſten, ſezte ihn in eine Kammer, wohin kein
Thau noch Regen fallen konnte, und fand,
daß ehe noch die Aehre aus dem Schoß=Balg
hervorgekommen, bereits die ſchwarzen Punkte
als Merkmale des Brandes in den noch un=
vollkommenen Getreydkörnern ſchon zugegen
geweſen. Er zählet ſolche brandigte Körner
unter die Mißgeburten, welche aus beſondern
Urſachen keinen hinlänglich guten Nahrungs=
ſaft erhalten, und durch deſſen Stillſtehen ein
Hinderniß in ihrem Wachsthum erlitten haben.

Et=

Einige leiten den Anfang des Brandes
in den Gedreydeähren, von einen schädlichen
Mehlthau her. Herr D. Joh. Georg Hofmann bemerkte einst an einem Rosenstok zu der
Zeit, da die Sonne heiß schien, und ein Thau
fiel, daß auf dessen Blättern theils gelbe, theils
ordentlich weisse Regentropfen gefallen sind.
Die gelben Tropfen haben auf dem grünen
Blatt, wo sie liegen geblieben sind, einen gelben Flek zurükgelassen, die weissen Regentropfen aber änderten die grüne Farbe des Blatts
im geringsten nicht. In der Luft, zumal im
Sommer, bey heisser Witterung, sind genug
Feuer und Schwefeltheile; sind nun diese aufgelößt, so bezeichnen sie andere Körper mit weiß
gelben Flekken. Was ist natürlicher (sagt Herr
Hofmann) als wenn sich diese mit den wässeri-
gen Dünsten vereinigen, und durch den Regen
herabfallen, aber auch an den Bäumen und Ge-
treydähren, die mit solchen gelben Tropfen be-
flekt werden, anfangs eine Aenderung der
Farbe, hernach eine Versengung der Gewächse, und allmäliges Absterben derselben
anrichten? Ich habe (fährt er fort) im
Sommer an einigen Dinkelähren, die nach
dem Schossen eben in der schönsten Blüthe stunden

den, einige Körner ſchwarz und brandigt, an=
dere dazwiſchen ſtehende Körner friſch und
grün beobachtet. Sollte wohl ein Mehlthau
und deſſen gelbe Tropfen dieſe wenigen Körner
an einer Aehre ſo verſengt und verdorben ha=
ben daß ſie nachher ſchwarz und mit Rußſtaub
angefüllt in's Geſicht fielen? -- Oder ſollte
der Nahrungsſaft es verſchuldet haben, daß
einige Körner in ihrer Geburt gleichſam er=
ſtikt und erſtorben, andere dagegen an der
Aehre belebt worden ſind? liegt es an der
Erde, die keinen gehörigen guten Nahrungs=
ſaft zubereitet hatte? oder liegt es an den
Saamkorn, von dem bey der erſten Grund=
anlage einer neuen Aehre, den kleinſten noch
unvollkommenen Theilen eine üble Bildung zu=
gefloſſen iſt? Warum ſind aber nur einige we=
nige, und nicht alle Körner in der ganzen
Aehre übel gebildet worden?

Die meiſten unter den fränkiſchen Land=
wirthen, halten den Brand für anſtekkend,
und waſchen deshalb das Saatkorn mit Kalk=
lauge, oder ſtreuen vor der Saat einen kla=
ren ungelöſchten Kalk, oder Aſche unter den
Wei=

Weizen, laſſen ihn alſo 2 bis 3 Wochen liegen, und ſäen ihn alsdann aus. Sie wollen
damit bewirken: das jenes flüchtige und lau-
genartige Salz, in dem ungelöſchten Kalk
und der Aſche, ſich vorher mit dem Weizen-
korn verbinden ſollte, damit deſſen feurige
Kraft (weswegen auch der Weizen von den
Griechen πυρός genennt wird) nach der Ausſaat nicht mehr ſo ſtark in ſich ſelbſt, zum Verderben der neuen Frucht, ſondern vielmehr in
die Erde zur Fruchtbarkeit des Getreydes wirken möge: aber auch dieſes Mittel iſt — wie
die Erfahrung lehrt unzureichend! Sollte
ſich in denjenigen Aeckern, wo ein ſolcher
mit Kalk oder Aſche vermengter Weizen ausgeſäet worden iſt, wirklich kein Brand in den
Getreydeähren einfinden, und hingegen in andern angränzenden Feldern, die nicht mit einem ſolchen zugerichteten Getreyd beſäet worden ſind, wäre überal der Brand im Getreyd
zu verſpühren, ſo hätte man an der Gewißheit
dieſes Mittels nicht zu zweifeln; man ſieht
aber nicht ſelten ganze Strecke vom Brand
angeſteckt, da doch die unmittelbar daneben
liegenden Stücke, deren Saatkorn nicht wie
jener gekalkt worden, gänzlich davon befreyt

v. forſt. phyſik. Beſch. I. Th.　　K　　ſind.

ſind. Das natürlichſte und vernünftigſte
Mittel wider den Brand im Weizen (wie der
gewiß gröſte Oeconom dieſes Jahrhunderts
als Recenſent einer ökonomiſchen Schrift ſagt)
iſt vollkommene Reife und Reinheit des Saamens. Alle Specifica, die nicht wenigſtens
mittelbar darauf hinauslauffen, ſind Gauk-
keleyen.

Kennen wir doch von den Krankheiten
derjenigen organiſchen Körper, unter denen
die Menſchen ſelbſt die vornehmſten ſind, nur
ſelten die nächſten, und noch ſeltner die entfernten Urſachen!!!

Jezt will ich noch derjenigen Pflanzen,
die zu ſchon genannten Arten nicht gehören,
aber doch mit Vortheil, in einem großen
Theil von Franken auf dem Felde gebaut
werden, nehmlich der Handelskräuter oder Ma-
nufakturpflanzen gedenken. Hieher zähle ich:
1) den Hanf (Cannabis ſativa) welcher in
einen lockern, mehr feuchten als trokenen und
wohlgedüngten Boden im April geſäet wird.

Wenn man nach ſeinem Aufgehen bemerkt: daß viel Unkraut darunter befindlich
iſt, ſo wird er, wenn er noch klein iſt, aus-
geja-

gejätet. Nachher bleibt er aber, ohne fernere Arbeit, bis zu seiner Reife ganz ruhig stehen. Das Merkmal der Reife ist, wenn bey'm Zie- hen der Kopf nicht mehr herunter geht, wo- rauf er alsdann gezogen wird.

Man hat in hiesiger Gegend, keine gar verschiedene und merkwürdige Abarten dieser Pflanze; nur in der Größe weichen sie sehr von einander ab. Der männliche Hanf wird, wenn er ausgeblüht hat, und der weibliche, wenn der Saame zeitig ist, aufgezogen, lez- terer getroknet, getroschen, und beyde gerö- tet (geröstet) und wieder abgetroknet. Das Röten (oder Rösten) besteht darinnen, daß man den Hanf im Wasser, oder an der freyen Luft, im Thau und Regen, in einen schwachen Grad der Fäulung übergehn läßt, wodurch der öhlichte Leim aufgelößt, und die Pflanze in Fasern zertheilt wird. (Das alte teutsche Wort Röten, heißt etwas zur Fäulung brin- gen, oder faulen lassen; Rotten heißt aber faulen. Der gerötete Hanf wird an der Luft ausgebreitet und abgetroknet, und dann ent- weder im Bakofen, oder (welches ungleich sicherer und besserer) in besonders dazu einge-

rich-

richteten Dürren sogenannten Brechhäuſſern
(die im freyen Felde nah' an den Dörfern auf-
gebaut ſind) gedörrt, hernach geſchalt oder gebrochen, geſchwungen, gehechelt, und wenn
er von der Spreu (Agen, Ageln) und dem
Werke (Hede) gereinigt worden, in Kauten
(Knauten) zuſammengewunden. Eine Abbil-
dung der Flachsbreche findet man in Zinkens
ökonom. Lexicon Tab. 2. Fig. 1.

Soll er zur feinen Spinnerey dienen, ſo
wird er, nachdem er gebrochen worden, noch
einmal geröter. Der erhaltene Same wird
getrofnet, gereinigt, und der ſchwereſte oder
beſte zur Saat aufgehoben, der ſchlechtere aber
zum Oehlſchlagen genuzt. Wer ſeinen Samen
(zur künftigen Ausſaat) ſelbſt ziehen will, der
läßt ein beſonderes Stük dazuſtehn, bis der-
ſelbe ſeine völlige Reife hat; doch wartet man
nicht ſo lange, bis die oberſten Körner alle
reif ſind, weil ſonſt durch den Vogelfras die
unterſten beſten Körner verlohren gehen. Die
darunter befindlichen Stauden (männlichen
Geſchlechts, die keinen Samen tragen) werden aber zu gleicher Zeit, wenn der andere gezogen wird, mit aus dieſem zum Samen ſtehen.

henbleibenden Stük herausgezogen. Nähere Auskunft über den Hanfbau überhaupt, und deſſen zwekgemäſſen Behandlung S. Traité du Chauvre par M. Marcandier. Paris 1758. 12. -- Abhandlung vom Hanf, nebſt Auszügen aus andern Schriften von dieſer Pflanze. Freyſtadt 1763. 8. — Hamburg. Magazin XXII. S. 565. Journal oeconomique 1768. Juin p. 241. de re ruſtica l. p. 62. Hannöv. Magaz. 1770. S. 242. Schriften der Berner Geſellſchaft 1. S. 220. und 1765. S. 63. Oekonom. Nachr. IV. S. 884. und XII. S. 499. Traité de la fabrique des manoeuvres pour les vaiſſeaux, ou l'art de la corderie perfectioné; par Duhamel du Mouceau. Seconde édit. Paris 1769. 4. pag. 1. — 93. Rozier obſervations 1773. III. 1. S. 231. Buchoz. Briefe II. S. 156. Allgem. Mag. IX. S. 95. Nouvelliſte oeconom. XX. pag. 13. &c.

2) den Lein oder Flachs — (Linum uſitatiſſimum) der in einen loffern, etwas feuchten, nicht aber naſſen, ſandigten oder ſehr thonigten Boden kömmt. Er wird im Anfang des Juni, hin und wieder auch ſchon im Anfang des Aprils geſäet. Viele fränkiſche Landwirthe laſſen den Samen dieſer Pflanze aus Liefland, Lithauen, und dem benachbarten Polniſchen Gebiethe kommen.

K 3

Bey

Bey völliger Reife, wird er ausgerauft,
in kleine Garben (Büschel, Bosen) gebunden,
durch Rüffeln von seinen Samenknoten befreyt, geröter, gespröder, gedörret, gebrochen,
geschwungen, und endlich gehechelt. Schade
daß ein so nüzliches und nothwendiges Produkt, als es der Flachs ist — noch immer so
unzwekgemäs, so ganz nach unzureichenden
Gründen behandelt wird. Es ist natürlich;
daß je älter der Flachsstengel wird, desto gröber und holzigter auch seine Fasern oder Fäden werden müssen; mithin der bey völliger
Reife ausgeraufte Flachs, ungleich gröber
bleibt, auch stärkerem Abgang im Hecheln unterworfen ist, als solcher, der kurz vor der
völligen Reife ausgerauft worden. Die Sache
aus diesem Gesichtspunkt betrachtet, so wäre
es gewiß rathsamer: sein Hauptaugenmerk,
entweder auf den Flachs oder auf den Lein
ganz allein zu richten, und im ersten Fall vor
der Reife, im lezten aber bey völliger Reife
auszurupfen. Am allerbesten und vernünf-
tigisten, würde man aber wohl handeln; wenn
man alljährlich, von jedem Flachsbeet, einen
kleinen Abschnitt blos zum Samen, das übrige Stük aber blos zum Flachsertrag be-
stim-

ſtimmen wollte; denn alsdann würde man
beydes, guten und vollkommenen Samen (von
jenen kleinen Abſchnitt) und auch ſchönen und
feinen Flachs von dem größeren Abſchnitt er‐
halten. Der nicht völlig zur Reife gekom‐
mene Same auf dem größeren Stük, läßt
ſich gleichwohl noch benutzen, indem man Oehl
daraus ſchlagen kann. S. Muſeum ruſticum VIII.
S. 395, 478. Hannöveriſche Samlung kleiner Aus‐
führungen 1751. S. 739. 1753. S. 506. 1754. S.
1252. P. F. Lüders Beſchreibung vom Leinbau.
Flensburg 1770. 12. Mengels Kopenhagener Ma‐
gazin II. S. 385. Schriften der Berner Geſellſchaft.
1763. III. S. 193. Wiegands ökonomiſch prakti‐
ſche Anleitung zum Flachsbau nebſt Anhang vom
Tobaksbau. Wien 1767. 8. Leipz. Intelligensblät‐
ter 1754. St. 48.

Das Röten (oder Röſten) geſchieht
nicht, wie an andern Orten in Flüſſen und
flieſſenden Waſſern (welches die Polizey allent‐
halben verbiethen ſollte!) ſondern im Thau
und Regen. Dieſe Arbeit würde man noch
ungleich mehr beſchleunigen, wenn man den
Flachs, ſo bald die Fruchtknoten abgeſtreift
ſind, vorher noch zerſchlagen oder zerquetſchen

K 4   wollte.

wollte. S. Justi ökonomische Schriften I. S.
263. Leipz. Saml. XI. S. 660. Hannöv. nüzliche
Saml. 1755.

Die Samenkapseln, oder Knoten, werden getroschen (denn man weiß hier zu Land
nichts vom Klang, dessen reife Kapseln von
selbst aufspringen S. Leip. Saml. IX. S. 119.
La nouvelle maison rustique 1. p. 666.) Der gereinigte Same wird, bis zur Aussaat, auf
lüftigen Böden verwahrt, und oft umgestochen. Der Ueberschuß dient zum Oehlschla-
gen. Zur Reinigung des Leinsamens bedient
man sich der, in Meyers Beschreibung der Landwirthschaft von Kupferzel Tab. 4. abgebildeten
Leinpuße.

Die meisten Landwirthe in Franken, be-
schweren sich über die Ausartung des Lein's.
Herr Bekmann in seinen Grundsätzen der teutschen Landwirthschaft I. Theil S. 392 schlägt zur
Verhütung dieses Uebels vor: den Samen zur
völligen Reife kommen, und vor der Aussaat
jährig werden zu lassen. Viele unter den
fränkischen Landwirthen sind abergläubisch genug,

nug, um zu glauben: man könne nirgends,
als auf Krautfeldern, guten Flachs bauen,
und doch ist bey der Leinsat eben sowohl als
bey andern Früchten, die Verwechselung der
Felder nicht nur anzurathen, sondern sogar
besonders zu empfehlen. Es ist auch aus
vielfältiger Erfahrung bewiesen: daß der
Flachs wenn die Beschaffenheit des Krautlan-
des an und für sich gut ist (und zum Kraut
wird immer gutes Land ausgesucht und ganz
übermäßig gedüngt) ganz am unrechten Ort
daselbst steht, wo er sich wegen der vielen
Geilheit meist überwächst, hernach legt, und
auf diese Art — wo nicht ganz, doch sehr viel
davon verdirbt. — Der dazu bestimmte Akker wird sehr gut und so klar als nur möglich,
zugerichtet, im Herbste gestürzt, im Frühjahr so bald man mit dem Vieh darauf kann,
zu wiederholtenmalen gepflügt und geegt, und
gänzlich vom Unkraut gereinigt. An vielen
Orten wird auch das Kalk- und Gipsstreuen
mit zur Zurichtung des Leinakkers gerechnet.
Es ist aus vielfältiger Erfahrung bekannt,
daß man nach beyden Arten von Düngung
nicht nur weit mehr, sondern auch weit bessern Flachs erbau't besonders wenn derselbe

K 5

mit

mit ungebranntem Gips beſtreu't wird. Dieß
wáre mithin auch in Franken, wenigſtens zur
Probe anzuempfehlen. — Ich habe ſchon angeführt: daß hier zu Lande mit dem Leinſa-
men geándert, nehmlich der Same verſchiede-
ner Gegenden ſehr háufig mit einander ver-
tauſcht wird — und dieß iſt immer von den
beſten Erfolg; nur muß man auch darauf ſehen: daß man nicht etwa Samen aus einem
wármern Klima, als das ſeinige iſt, bekömmt,
weil es mit dem Flachs eben ſo, als mit andern Gewáchſen iſt; welche nicht ſo gut fortkommen, wenn ſie aus einer warmen in eine
kalte Gegend, im Gegentheil aber beſſer werden, wenn ſie aus einem kalten Lande in ein
wármeres gebracht werden. Was die eigentliche Satzeit des Leins hier zu Land' anlangt;
ſo wird er theils Orten im Merz, April, May,
recht háufig auch erſt um und nach Johanni
ausgeſáet. Im ganzen iſt es ſchwer, faſt
unmöglich — eine Hauptregel dabey anzunehmen. Wenn gute Frühjahre und trofene
Sommer ſich vermuthen laſſen, ſo iſt es allezeit beſſer, daß früh — als ſpát geſáet wird,
aus der Urſache, weil alsdann der Same noch
einige Winterfeuchtigkeit bekommt, mithin

bald

bald und viele Wurzeln machen kann, wodurch viele Nahrung angezogen wird, und daher die Früchte sich bald und stark bestoffen,
so, daß, wenn alsdann Dürre erfolgt, die
Sonne dem Stok die nöthige Feuchtigkeit
nicht so leicht entziehen kann, weil der Stok
durch seine vielen Blätter sich unterhalb Schatten macht, mithin die gehörige Feuchtigkeit
zum bessern Wachsthum behält. Bey guten
Frühjahren und trokenen Sommern werden
die zeitigen Saten allezeit vor den späten den
Vorzug erhalten. Wenn aber bey solcher
Witterung zu spät gesäet wird, so ist es sehr
natürlich daß die Frucht — wenn große Wärme kommt, und der Same vielleicht kaum
aufgegangen ist, mithin noch wenig Blätter
hat, um sich selbst Schatten zu machen, und
die wenige Feuchtigkeit zu erhalten — alsdann
wegen der Dürre nicht gut fortkommen kann,
sondern zurükbleiben muß. Eben so verhält
sich's umgekehrt! — Sind nasse Frühlinge,
und etwa auch nasse Sommer zu vermuthen,
so wird nicht eher gesäet als bis die Felder sowohl gehörig troffen, als auch durch die alsdann erfolgenden längern und wärmern Tage
mehr erwärmet werden. Meistentheils bleibt
der

der Same ein paar Jahre liegen, bis er aus,
gesäet wird. Bey den Leinsamen ist es auch
nicht wie bey andern Getreydesamen, welche
gleich im ersten Jahr wieder ausgesäet werden
müssen. Sein vieles Oehl, welches er bey
sich hat, verursacht, daß er nicht so leicht,
wie andere Gesäme vertrofnet, und daher
lange, wenigstens 3 Jahre zu Samen aufgehoben werden kann. Es wird nicht nur, nachdem er getroschen worden, bey'm Wurffen und
Sieben ungeheure Mühe darauf verwendet:
ihn so viel als möglich vom Unkraut-Samen
zu reinigen, sondern er wird auch noch zu diesem Behuf — ehe er auf den Boden oder ins
Feld kömmt — auf der sogenannten Leinmühle
ganz langsam durchgeklappert, wodurch ihm
noch vieler kleinkörniger Unkrautsamen abgeht.
Diejenigen die ihren Samen, ehe er gesäet
wird, recht reine machen lassen, haben auch
alsdann bey'm Jäten nicht so viel Arbeit nöthig, welches leztere doch weit mehr Mühe
verursacht, als das erstere Reinmachen. Das
Jäten geschieht — nachdem viel oder wenig
Unkraut vorhanden, zwey oder mehrmalen —
und ist — wenn der Flachs gut werden soll —
unumgänglich nöthig. Von der schiklichen
Zeit

Zeit zum Raufen, habe ich schon weiter oben
geredet; nur dieß will ich noch hinzufügen:
daß man vorher noch eine Probe damit anstel-
len kann: wenn sich der Flachsstängel von der
Wurzel bis an die Knoten, ohne daß er zer-
reißt, gut abschälen läßt, und der Bast,
wenn man ihn zwischen den Händen zieht, und
er recht fest ist, ohne daß er gleich entzwey
geht, so ist er gut, und man kann ihn sicher
rauffen lassen. Es trift sich recht häufig, daß
der Flachs, wenn der Akker nicht gleich gut
ist, auf einem Orte eher, als auf dem andern
reif wird. In diesem Fall sollte man nun
immer den Flachs, welcher eher reif geworden, auch eher raufen lassen, weil man sonst
natürlicherweise, wenn dieses nicht geschicht,
von diesem überständigen oder überreif gewordenen Flachs kaum Werk, vielweniger Flachs
bekömmt. Auch sollte man mit der Düngung der Leinäkker vorsichtiger (als es noch
hin und wieder geschieht!) zu Werke geh'n.
Wenn der Dünger auf einem Orte zu dik, und
auf dem andern wieder zu dünne geführt, kurz!
wenn der Akker nicht gleich gedüngt worden,
so überwächst sich der Flachs auf den Flekken,
wo der Mist zu dikke gekommen, und wenn

her-

hernach anhaltend starke Regen und Winde
kommen, so legt sich dieser auf den zu geilen
Orten nieder, und die Stängel werden morsch
und flekkigt, mithin wird wenig oder nichts
daraus. Das Flachsrauffen sollte — (wenn
es anders die Umstände erlauben) immer zu
der Zeit vorgenommen werden, wenn es etwas geregnet hat, weil er alsdann am besten
aus der Erde herausgeht. Wenn der Akker
von der Sonnenhitze sehr dürre geworden, so
ist der Flachs weit übler zu rauffen; es werden
alsdann viele Stängel zerbrochen, und der
Art viel Schaden verursacht. Hier zu Land
wird er durchgängig gleich nach dem Ausrauf-
fen eingefahren und geriffelt, und hierauf sogleich wieder auf Stoppelfelder oder andere
Pläße gebracht und recht dünne ausgebreitet.
Die Knoten werden alsobald gewurffelt, und
zum Troknen auf die Böden gebracht. Wenn
nun der dünn ausgebreitete Flachs seine gehörige Trokkenheit erlangt hat, so wird er
mit Stroh in Büschel gebunden, und so eingefahren. Hierauf kömmt er in Bak — oder
in besonders auf freyem Felde dazu errichteten
Oefen. Meistentheils wird er erst, wenn
schon gebakken worden, in die Baköfen ge-
steft

steft: denn es ist viel beſſer, wenn er nicht
zu ſcharf gedürrt iſt. Er wird nicht röthlicht,
wie bey dem ſcharfen Dürren, und hält alsdann im Spinnen auch beſſer, als der zu
ſtark gedürrte. Ein Beweis davon: weil
man das allerſchönſte Garn von dem Flachs
erhält, der blos an der Sonne gedörrt worden. — Den Flachsbau betreffend S. weiter:
Selecta phiſico oeconom. III. S. 311. Schrebers
neue Samlung 1754. S 658. Abhandlungen der
ſchwediſchen Akademie IX. Hannöver. nützliche Samlung 1754. S. 658.

3) Den Rübſamen, Rübſaat, Rüb-
ſen, Raps oder Rapſar, engliſche Oehlſaat,
(Braſſica napus ſilveſtris) welcher in ein
wohlgedüngtes Land weitläuftig geſäet wird.
Hin und wieder wird auch unter dieſen Namen
Braſſica campeſtris gebaut, welche Pflanze
le colſa oder Colza der Franzoſen iſt. Der
Winterrübſamen leidet weniger vom Unkraut
und Inſekten als der Sommerrübſamen, welcher meiſt von den Erdflöhen, auch oft von
den Pfeifern, oder Raupen der Rüſſelkäfer
(Curculiones) welche die Samenſchotten leer
freſſen, beſchädigt wird.

Wenn

Wenn der Samen völlig reif ist, so
wird die Pflanze getroknet, und sogleich getroschen. Der gereinigte Same wird fleißig
umgestochen, und bald verkauft, oder bald
in die Oehlmühle geschift, weil er am Ge-
wichte abnimmt. (Von der Oehlmühle s.
Beyers Theatrum machinarum molarum S. 81. Abhandlung der Schwedischen Akadem. XVIII. S. 25.)
Die jungen Blätter sind zu einem Gemüs und
und Salat, die Blumen den Bienen, und die
Oehlkuchen dem Rindvieh dienlich. Das
Stroh wird den Schafen Abends auf die
Raufen, und das gröbere im Winter zur
Streu gegeben.

Zum Rapsbau wird ein gutes Stük
Brache ausgesucht, und so stark als möglich
gedüngt (sie kann nicht zu viel Dünger bekommen) überdieß wird das Stük Land zeitig gebracht, recht gut gepflügt und geegt,
und wenn es ganz klar hergerichtet worden
(je klärer desto besser) so wird es im Monat
August eingesäet. Es ist bey allen Früchten
sehr gut und nüzlich, wenn der Akker gut zugerichtet worden, doch ist es bey dieser Saat
hauptsächlich nöthig. Es ist schwer die Menge
des

des Samens anzugeben, die auf einen Morgen kömmt, denn es weis immer einer besser
als der andere mit dem kleinen Gesäme umzugehen; die Hauptsache dabey ist: daß er nicht
zu dik, und — so wie der Klee, nur ganz
leicht eingeegt werde. Viele lassen diese Saat,
wenn sie gut steht, im Herbst mit den Schafen behüten. Es ist immer einige Behutsamkeit dabey anzurathen, denn wenn sie zu viel
auf einmal davon fressen, so können sie — wie
vom jungen Klee — davon aufgebläht werden. Auch sollten sie weder früh', wenn der
Reif darauf liegt, noch Abends spät darauf
getrieben werden. Wenn die Zeit der Erndte
bald heran nahen will, begeht der Eigenthümer seine Rapssat-Felder fleißig, und wartet
nicht: bis die obersten Schoten alle reif sind,
indem die untersten, zuerst geblüheten, welche
also auch eher reif werden, alsdann aufspringen, und der beste Same verlohren geht.
Wenn die Schoten anfangen, von unten herauf braun zu werden, so nähern sie sich ihrer
Reife. So lange die untersten Hülsenspitzen
noch nicht braun sind, geht es noch an; allein, so bald diese gehörig reif, und etwa an
den Spitzen anfangen, aufzuspringen, als-

dann wieder abgemacht, dann die noch nicht
völlig reifen Schoten werden alsdann durch
die Sonnenhitze noch ziemlich zur Reife gebracht, und es würde durch das Ausfallen
des untersten und besten Samens weit mehr
Schaden entstehen, wenn man auf die Reife
des obern Samens warten wollte, als wie
daduch entsteht, wenn die obern Schalen
auch nicht ihre völlige Reife erlangen. — Er
wird durchgängig, und zwar deshalb mit der
Sichel abschnitten, weil — wenn es mit der
Sense geschieht, und er nur halbweg etwas
zu reif geworden ist — viel Samen verlohren
geht. Nachdem er abgeschnitten worden,
wird er recht dünn auseinandergebreitet, damit er nicht zu dik aufeinander zu liegen komme, und fein bald austrofnen könne, und
hierauf so bald nur möglich, zum Treschen
in die Scheune gefahren. Wenn er getroschen ist, so wird der Same an einem recht
guten und trofnen Ort aufbewahrt, damit er
nicht anlaufe und verderbe. Aller Same,
der unter den Namen Rabssat verkauft wird,
sieht einander gleich, nur daß die schlechteren
Sorten dunkler von Farbe und kleiner an

Kör-

Körnern find. Der beste Rapsſamen iſt grob=
körnig, ſehr glatt, und recht glänzend. —

Nur diejenigen Landwirthe, welche es
dahin gebracht haben: daß ſie genugſames
Futter für ihr Vieh erbauen, mithin auch,
wenn ſie das Vieh länger als gewöhnlich in
den Ställen füttern, Dünger genug erlangen
— ſind im Stande ihre Felder zu dieſem Gewächs
gehörig zu düngen, (denn ohne hinlänglichen
Dünger wird nichts d[raus]!) mithin können
auch nur dieſe, wenn die Witterung gut ein=
ſchlägt, auch übrigens das Feld gut bearbei=
tet worden, auf eine gute Erndte zählen.
Weitere Auskunft darüber S. Traité ſur la meil=
léure maniere de cultiver la navette et le colſat, et
d'en extraire une huile dépouilé de ſon mauvais gout et
de ſon odeur déſagréable, par l'Abbé Rozier. Paris 1774.
8. Juſti Ökon. Schriften I. S. 420 Hannöv. Magaz.
1765. wo verſchiedene Aufſätze, und 1769. S. 519.
Schrebers Sammlun= V. S. 184 und VIII. S. 414.
Ökon. Nachr. IV. S. 890. Reichardts vermiſchte
Schriften S. 52. Reichardts Land und Garten=
ſchatz IV. S. 120. Schriften der Berner Geſell=
ſchaft 1762. III. S. 211. und 1764. II. S. 61.

Nach den Abhandlungen der Schwedi=
ſchen Akademie (XXVI. S. 335) und dem
Leipziger Intelligenzblatt (1768. S. 146.)

K 2   ſoll

soll der zuerst in Schweden bekannt gewor-
bene Oehlrettig oder chinesischer Oehlsamen,
(Raphanus chinensis oleiferus) eine weit
reichere und sichere Erndte, als der gemeine
Rübsamen, liefern.

4) Den Mohn (Magsamen, Mahn,
Papaver somniferum) der auf ein gedüngtes Land im April seicht gesäet wird. Den
weissen (semine albo) und schwarzen oder
blauen (semine nigro) Mohn. Der weisse
Mohn, dessen Blätter etwas heller sind, wird
theuer bezahlt, aber die Köpfe haben weniger
Samen, als der blaue Mohn. Die Kapseln
(Köpfe) werden abgesamlet und aufgeschnitten, der Same gereinigt, verkauft oder zu
Oehl geschlagen. Die Samen überhaupt geben ein gesundes Oehl (in Frankreich nennt
man es huile d' oeillet) welches dem gemeinen Baumöhl, welches man oft mit demselben verfälscht oder verbessert, vorgezogen wird.
Da es bey'm Brennen weniger Rus giebt, als
Baumöhl und Rüböhl, auch bey der gewöhnlichen Käste nicht gerinnet, so dient es vorzüglich zu den Lampen. Auch werden die
Samen in der Medicin genuzt, auch in
Kuchen gebakken, und die ausgeschlage-
nen

nen Oehlkuchen sind dem Vieh sehr ge,
sund. S. Reichardts Land und Gartenschaß IV.
S. 47.

5) Den Tabak (Nicotiana tabacum)
nehmlich den gemeinen Tabak, den türkischen
ober kleinen Tabak, und den Soldaten Ta,
bak; als die drey vorzüglichen Arten, die hier
zu Lande gebaut werden. Er wird, wenn die
Nachtfröste vorbey sind, auf stark gedüngte
Beete gesäet, hernach auf wohlgedüngtes
Land verpflanzt, behakt und fleißig gejätet.
Pflanzen, von denen man keinen Samen ver,
langt, werden die Blüthen, so bald sie sich
zeigen, abgenommen. Die vom August bis
September abgebrochenen Blätter müssen erst
schwißen, hernach werden sie auf starke Fäden
gezogen, und auf reinlichen Böden getroknet.
S. Oekon. Nachr. II. S. 536. 751. 866. Rei,
chardts Land und Gartenschaß IV. S. 126. Von
Ekkardt Oekonomie S. 70. Hannöv. Magaz. 1770.
S. 450. Justi ökonomische Schriften I. S. 334.
vom türkischen Tabak. Abhandlung der Schwe,
dischen Akadem. XV. S. 40. vom Soldaten Tabak.
Hannöv. Magazin 1767. St. 9.

6) Den Hopfen. Dessen verschiedene
Abarten, welche man nicht unter einander mi,

L 3　　　　schen

schen darf, weil sie nicht zu gleicher Zeit reifen,
sind: der frühzeitige Stauden — Hopfen,
der kleine späte Hopfen, der weisse, der braune,
der große länglichte Hopfen, oder, nach dem
Ländern zu unterscheiden, der Böhmische,
Braunschweigische, Polnische, Bayrische
Hopfen ꝛc. Am besten geräth er, auf einen
loffern, etwas feuchten Boden. Was Bekmann, in seinen Grundsätzen der teutschen Landwirthschaft sagt: daß die Hopfengärten nie
an Heerstrasen angelegt werden sollten — ver-
diente auch in Franken beherzigt zu werden. —

Die Keime (Fechser) werden im Frühjahre, nachdem das Land im Herbste gedüngt
worden, 4 bis 5 Schuh, (in einem sehr
guten Boden aber noch weiter) von einander
eingesenkt. In den beyden ersten Jahren sind
wenige Früchte zu erwarten. In den folgenden Jahren werden die Wurzeln im Frühjahre
aufgedekt, beschnitten und gereinigt. Hernach wird der Hopfen an Stangen gebunden,
behäuft, ausgeblättert und behakt. Er wird,
wenn die Hopfen gelb werden, bey trofenem
Wetter abgeschnitten; die Hopfen werden sogleich abgepflükt, schnell getroknet, und alsdann

dann in dichten Hopfenkammern, oder in
Hopfenkasten, oder Säcken, aufgehoben. In
einigenen Gegenden Deutschlands, hat man es
schon mit Vortheil versucht, den Hopfen auf
einigen dazu angelangten Darren, so wie in
England, zu trofnen (S. Tresenreuter S. 86.
Allgem. Haushalt. und Landwissenschaft III. S. 49.)
nur in Franken nicht! Nicht selten beklagt
sich der Landmann, wiewohl ohne Grund!
über die Ausartung des Hopfens. Der Hopfen gehört zu denen Pflanzen, die getrennte
Geschlechter haben. Da nun die Hopfen der
weiblichen Pflanzen zur Brauerei dienen, so
pflanzt man auch nur diese. Wenn aber in
benachbarten Hecken und Zäunen auch männliche wachsen, und jene von diesen befruchtet
werden, so gehn aus den Samen auch männliche Pflanzen auf, die man alsdann ausrot-
tet. Diesen Vorfall sieht der Landmann also
fälschlich für eine Ausartung an. Es wäre
wohl der Mühe werth zu untersuchen: ob nicht
der Hopfen besser geriethe, wenn man auch
zwischendurch männliche Pflanzen stehen
liesse. —

Sehr oft wird der Hopfen vom Mehlthau angegriffen. Herr v. Linné vermuthet
in

L 4

in der Schonischen Reise S. 75. Diese Krank,
heit entstehe, wenn die Wurzeln von einem
Nachtschmetterling (Phalaena humuli) be,
schädigt würden; wowider aber in Schrebers
neuen Cameralschriften II. S. 391. wichtige Zwei,
fel gemacht worden. Der Dünger von
Schweinen ist in Leipziger Samlung II. S. 712.
als ein kräftiges Gegenmittel empfohlen, aber
auch ebendaselbst III. S. 121. für unwirksam
erklärt worden. Der in den Schriften der
Leip. Societ. II. S. 164. T. 1. Fig. 8. beschrie,
bene Haken zum Ausziehen der Stangen, ver,
dient nachgesehen zu werden. Weiter über
den Hopfenbau S T. U. L. Tresenreuters wirth,
schaftliche und rechtliche Abhandlung vom Hopfen,
nebst der Uebersetzung von R. Bradleys Reich,
thum eines Hopfengartens. Nürnberg 1759. 4.
Gleditschens physik. ökon Abhandlung II. S. 350.
Reicharts Land und Gartenschatz VI. S. 1. Oekon.
physikalisch Abhandl. 1. S. 513. Oekon. Nachr.
VI. S. 393. und VII. S. 173, 687. Schrebers
neue Cameralschr. II S. 421. III. S. 1. Justi
öconomische Schriften I. S. 160. Neue ökonom.
Nachr. I. S. 339.

7) Den Krapp (Färberröthe Rubia tin-
ctorum) der leicht in jedem, doch am besten
in einem lockern, etwas feuchten Boden fort
kömmt

kommt. Er wird aus Samen gezogen, be-
quemer und häufiger aber, durch Wurzeln mit
Keimen, durch Schößlinge, oder durch Ableger vermehrt. Sie werden im Frühjahr
oder im Sommer, weitläuftig auf ein gedüngtes Land gepflanzt, welches zuweilen gejätet,
aufgelokkert, und an den Pflanzen behäuft
wird. Im zweyten oder dritten Jahr werden
die Wurzeln, im Herbst, aus der Erde genommen, vom Kraut und Schmuz gereinigt;
erst an der Luft, und dann in Baköfen, oder
(welches ungleich besser!) in besondern dazu
eingerichteten Darren, vorsichtig getroknet,
und alsdann verkauft. Bey Duhamel findet
man eine solche Darre beschrieben und abgebildet; und in Bayley's advancement of arts p. 87.
findet man ein Gestell, worauf das Troknen
in freyer Luft geschehen kann. Der beste
Grad der Wärme soll in einer Darre zwischen
100 und 110 Grad Fahrenzeit seyn.

Die Färberröthe soll in einigen Gegenden von Frankreich, Italien, der Schweiz,
auch, wie Russel in Nat. history of Aleppo p. 32.
meldet, um Aleppo wild wachsen, doch soll
sie in etwas von derjenigen abweichen, welche

L 5   hier

hier zu Lande gebaut wird. S. Haller hist.
plant. I. p. 313. n. 708. Man hat in neueren
Zeiten eine Färberröthe von Smyrna erhalten,
die daselbst auf den Feldern wächst, und das
ächte Roth von Adrianopolis geben soll. Sie
soll dort Chiocboya, Eckme oder Hahala, und
von den heutigen Griechen Lizari, genannt
werden. Herr Tschiffeli sagt in den Schriften der Berner Gesellschaft 1765. St. II. S. 145,
149, sie unterscheide sich nur von der Seelän-
dischen Röthe, durch ein schwächeres Ansehen,
durch rahne Aehren, durch minder breite, minder grüne Blätter, durch kleinere, aber mehr
durchscheinende Wurzeln; zu dem soll sie weniger Ableger, aber desto mehr Samen, und
zwar im zweyten Jahr hervorbringen. Herr
Professor Bekmann hatte das Vergnügen —
Samen davon zu bekommen, welcher in einem wenig, nicht aber in einem stark gedüng-
ten Boden aufgieng. Die Pflanzen, sagt
er, haben sich ungemein vermehrt, blühen im
August, haben aber noch nie reifen Samen
getragen. Die Wurzeln, fährt er fort,
scheinen an Farbe etwas reicher, als bey der
gemeinen Färberröthe zu seyn.

Dam-

Dambauenen hat, in den Schrifften der
Gesellschaft von Rouen, die Entdekkung bekannt gemacht, daß die Färber auch die frischen, ungetrokneten Wurzeln vortheilhaft
brauchen können. Einen vollständigen Auszug aus diesem Aufsatz findet man in Mills
Feldwirthschaft V. S. 305. Weiter hierüber
nachzulesen: Mémoires sur la garance et sa culture, avec la déscription des étuves pour la déffe-
cher et des moulins pour la pulverifer. Par M.
Duhamel du Monceau Paris 1757. 4. Journal d'a-
griculture 1771. Juin. p. 59, Memoires de la société
d'agriculture de Rouen I. p. 241 II. p. 269, Muſeum
rufticum X. S. 267. 287. II. S. 14. 286. VII.
S. 299. Unterricht für den Churpfälziſchen Landmann, wie die Färberröthe anzuziehen und zuzurichten. Manheim 1767. 8. Schriften der Berner
Geſellſchaft 1765. St. I. S. 135. Abhandl. der
Schwed. Akademie XVII. S. 115. Juſti ökonom.
Schriften I. S. 342. Schleſiſche ökonomiſche Sam.
I. S. 273.

8) Den Waid, der eine einheimiſche
Pflanze iſt, die in vielen Gegenden von
Franken wild wächſt. (Iſatis tinctoria) Er
kömmt in ein lokkeres, wohlgedüngtes und
vom Unkraut gereinigtes Land. Wenn er im
Herbſt ausgeſäet wird, ſo heißt er Win-
tert

terwaid, geschieht die Aussat aber erst im
Merz, so heißt er Frühlingswaid. Die jun,
gen Pflanzen werden gejätet, und wo sie zu
dicht aufgegangen sind, vermindert. Die
Blätter werden, wenn sie eine Spanne lang
sind, und die äussersten gelb werden, bey gu,
tem Wetter, mit dem Waideisen, über der
Wurzel, doch ohne solche zu beschädigen ab,
gestoßen; und dieses wird, so oft es das
Wachsthum der Pflanzen, erlauben will, wie,
derholt.

Die eingeerndten Blätter werden gewa,
schen, an freyer Luft zum Welken ausgebrei,
tet, in der Waidmühle gemahlen, getreten,
und zu Bällen oder Kugeln gedrükt. Diese
werden auf Herden von Binsen oder Latten ge,
trofnet, und alsdann an die Waidhändler ver,
kauft. Im zweyten Sommer läßt man, um
Samen zu erhalten, eine hinreichende Menge
Pflanzen, zur Blüthe und zur Reife kommen.
Aus den Samen wird auch ein sehr gutes
Oehl geschlagen. S. J. T. Bohadsch Abhandlung
vom Gebrauch des Waids in der Haushaltung.
Prag 1766. 4. Selecta physico - oeconom. II. S. 40.
Allgem. Haushalt. und Landwissens. III. S. 119,
V. S.

V. S. 114. Millers Gärtnerlexicon II. S. 623.
Oekon. Nachr. IV. S. 8. 5. 6. D. E. Schrebers hi-
storische, physische und ökonomische Beschreibung
des Waids. Halle 1752. 4.

9) Den Wau (Reseda luteola) der
bey uns gleichfalls häufig wild wächst) zur
gelben Färberey dient, und leicht in einem
jeden, doch vorzüglich in einem etwas sandigen Boden fortkömmt. Der Same wird im
August dünne und seicht ausgesäet, und im
nächsten Sommer, werden die Pflanzen, wenn
die meisten Samen reif sind, aufgezogen, getrofnet und alsdann an die Färber verkauft.
S. Deliberations et memoires de la societé de Rouen
I. p. 275. Allgem. Haushalt. und Landwissens. III.
S. 139., wilder Waid. Abhandlung. der Schwed.
Akadem. XVII. S. 307.

10) Den Safran (Crocus sativus)
dessen Zwiebeln im Junius oder August, in
ein lokeres, etwas sandiges, und ein paar
Jahr vorher gedüngtes Land, welches in
schmale Beete eingetheilt wird, 3 bis 4
Zoll weit von einander eingelegt. Die Beete
werden vom Unkraut rein gehalten, und jährlich aufgelokert. Die sich völlig geöfneten
Blu-

Blumen, werden in jedem Herbſt, zur Zeit
der Blüte alle Morgen vorſichtig eingeſam,
let, die Stigmate zu Hauße herausgenommen,
und im Schatten, oder auf kleinen zu dieſer
Abſicht eingerichteten Oefen, langſam getrok,
net. Um Johannis im 4ten Jahr, werden
die Zwiebeln, wenn das Laub abgeſtorben iſt,
wieder aus der Erde genommen, von ihren
jungen Nebenzwiebeln getrennt, auf einem
lüftigen Boden abgetroknet, und im Auguſt
wieder in einem neu angelegten Safran Gar,
ten verpflanzt. Duhamel in Hiſtoire de l'academ.
à. Paris 1728. p. 100. und Ehrhardt in ökonomi,
ſcher Pflanzenhiſt. ll. S. 54. erwähnen einer Art
Trüffeln (Lyccperdon) welche die Zwiebeln
des Safrans angreifen, und ein anſteffendes
Uebel ſeyn ſollen. Hier zu Lande leidet der
Safran zuweilen von einem frühen Herbſt,
froſte, ſo, daß er nicht jährlich blühet. —
Millers Gärtnerlexicon 1, S. 890. Journal de
l'agriculture 1766. Decembre. Allgemeine Haushal.
und Landwiſſenſchaft lll. Juſti ! ökon. Schriften
ll. S. 119. Ehrhardts ökon. Pflanzenhiſt. ll. S.
50. Hannöv. Magaz. 1766. S. 498.

11) Den Saflor (Carthamus tincto-
rius) welchen einige fälſchlich wilden Safran
nen,

nen. Die Samen des Saflors werden im
Frühjahr, auf ein wenig, und nicht frisch,
gedüngtes Land, eingestekt; die jungen Pflanzen gejätet, und wo sie zu dicht stehn, vermindert, nie aber versezt, auch nicht begossen.
Wenn die Blüten etwas welk und dunkler geworden sind, zieht man sie herunter, trofnet
sie im Schatten, und verkauft sie den Sei-
denfärbern. — Man hat zwey Arten des
Saflors, eine mit größeren, die andere mit
kleineren Blättern; leztere wird der ersten vorgezogen. Zuweilen erwachsen aus den Samen sehr stachlichte Pflanzen, von denen man
nur ungern Samen zur Aussaat nimmt, weil
sie kleinere Blumen geben. S. Novi commen-
tarii focietatis fcient. Götting. IV. p. 89. Reichards
Land und Gartenschatz IV. S. 844. Oekon. Nachr.
IV. S. 844.

Wenn der Saflor dem orientalischen
gleich kommen, nehmlich, weniger gelbe
Farbe, als der gewöhnliche Teutsche enthalten soll, so wird er ausgewaschen, ausgedrükt,
wieder an der Luft im Schatten abgetrofnet,
und dicht eingepakt. Bisher brauchte man
nur die rothe Farbe, und auch diese nur zur
Seide:

Seibe: in den Schriften der güttingischen Gesellschaft der Wissenschaften ist aber — wenn ich nicht irre: von dem Herrn Professor Bek. mann — durch Versuche bewiesen: daß man sowohl die gelbe, als die rothe Farbe, auch auf Wolle brauchen könne. Die Samen, die auch nach der Erndte der Blüthen reifen, die, nen zu Oehl, zum Futter der Hühner, und das gedörrte Laub zur Winterfütterung der Schaafe und Ziegen, die Stengel zur Feue, rung S. Grundsätze der teutschen Landwirthschaft von Johann Bekmann Professor der Oekonomie zu Göttingen 1. Theil 1. Hauptstük S. 410.

12) Das Süßholz, (Glyryrrhiza glabra) wird in Franken am stärksten in der Gegend um Bamberg gebau't. Es nimmt mit einem lokkern, etwas sandigen Boden vor, lieb. Die Wurzeln, welche wenigstens 10 Zoll lang, und mit einem Auge versehen seyn müssen, werden im Frühjahr, nachdem das Land vorher gedüngt worden, eine Elle weit von einander so tief eingelegt, daß das oberste Ende fast zwey Zoll mit Erde bedekt wird. Nachdem die Wurzeln 3 oder 4 Jahre im Lande gelegen, in welcher Zeit zuweilen das

Un,

Unkraut weggeräumt, und die Erde aufge=
lockert wird, werden die größten zum Verkauf
herausgehoben, und die kleinen oder die Ne=
benwurzeln, zum künftigen Zuwachs in der
Erde gelassen, oder auch (welches ungleich
besser ist) in ein frisches Land verpflanzt. Es
ist freylich Schade, daß man diese Pflanze
in manchen Gegenden von Franken ganz ausser
Acht läßt, da sie z B. in England, wo doch
das Land, wenigstens noch einmal so hoch,
als in den meisten Theilen von Teutschland,
genuzt werden kann, mit großem Vortheil ge=
baut wird, und der Preiß des Süßholzes
bey uns und in England fast einerley ist. —

Ein ungenannter Beobachter, der sich,
wie das Süßholz im Bambergischen gebaut
zu werden pflege? — bey un erschiedenen Ge=
legenheiten erkundigt, auch ein und anderes
mit Augen daselbsten gesehen hat; sagt unter
andern:,, der Bau desselben, ist sogar künst=
lich, auch sogar geheim nicht. Wird es im
Felde allein gebaut, so wirft es wenig Nutzen
ab. Daß der Boden daselbst mit Sand ver=
mischt sey, ist bekannt. Und doch habe ich
in einem guten fetten Leinenfeld dasselbe recht

schön erbaut. Im Herbst wird das Feld 3
Schuh tief gewendet (ragolet) wenn der
Wendgraben die Hälfte wiederum, mit Erde
vollgemacht worden, so werden die dünnesten
Wurzeln einzeln hineingestreut, und mit der
übrigen Erde vollends eingegraben. Und so
wird es bey jedem Wendgraben gehalten. Im
Frühjahr wird ein solcher Platz wohlgedüngt,
und zu gehöriger Zeit Weißkraut Pflanzen hi-
neingesezt. Es können zwar andere Gewächse
auch darinnen gebaut werden, und es geschieht auch. Allein Wurzelgewächse gehen zu
tief, und der teutsche Klee läßt zu wenig
Feuchtigkeit hinunter. Drey Jahre bleibt es
ruhig liegen. Alle Jahre wird es gedüngt,
und Kraut dazwischen gebaut. Nach gedachten 3 Jahren wird das Feld wiederum 3
Schuh tief gewendet. Alles Gewürzel, das
man habhaft werden kann, herausgenommen,
davon das dünneste, wenn der Wendgraben
zur Hälfte zugearbeitet, wiederum hinge-
streut u. s. w. Das Geheimniß besteht also
hauptsächlich darinn, daß, weil andere Dinge
auf dem Felde zugleich erbau't werden, das
Süßholz fast umsonst zu stehen kommt. Die
kurzen, dikken, unscheinlichen Wurzeln wer=
den

den gesotten, und der bekannte Lakrizensaft
daraus verfertigt. S. Museum rusticum II. S.
21. Abhandl. der schwed. Akademie VI. S. 226.
Fränkische Saml. V. S. 523. Oekon. Nachr. IV.
S. 366. Justi ökon. Schriften I. S. 323. Allgemeine Hausb. und Landwissenschaft III. S. 166.

13) Die Karten, Weberdistel (Dip-
sacus fullonum sativis) welche billig jedes
Land (so wie es in der göttingischen Funki-
schen Manufaktur im Garten geschieht) selbst
bauen sollte, damit die Tuchbereiter nicht allenthalben genöthigt wären: sich — wegen des
hohen Preißes, lieber der angenuzten dräter-
nen Streichen der Tuchmacher zu bedienen.
Herr v. Linné hält die Karten für eine Abart
der bey uns (zumal in Franken häufig) wild
wachsenden. Das Gegentheil behaupten Mil-
ler im Gärtnerlexicon II. S.59, und Herr
v. Haller Hist. plant. I. p. 85. Ferner
darüber nachzulesen: Déliberations et mémoires
de la societé d'agricul. de Rouen II. p. 190. Journal oecon. 1760. Nov. p. 498 Gemeinnütziger Vorrath auserlesener Aufsätze I. S. 715 Museum rusticum VI. S. 70. Allgem. Hausb. und Landwissenschaft III. S. 294.

M 2　　　Dieß

Dieß wären nun ohngefähr, die sogenannten Fabrik und Manufacturpflanzen, die von No. 1. bis 13. zwar in Franken gebau't doch mit Ausnahme des Tabak und Flachsbaues, nur aus Liebhaberey, nur im kleinen (ohne beträchtlichen Gewinst möchte ich sagen!) daselbst gebau't werden. Wer seine Felder, durch den schon eingeführten Getreydebau zum höchsten Ertrag zu bringen weiß (wo nehmlich der Preiß des Getreydes, die darauf verwandte Arbeit und Sorfalt mehr, als der Anbau irgend eines andern Produccs lohnt) der thut auch in aller Rüksicht besser, der handelt in aller Rüksicht wirthschaftlicher (zumal wenn es ihm nicht an den gehörigen Absatz seines Getreydes fehlt, welches aber, der Ausfuhre halber, nie der Fall in Franken ist; es müßte dann ganz vorsätzlich, durch eine leidige, übelverstandene Sperre bewirkt werden) wenn er sich nicht mit dem Anbau mehrerer Produkte zugleich einläßt, die wiederum mehreren Fleiß, mehreren Zeitaufwand, und mehrere Aufsicht (deren Unterlassungsfall immer theuer genug bezahlt werden muß) erfordern. Je weitläuftiger das Geschäfte wird, in welches man sich einläßt, desto schwerer ist

es

es zu überſehen, deſto unſicherer der beabſich-
tigte Gewinſt, da man von allen Seiten
fehlt, betragen wird, überal zu kurz kömmt
— deſto größer mithin das damit verknüpfte
Riſiko. Entweder muß man den Getreydebau
allein, oder den Anbau der Fabrik und Ma-
nufakturpflanzen allein, zum beſondern Gegenſtand ſeines Fleiſſes und Augenmerks machen, um dieſen Gegenſtand gehörig, und ſo
umfaſſen zu können, als es — um einigen Gewinſt daraus zu ziehen, ſchlechterdings erforderlich iſt. Auſſerdem folgt (juriſtiſch zu reden) faſt immer damnum emergens auf
lucrum ceſſans!

Wenn ein auch noch ſo beträchlicher Wim-
ter und Sommerflur, mit Winter und Som-
mergetreyd beſtellt iſt, ſo bin ich ſo ziemlich
im Stande, mein Geſchäfte — da ſich doch
immer alles auf einen und demſelben Gegenſtand concentrirt, zu überſehen — die Arbeit
iſt dann nie getheilt, die dabey angeſtellten
Arbeitsleute, ſind dann nicht zerſtreu't: das
Geſchäfte kann mithin alsdann wie aus einem
Geſichtspunkte überſehen, der gehörige Zeitpunkt (da keine andere Arbeit im Wege iſt)

benuzt,

benuzt, und die sorgfältigste Aufsicht, Fleiß
und Ordnung, auf alle einzelne Rubriken die=
ses ganzen Geschlechts verwandt werden.

Wie aber, wenn ich z. B. zehnerley ver=
schiedene Dinge auf jeden Flur meiner Mar=
kung bauen wollte? — würde ich dann auch
gleiche Sorgfalt, auf jeden einzelnen dabey
vorkommenden Gegenstand zu verwenden, glei=
chen Nutzen daraus zu ziehen im Stande seyn?
— Zehnerley verschiedene Gewächse, setzen
zehnerley verschiedene Zurichtungen des Bo=
dens, zehnerley verschiedene Zeitpunkte der
Aussaat, zehnerley verschiedene Zeitpunkte der
Reife, mithin auch der Erndte, zehnerley
verschiedene Manipulationen, und überdieß
noch zur Aufsicht des Ganzen, einen Menschen
mit Argusaugen voraus, der dieß ganze Ge=
schäfte, in seinem ganzen Umfange, zu über=
sehen im Stande. Wo so vielerley durchein=
ander gebau't wird, wird bey alledem im Gan=
zen nichts gebau't: Denn wenn auch die Erndte
jedes einzelnen Produkts, noch so ergiebig
ausfällt, so ist der Ertrag jedes kleinen Theils,
im Verhältniß des Ganzen, doch immer so
beschaffen: daß es kaum eine Kaufmannswaare
ab=

abgiebt. Man hat alsdann recht viele, von
einander verschiedene und kleine Haufen auf
den Boden, weiß aber nichts davon an den
Mann, und, was noch weit schlimmer, die
darauf verwandten Kosten, nicht wieder her-
auszubringen. Rapsmohn u. dergl. m. wenn
es als Kaufmannswaare verschikt, und mit
Profit abgesezt werden soll, muß in Quantität gebau't werden. Doch meine Absicht geh't
nicht dahin, weitläuftig zu werden.

Jezt bleibt mir noch übrig — ehe ich diesen Abschnitt ganz beendige, der Kohlwurzel
und Zwiebelgewächse zu gedenken, welche theils
in Küchengärten, theils auf Gartenäkkern,
Gartenfeldern oder Gartenländern, auch Zahn-
feldern gebaut werden. (Plähe die den Artfel-
dern entgegen gesezt werden, Gartenrecht haben, das heißt: die der Huth und Trift nicht
ausgesezt sind, und dennoch nicht befriedigt, oder
nicht mit Hakken und Zäunen umgeben sind.
(Vom Gartenrechte S. Hofmann in ökonom. Nachr.
VIII. S. 32.)

Dasjenige, was einem Plah den Namen
eines Gartens giebt, ist also die Befriedigung,

woburch Menſchen und Vieh abgehalten
werden. Zu dieſen Befriedigungen oder
Hakken bedient man ſich in hieſigen Gegenden, des Weisdorns, Mehldorns (Cratae-
gus oxyacantha) eine einheimiſche Pflanze, die auf jedem Boden nur nicht auf
ganz dürren Sande, fortkömmt, und die,
wenn die Hekke durchflochten wird, die beſte
Befriedigung abgiebt. S. Hannöv. nüßl. Saml.
1756. S. 107. Hannöv. Beyträge 1760 S. 731.

2) Des Hollunders oder Flieders (Al-
horn, Sambucus nigra) der leicht und ſchnell
wächſt, auch das mehreſte Vieh abhält, aber
eine breite, und, nach einigen Jahren, unten
löcherige Hekke giebt, die deswegen ein be-
ſtändiges Zupflanzen erfordert. S. Schrebers
Samlung V. S. 195. Phyſik. ökon. Abhandl. V.
S. 706. Hannöv. nüßl Saml. 1758. S. 1041. von
dem verſchiedenen Nußen des Hollunders.

3) Der Birken (Betula alba) welche
in ſandigen Gegenden, in zwey Reihen, auf
Wälle, die von Raſen aufgeſezt, und inwen-
dig mit Erde ausgefüllt ſind, mit großem
Nußen, zur Befriedigung gepflanzt werden. S.
Hausvater III. S. 104.

4) Der Weiden. (Salices)

5) Des

5) Des Schwarzdorns oder Schlehendorns
(Prunus ſpinoſa) dieſe ſollten aber nicht dazu
angewendet werden, denn ſie taugen nicht zu
Hekken. So wie die Hekken von Hainbüchen
(Hagenbüchen Carpinus betulus) Rainwei-
den (Za nriegel Liguſtrum vulgare) wilden
Jaſmin (Philadelphius coronarius) Spin-
delbaum (Hahnenblätgen Evonyums euro-
paeus) Zaunkirſchen (Strützern Lonicera
xyloſteum) Buchs ꝛc., mehr zum Vergnügen und zur Zierde, oder zu Abtheilungen
und Einfaſſungen, als zur wirklichen Befriedigung dienen. S Hausvater III. S. 65. An-
weiſung wie allerley Arten von Hekken, auch andere Vermachungen, anzulegen und zu warten ſind.
Gleditſch phyſikaliſch- botaniſche Abhandlungen II.
S. 395. von den Stauden, die ſich zu Hekken ſchikken. Oekonom. Nachr. V. S. 329. und VIII. S.
643. Allgem. Haushalt, und Landwiſſenſchaft I. S.
401. wovon ein Auszug im Forſtmagazin V. S. 194.
Krauſens Gärtnerey.

Hin und wieder werden in Franken auch Hekken aus verſchiedenen Stauden zuſammengeſezt,
vor welchen vermiſchten Hekken aber, doch
immer die unvermiſchten einen Vorzug haben.
Auch die todten Befriedigungen ſind hier zu

Lande

Lande von häufigem Gebrauch. Sie sind
zwar vergnüglicher und kostbarer, aber doch,
in gewissen Fällen allein möglich, und in andern sogar nüzlicher als die Hekken. Man
verfertigt sie von festem Holze, von trokenem Reisig, von Erde, (Wälle und Wäl-
lenwände, werden aus Thon oder Leim, mit
untermischten Stroh und Spreu, aufgeführt. Ihre Bereitung ist angeführt in:
Schönbach Versuch eines Vorschlags zur holzspa-
renden Bauart Berlin 1768, 4 Bogen in 8. Oekon.
Nachr. XIII. S. 760) von Steinen, und zuweilen umschließt man auch ein Land mit einem
Graben.

Schon erwähnte Kohlwurzel und Zwiebelgewächse — die auf diese Gartenäkker —
Gartenfelder oder Gartenländer zu stehen kommen, werden in ein gedüngtes Land gesäet —
und hernach in hinreichender Weite verpflanzt.
Daß diese Gartenäkker alljährlich mit derselben Frucht bebaut, und alljährlich zu diesem
Behuf gedüngt werden, glaube ich schon angeführt zu haben.

Zu denen Gewächsen, welche vorzüglich
und durchgängig auf diesen sogenannten
Kraut-

Krautfeldern gebau't werden, gehören: die
vornehmſten Kohlarten; nehmlich der gemeine
weiſe Kopfkohl (weiſes Kraut, Kappus (Braſſica capitata ſerotina compreſſa major)
der rothe Kopffohl (Braſſica oleracea rubra)
der Savoyenkohl, Werſing (Braſſica ſa-
bauda) der grüne Werſing (Braſſica ſabellica) der braune Kohl, Krauskohl, Feder-
fohl, (Braſſica ſeleniſſia) der pommerſche
Kohl (Braſſica ſativa rubra aperta laevis)
der Schnittkohl (Braſſica oleracea ſabellica,
non capitata) die Kohlrabi, Kohlrüben über
die Erde (Braſſica goügglodes) die Kohlrabi unter der Erde, Kohlrüben unter der Erde,
Klumperrüben (Braſſica napobraſſica) die
Runkelrüben, oder Mangolbbeete, Dikrüben,
Dikwurzeln, Burgunderrüben, Raunſchen,
Raunſcheeren, Ranges (Beta altiſſima)
rothe Rüben (Beta rubra vulgaris) Meer-
rettich, Kreen (Cochlearia armoracia) die
Tartuffeln, Erdtuffeln, Cartuffeln, Cartoffeln,
Erdbirnen, Grundbirnen, Nudeln, Knollen
(Solanum tuberoſum) mit weiſen Blumen,
und weiſſen, etwas runden Knollen, und mit
violet röthlichen Blumen, und großen läng-
lichen höfferichten Knollen, mit röthlicher
Haut,

Haut, und weissen Fleische. Die Erdäpfel
— Erdartischoffen (Helianthus tuberosus)
welche nicht mit den Tartuffeln zu verwech,
seln, die Zwiebeln (Allium cepa) die Sau,
bohnen (Vicia faba) die Futterbohnen, Roß,
bohnen, Pferdebohnen (Faba minor sive
equina.)

Auf dieser Liste wird man mehrere Ge,
wächse vermischen, die zwar in Franken, aber
nicht auf freyen Felde, sondern in den Gär,
ten gebaut werden, und diese umfaßt derma,
len mein Plan nicht. — Die Zurichtung
des Feldes zu schon angeführten Kraut und
Wurzelgewächsen ist folgende: im Frühjahr
wird das dazu bestimte Land geaffert, gedüngt,
der Dung untergeaffert, und vor dem Pflan,
zensetzen gestupft, das heißt: man haut mit
einer breiten Haue, wo die Pflanze hingesezt,
oder der Erdapfel hingelegt werden soll, et,
was Erde heraus, die dann, wenn die Pflanze
gesezt, oder der Erdapfel gelegt ist, wieder
auf ihren gehörigen Standort heran gezogen
wird.

Diese ausgesezten Pflanzen, werden
nun, von diesem Zeitpunkt an, bis zu ihrer
gänz,

gänzlichen Reife, um das Unkraut zu vertilgen, und den Boden zur Aufnahme der in
der Luft enthaltenen Nahrungstheilchen ge-
schikter zu machen, zwey bis dreymale behakt,
das heißt: der Boden wird rings um' die
Pflanzen herum jedesmal aufgelokkert, bey
den Erdäpfeln immer mehr an die Pflanze
herangezogen, und bey den übrigen Pflanzen,
z. B. dem Ranges — davon hinweggezogen,
so daß der Ranges am Ende wie ganz nakt,
von aller Erde entblößt dasteht. Während
dieser Zeit werden nun auch die Pflanzen —
Ranges — Kraut — Kohl ꝛc. mehremale
abgeblattet, nemlich ihrer äussersten Blätter
beraubt, und diese, dem Rindvieh, oder
vielmehr dem Melkvieh zur Fütterung vorgelegt.

Jezt will ich zur näheren Beleuchtung
des Ganzen schreiten, und bey den verschiedenen Verfahrungsarten, meine Meynung hinzufügen, oder vielmehr mein Urtheil fällen:
ob mir dieß oder jenes, zwekgemäs oder nicht
zu seyn scheint ?*) Der Mensch ist ein Ge-
wohn-

*) Was die Krautäkker an sich selbst anlangt,
so sind es hauptsächlich solche Felder, die nicht

wohnheitsthier! pflegt man im gemeinen Leben
zu sagen. Und wer sollte die Richtigkeit dieses

zu leimig sind, sondern einen zwar fetten, aber
auch zugleich lockern Boden haben, weil ein
leimiges Feld, bey anhaltender Dürre gleich
zu fest wird, auch, wenn es alsdann regnet,
dieser Boden die Nässe nicht so leicht, wie ein
lockerer anzieht, sondern der Regen, ehe er
ihn erweichen kann, davon abläuft. Viele die
keine bessere Art von Felder haben, suchen nun
freylich die besten, unter diesen schlechteren
dazu aus. Wer es haben kann, wer nehmlich Dünger genug hat, der schaft — ehe der
Acker gestürzt wird, etwas kleiner Dünger
darauf, läßt solchen recht gleich breiten, und
noch im Herbst mit unteraffern. Dieses bringt
dem Kraut vielen Nutzen, weil sich die Kraft des
Düngers den Winter über recht gut zertheilt und
einzieht, und im Frühjahr vermengt sich dieser
klare Mist bey der Zurichtung recht mit dem Erdboden, und kann folglich hernach den Pflanzen eine recht gleiche Kraft mittheilen, wodurch sie, weil
sie so zu sagen, eine rechtgleichmäßige Düngung
bekommen, beynahe alle gleichschöne Krauthäupter bringen, wenn sie nehmlich auch mit
der gehörigen Sorgfalt gepflanzt und nicht so
obenhin angeklebt worden sind. Die Krautä-
cker werden im allgemeinen etwas tiefer als
gewöhnlich geackert. — Der Pflanzer macht
wenn

ſes Satzes nicht ſchon an ſich ſelbſt in Erfahrung gebraucht haben? — Die Gewohnheit
be-

— wenn das Kraut geſetzt wird — mit dem Zu-
ger, oder einem dazu beſtimmten runden Holz
— ein kleines Loch, ſetzt die Pflanze gerade
hinein, und drükt ſie dergeſtalt mit den Fin-
gern an, daß bey der Pflanze gleichſam ein
Grübchen bleibt, welches ſeinen guten Nutzen
hat, wenn Regen kommt, weil alsdann das
Waſſer nicht ſo gleich abläuft, ſondern in dieſen Grübchen ſtehen bleibt, und alsdann zum
Wachsthum der Pflanzen nicht wenig beyträgt.
Die Pflanzen werden ferner etwas ausgeſucht,
und nicht alle ſchlechte ohne Unterſchied geſtekt.
Manche ſind madig und dann meiſt bikſtielig,
andere haben keine Herzchen u. dergl. m.
Beym Krautpflanzen ſind ein paar Leute angeſtellt, welche den Pflanzern die Pflanzen bringen, und dieſe ſuchen ſie dann auch gleich etwas aus. Dann werden die Pflanzen auch
nicht zu alt, und nicht von zu geilen Pflanzen-
beeten genommen. Denn wenn die Pflanzen
auf einem guten Pflanzenbeet gezogen worden,
ſo überwachſen ſie ſich nicht nur, ſondern wenn
ſie alsdann auf ſchlechtern Boden kommen, als
der, darin ſie gezogen worden, ſo kommen ſie
ſelten gut fort, und wird auch keine rechte
Staude oder Haupt daraus. Die Pflanzen
müſſen aus guten Samen auf mittelmäßigen
Boden

beherrſcht aber nicht nur die Menſchen, ſondern
ſie äuſſert auch ihre mächtigen Einflüſſe auf
leb,

Boden, und nicht in ſchattigen, ſondern an
freyen Orten gezogen werden. Aus ſolchen
auf leichten Boden dauerhaft gemachten Pflanzen werden, alsdann die ſchönſten Krautſtauden
und Häupter, wenn ſie in ein gutes und beſ-
ſeres Land kommen, als ſie vorher gehabt.
Wenn bey anhaltender Dürre, gleichwohl mit
der Krautpflanzung nicht länger auf Regen gewartet werden kann — ſo verführt man hin und
wieder folgendermaſen: Man läßt ein mit
Miſtjauche angefülltes Faß auf das Feld ſchaf-
fen, läßt zugleich auf einem dazu ſchiklichen
Plaz etwas klare Erde zuſammenbringen, und
diejenigen Perſonen, welche den Pflanzern die
Pflanzen zutragen, tauchen erſtlich die Pflanzen in die Miſtjauche und alsdann in die klare
Erde. Wenn es ſehr trokken iſt, ſo werden
noch überdieß etliche Faß Waſſer auf den Akker
gefahren, und jede Pflanze wird noch beſonders
damit angegoſſen, wodurch alsdann die Pflanzen
etwas Feuchtigkeit erlangen, und ſich ſehr bald
wenn auch die Witterung noch einige Zeit trokken bleibt, bewurzeln. Es iſt beſſer ein wenig
zu dik als zu dünn zu pflanzen: denn wenn die
Pflanzen auch noch ſo vorſichtig und gut geſezt
worden, ſo bleiben doch immer einige, theils
wegen

leblose Dinge.   So wie ein Kind,   deſſen
Natur durch verzärtelte Wartung und Pflege
ver

wegen trokener Witterung, theils wegen Schadhaftigkeit der Pflanzen zurük; und aus dem
Nachgepflanzten wird meiſtentheils wenig oder
nichts.   Wenn aber die Pflanzen zu dik geſezt
worden, ſo kann man ſich immer eher helfen,
und die ſchlechteſten darunter im Nothfall wieder zur Fütterung anwenden.   Das Pflanzen
ſelbſt, geſchieht theils früh', theils ſpät. Schon
im Monat May,   auch erſt im Monat Juni.
Beydes hängt, ſo wie bey allen Feldfrüchten,
von der dazu nöthigen Witterung ab.   Viele —
und dieß iſt gar nicht unrecht! richten ſich ſo
ein: einen Theil früh' und den andern ſpät zu
pflanzen.   Wenn alsdann das eine auch nicht
geräth, ſo kann doch das andere gerathen, und
das ſchlechtere bleibt noch allezeit eine gute
Fütterung für's Vieh. Wenn man im Frühjahr mit der Zurichtung des Akkers hat zeitig
fertig werden können, ſo giebt das früh' Gepflanzte — beſonders wenn trokene Sommer
erfolgen — öfters ſehr ſchönes Kraut.   Hat
man aber ſeinen Krautakker, wegen häufiger
Näſſe, im Frühjahr nicht zeitig genug zurichten, auch, wegen der darauf erfolgten Dürre,
das Pflanzen bis zu dem dazu nöthigen Regen
verſchieben müſſen, und erſt zu Ende des

verwöhnt worden, grobe Speisen, rauhe Witterung, Anstrengungen des Körpers u. dergl. m.

in

Monats Juni bewirken können, so geräth es
demohnerachtet auch meist noch alsdann ganz
gut. Das Kraut wird, sobald sich das Gras
einfindet, gehakt oder gehäufelt, damit das
Unkraut nicht überhand nehme. Das zwente-
mal wird es gehakt, wenn es schon erwachsen,
und hübsche Blätter hat, oder, wenn das
Gras wieder überhand nehmen will. Das
Kraut liebt einen lockern Boden mehr als einen festen, gedeiht auch viel besser im ersteren
als im lezteren, weil es sich im lockern Erdreich viel besser, als im festen, bewurzeln,
und folglich die Kraft des Düngers auch besser
an sich ziehen kann. Ein Baum, oder eine
Pflanze, welche im guten Erdreich viele Wurzeln um sich machen kann, kann dadurch auch
mehr Nahrung an sich ziehen, besser wachsen,
und schönere Früchte tragen. — In nassen Feldern, und zumal wenn etwa noch vieler Regen
folgt, wird es etwas höher gehäufelt, damit
die überflüßige Nässe sich abziehen, und den
Wurzeln keinen Schaden zufügen kann. Wenn
aber der Sommer trocken ist, so werden die
Häufchen nicht so hoch und nahe nach dem
Strunke zugezogen, sondern etwas breiter
und niedriger gemacht, damit die Wurzeln nicht

so

m. in der Folge bey weitem nicht so gut, als
ein ungleich härter erzognes Kind vertragen
kann,

so ganz von der Erde entblößt werden, in welchem Fall ihnen die Sonne die nöthige Feuchtigkeit entziehen würde. Die meisten unter den
fränkischen Landwirthen, die sich — gutes
Kraut zu erbauen befleissen — erbauen auch
den dazu erforderlichen Samen selbst, und lassen zu diesem Behuf im Herbst, wenn das
Kraut hereingeschaft wird, die schönsten Krauthäupter, welche kurzstrünkicht sind und rechte
derbe, runde, niedergedrükte Köpfe haben —
mit den Wurzeln ausziehen. Damit nun diese
zu Samen bestimmten Krauthäupter im Winter
nicht erfrieren, so lassen sie solche entweder
im Keller oder an einem andern Orte, wohin
es nicht frieren kann, bis zum Frühjahr auf-
bewahren: Hierauf werden sie, wenn die Witterung warm genug dazu ist, und keine Fröste
mehr zu vermuthen sind, ins Land gesezt, wo-
selbst sie blühen und Samen tragen, welcher
hernach, wenn er reif ist, eingesammelt und
zum Säen aufbewahrt wird. Dieser Same
wird zeitig, aber nicht auf ein geiles Land gesäet, weil sich die Pflanzen daselbst leicht über-
wachsen, welches eine Verhinderung ihres guten Gedeihen bey'm Verpflanzen wird; deshalb wird ein etwas magerer, aber nicht ganz
schlech-

kann, eben ſo verhält es ſich auch mit den
Gewächſen. Die in Miſtbeeten gezogenen
Pflanzen, gelangen, wenn man ſie in ein
ſchlechteres Erdreich verſezt, nicht zu der Gröſſe
und Vollkommenheit, wie jene, die gleich
durch den Samen in das dazu beſtimmte Erdreich gebracht, und nicht erſt wieder auf andres Beet verſezt worden, ſondern, gleichſam
wie von ihrer Geburt an, auf ein und denſelben Boden ſtehen geblieben ſind. Dieß hat,
meines Erachtens! zwey Urſachen zum Grunde. Die eine habe ich ſo eben angeführt: ſie
findet ſowohl bey Bäumen, als zärteren Pflanzen ſtatt. Eine Pflanze die einmal an einen
guten Boden gewöhnt iſt, wird nicht leicht
mit einem ſchlechteren Boden vorlieb nehmen:
ſie kann wenigſten unmöglich in dieſem ſo gut
als in jenen gedeihen, in einem ihr unange-
meſſenen Boden, nicht zu den Grad der Voll-
kom,

ſchlechter Boden dazu genommen. Da die Pflanzen einen Hauptfeind an dem Erdfloh haben,
welcher öfters, wenn ſie noch jung ſind, weder Blat noch Stiel von ihnen übrig läßt, ſo
iſt es gut: wenn ſie früh' geſäet worden, weil
ſie alsdann vor der Ankunft des Erdflohes
mehrere Härte erlangt haben, ſo daß er ihnen
um ſo weniger Schaden zufügen kann.

kommenheit gelangen, den sie zu erlangen fähig ist.. Umgekehrt, nehmlich aus schlechten
in guten Boden, läßt sich die Sache wohl
hören — weil alsdann die, bey einem schlechteren Boden eintretenden Umstände, die dem
gehörigen Wachsthum und guten Gedeihen
der Pflanzen hinderlich sind, wegfallen. Bey
alledem aber ist diese Verfahrungsart mehr zu
widerrathen, als zu empfehlen: denn es liegt
zu deutlich am Tage, daß das Versetzen der
Pflanzen, welches ich als die zweyte Ursache
annehme, eine äusserst fehlerhafte und schädliche Gewohnheit ist. Es ist ja fast unmöglich eine Pflanze auszuziehen, oder aus-
zuheben, ohne ihre zarten fast unsichtbaren
Haarröhren, Fäserchen oder Wurzeln zu
beleidigen, oder ohne die zärtesten zurückzu-
lassen. Auch die geübteste und geschikteste
Hand, die mit möglichster Vorsicht und Behutsamkeit, bey dem Ausziehen der Pflanzen
zu Werke geht, wird es nicht vermeiden können, Wurzelfäserchen dabey zu zerreissen,
und die Pflanze selbst der Art zu beschädigen.
Eine solche beschädigte Pflanze, steh'r dann
eine lange Zeit, gleichsam in ihrem Wachsthum stille, weil sie den zu ihrem Wachsthum

oder

oder zu ihrer Ausbildung bestimmten Pflan=
zenschaft, zur Widerersetzung der verlohrnen,
und im Boden zurükgebliebenen Wurzeltheil=
chen, verwenden muß. Wenn sie auch nicht
beschädigt ist, so steht sie — wenn gleich nicht
so lange — dennoch auch in ihrem Wachsthum
stille, denn sie muß ja wiederum Zeit gewin=
nen, sich fest wurzeln zu können; und dieß
wird ihr nicht selten durch die ungeschikte Hand
oder Unachtsamkeit dessen, der die Pflanzen
sezt — äusserst erschwert. Die Art, nach
welcher ich auf hiesigem Gute mit den Kraut=
Kohl und Rüben=Pflanzen verfahre, scheint
mir deshalb um so viel empfehlungswerther
und der Nachahmung würdig zu seyn, da ich
nicht allein alle angeführte Mängel und Feh=
ler dabey vermeide, sondern auch meine Ab=
sicht um so viel gewisser und geschwinder da=
durch erreiche. Wenn das zu diesen Ge=
wächsen bestimmte Feld, gehörig bedüngt,
und mit dem Pfluge bearbeitet ist, so bediene
ich mich, statt es in gewöhnliche Beete zu
theilen, des kleinen Pflugs oder Cultivators,
welchen Herr von Chateauvieux erfunden,
und den man in J. Mills vollständigen Lehr=
begrif von der praktischen Feldwirthschaft

II. B.

II. B. Leipzig 1764. S. 107. u. f. beschrieben
findet. Zu dieser Arbeit lasse ich das doppelte Streichbret daran machen, und — nach
Schubarts Vorschrift — eine Furche in die
Höhe pflügen, so daß der ganze Akker aus solchen erhabenen Rükken von einer Furche, die
durch die ausgeakkerte tiefe Furche, voneinander abgesondert sind, besteht. Jede
dieser Furchen ist bey mir um einen Fus (denn
der Vorschrift nach, soll ~~~~~~ um eine Elle
seyn, wozu aber unnöthigerweise cultivirtes
Land verlieren?) von der andern entfernt: mitten auf den höchsten Platz dieser erhabenen
Furchen, lasse ich den Ranges oder Runkelrüben, Kraut, Kohl und dergleichen Samen
säen, und die überflüßigen Pflänzchen, wenn
sie 4 Blätter haben, da, wo sie zu dichte stehen, herauszieben (welches, wenn sie auch
nicht weiters verpflanzt sondern weggeworfen
werden, ein ganz unbeträchtlicher Verlust ist)
um den übrigen desto mehr Freyheit und Raum
zu verschaffen, sich gehörig ausbreiten zu können. Wenn — hauptsächlich die Ranges-
wurzeln — eines kleinen Fingers stark, oder
noch etwas stärker sind, so werden sie behakt,
und zwar wird die Erde, so viel möglich von

der

der Wurzel ganz hinweggezogen, und nicht
— wie es allenthalben üblich! — angehäu-
felt. Indem nun also die Pflanzen auf dem
erhabenen Erdrüffen stehen, so zieht sich die
Feuchtigkeit in die Tiefe, und durch das Behakken werden gleichsam Queerfurchen gemacht,
und die erste tiefe Furche wieder angefüllt;
so daß hierdurch die nöthige Feuchtigkeit an
alle äusserste Wurzelenden gebracht, und von
dem Kerne ent---- hierdurch aber das Wachsthum unglaublich viel befördert und beschleu-
nigt, die Fäulung der Blätter und des Kerns
aber verhindert wird. Ich laß nach dieser
Methode die Ranges nur einmal behakken, es
sey dann, daß viel Unkraut vorhanden wäre,
oder die Rübe noch zu tief in die Erde stäke,
und dieselbe den um sie herum etwa fest gewordenen Boden nicht trennen könnte, in welchem Fall noch ein Behakken, noch eine Tren-
nung der Erde von derselben erfolgt, damit
die Ranges ungehindert in die Diffe wachsen
können. Erwähnter Pflug oder Cultivator ist
auch bey Bearbeitung des Feldes zu andern
Früchten mit großen Nußen zu gebrauchen —
besonders zu Anakkerung der Erdbirnen und
des gewöhnlichen Krautes, und es ist un-
glaub-

glaublich, wie viel Zeit und Lohn dadurch er‐
spart wird, und auf der andern Seite unbe‐
greiflich: daß die Franken noch immer so viel
Zeit und Kosten auf das unnöthige häufige
Behaken verwenden. Die Ranges, die ich
im vorigen Jahre, auf beynahe 20 Morgen
(die genau dieser Vorschrift nach behandelt
worden waren, stehen hatte) zeichneten sich
merklich vor jenen aus, die meine Nachbarn
im wohlgedüngten Felde gebaut, ohnerachtet
diese 20 Morgen nicht den mindesten Dung
bekommen hatten, und die darauf stehenden
Ranges nur ein einzigesmal behakt worden
waren.

Was das, in Franken allgemein übliche,
Abblatten der Pflanzen anlangt, so ist dieß
eine offenbar fehlerhafte, und ausgemacht
schädliche Gewohnheit, den die Blätter tra‐
gen bey allen Gewächsen — vermittelst ihrer
feinen Haarröhrchen, durch welche sie theils,
den feinen Nahrungssaft aus der Luft aufneh‐
men, theils den schon verarbeiteten und feh‐
lerhaften wieder ausdünsten, das ihrige zum
gedeihlichen und vollkommenen Wachsthum

N 5   der

der Frucht bey, welcher Beytrag aber durch das Abblatten offenbar gehindert wird; und wenn dieses auch nicht wäre, so ist doch ge= wiß: daß durch das Wiederaustreiben des Blattes viele Kräfte verschwendet werden, wel= che sonst der Frucht selbst, zu ihrer größeren Vollkommenheit zu gute gekommen seyn würde. Die meisten Leute in hiesiger Gegend, stehen in dem eitlen Wahn: als wenn das Abblatten das Nachwachsen neuer Blätter verhindere. Dieß zeigt aber wahrlich! eine gröbliche Un= wissenheit, und gänzlich vernachläßigte Auf= merksamkeit an, denn auch nur die mindeste Erfahrung, wird den wenigst aufmerksamen Beobachter hinlänglich davon überzeugen: daß der dem Hauptgewächs solcher Weise entzogene Nahrungssaft, kleinere Wurzeln, kleinere Häupter bewirkt. Was nun noch überdieß die Benutzung dieser Kohl, Kraut und Rangesblätter anlangt, so lehrt uns die Er= fahrung, daß sie gemeiniglich im Sommer, mit Mehlthau, Rauppen, und andern Un= reinigkeiten beladen, und die Beyspiele sind nicht selten, daß die Kühe durch gleiche un= reine Mahlzeiten, das Blutharnen erhalten, wo nicht gar daran krepiren. S. Hannöver.

Magaz.

Magaz. 1770. S. 1646. Schäfers Nachricht von einer Raupe (Phalaena dispar) so vielen Schaden gethan, nebst Vorschlägen, wie solche zu veringern. Regensburg 1752. 4. de re rustica II. S. 368. Lüders Gartenbriefe S. 277. Reichardts Land und Gartenschatz I. S. 64. III. S. 93. VI. S. 249. Hausvater V. S. 880. Hamburgisches Magazin XIII. S. 145. XIV. S. 138.

Ich laß auf hiesigem Guthe, die Blätter zum größten Theil auf der Stelle verfaulen, und finde, in aller Rüksicht meine Rechnung dabey. Mit dem Untergang, oder vielmehr mit der Verwesung (Verwandlung, Umformung) irgend einer Sache, ist jedesmal — ohne alle Ausnahme! — die Entstehung oder Vervollkommung, einer andern Sache verknüpft. Das Verfaulen der Blätter, kann also gar wohl, zur Veredlung und Vervollkommung des Hauptgewächses beytragen, wo nicht gar dazu erforderlich seyn. Der Grundsatz: daß die Natur nichts überflüßiges hervor bringt, macht diesen Gedanken in mir rege *). —

Der

*) Man kannn immer mit Grund der Wahrheit annehmen, daß — wenn das Kraut geräth —

ein

Der Herr Abbe Commerell hat eine Ab=
handlung über die sogenannte: **Mangel=**
wur=

ein Morgen Kraut um die Hälfte höher, als ein.
Morgen eben so gut gerathenen Getreydes
benuzt wird. Schlechte Bestellungen, gewäh=
ren freylich auch nur geringe Erndten. Auf
solche Leute muß man daher, in Rüksicht dieser
Behauptung. — sein Augenmerk nicht richten;
die sich nicht um guten Samen oder Pflanzen
bekümmern, die nicht genugsam düngen, ihre
Felder so bearbeiten daß es eine Schande ist,
die die Pflazen mehr in die Akkerbeete pfropfen
als setzen, und sie bey trokenem Wetter weder
angiessen, noch vom Unkraut reinigen. — Das
Kraut zumal, welches im Brachfeld gebaut
wird, ist als eine blose Vornutzung von dem
Akker, und nicht als eine in der Reihe folgende
Erndtenutzung zu betrachten. Der Akker wird
durch die gute Düngung und Bearbeitung
zur Wintersaat aufs beste zubereitet, worauf
alsdann noch mehr Nutzen erfolgt, indem auf
dem Krautland sowohl das schönste Getreyd
als auch Flachs, und zwar besser wie auf an=
dern Feldern erbau't werden kann. Dann
ist durch die Bestellung des Krautlands
im Herbst schon ein Stük Land fertig, und
braucht daher nicht so viel Zurichtens, als
mit einem andern zur Wintersat bestimmten
Feld

wurzel herausgegeben, die allgemeines Auf-
sehen erregt hat. Es wurde damals so viel
Lermens, so viel Wesens daraus gemacht,
daß man fast die allgemeine Behauptung blind-
lings annahm: als wäre sie dem Ranges bey
weitem vorzuziehen, und dieser der sogenannten Mangel-Wurzel, gar nicht an die Seite
zu setzen. Dieß und ein kleiner Aufsatz, über
eben diese Mangelwurzel (Scarcity Plant.)
welchen ich im vergangenen Jahr in der
St.

Felde. — Die sogenannten Kohlrüben, wer-
ben zugleich mit dem Kraut, entweder unter
daßelbe, oder daneben auf besondere Beeten
gepflanzt; sie werden aber nicht, wie das
Kraut, behakt, sondern nur vom Unkraut gereinigt; auch werden sie nicht so tief, wie
Kraut gepflanzt, weil sie, wenn das Herzblatt
mit Erde bedekt wird, leicht verderben. Näße
können sie noch weniger als das Kraut vertragen. Wenn sie zu naß stehen, so bekommen
sie Knoten an den Wurzeln, und wenn dieß
geschieht, so fangen sie auch an zu faulen.
Sie geben nicht nur eine gute und gesunde
Speise für die Menschen, besonders ein tref-
liches Zugemüse für's Gesinde im Winter,
sondern auch ein sehr gutes milcherzeugendes
Futter für das Melkvieh ab.

St. Jamel's Chronicle or Britiſh evening Poſt from
Saturday, January 3to tuesday January 6. 1789.
No. 4316. gefunden, machten den Vorſatz in
mir rege, die Sache ſelbſt practiſch zu unter-
ſuchen, um mich von dem Grund oder Un-
grund der Sache zu überzeugen. Ehe ich
den Erfolg davon anführe, will ich noch, zu
mehrerer Deutlichkeit und Auskunft, was in
jenen kleinen Aufſatz davon geſagt worden —
hier einſchalten. „Ich habe (der Brief iſt
von einem engliſchen Landwirth an einen andern gerichtet) bis jezt noch keine Seele aus-
findig machen können, welche die ſogenannte
Mangel-Wurzel (nicht etwa den Mangold)
nicht verkennte, oder ſie gehörig zu beſchrei-
ben müßte. Ich habe mich deshalb im vergangenen Frühjahr an die Herren Grimwood
und Compagnie gewendet, und mir Samen-
proben von allen Gattungen des Mangold und
der Mangelwurzel ſchikken laſſen. Ich habe
rothen, weiſſen, grünen Mangold und eine
vierte Gattung die ſie: Scarcity Plant.
nennen, erhalten, und von einem guten
Freund noch überdieß etwas weniges gleichen
Samen, der aus Brüſſel kam. Herren
Grimwoods Scarcity Plant. war nichts anders

bers als der bekannte rothe **Mangold** —
meinen Brüßler Samen aber erkannte ich für
die rechte **Mangel-Wurzel.** Ich säete ihn
früh im Monat Merz aus, und — um eine
Vermischung zu verhindern, Kraut dazwischen.
Das einzige Stük Feld, welches mir zu diesen Versuch übrig blieb, ist ein steinigter
Kiesgrund, und noch überdieß so steinigt,
daß ich nicht einmal Weißdorn, zum Aus-
bessern der Hekken darauf zu ziehen im Stande
war, und aus dieser Ursache hatte ich es einige Jahre zuvor umakkern, und mit dem
ewigen oder Schnekkenklee einsäen lassen.

Winters Anfang ließ ich jedesmal Holzasche mit kurzem wohlverfaultem Rindviehmist
darauf breiten, und im folgendem Frühjahr
mit gewöhnlichen Egen wieder wegziehen,
und von diesem Kleestük, nahm ich just so
viel herunter, als ich jeden Sommer hindurch,
zur Fütterung zweyer Pferde nöthig hatte.
Im Herbst 1785 ließ ich es umakkern (welches wegen der Kleewurzeln ungeheure Mühe
verursachte) im Frühjahr düngen und mit
Erdäpfeln bestellen. Ich habe die davon ge-
wonnene Erndte nicht abgemessen, sie war
aber

aber so stark, daß sie allgemeines Staunen erregte, und selbst meine Akkerleute in Verwunderung sezte. Im Merz 1787 ließ ich es abermals umreissen, und gelben Rüben oder Möhren Samen hineinsprengen, und davon ließ ich im November 6 Wägen voll ausgraben. Im Winter ließ ich Mistjauche (ein Paar Fässer voll) darauf sprengen, und 2 bis 3 Fuder mit Mist vermischter Erde darauf führen, wiederum akkern, und nun meinen Samen hineinsäen. Fast hätte mich dieß trokene Frühjahr verleitet, es wieder umzureissen, denn die frische Erde, hatte mir Unkraut in Menge herbeygezogen, und die Ameisen frasen mir noch überdieß die rothen Mangolds-Blätter, fast so geschwinde als sie nur herauswuchsen, ab; aber meine wenigen Pflanzen von der Mangol-Wurzel flößten mir wieder neuen Muth ein. Der weisse und rothe Mangold brachte keine esbare Wurzeln, sondern eine ungeheure Menge Blätter zum Vorschein, deren ich mich in meiner Haushaltung statt des Spinats bediente, und meine Akkersleute fanden ein wahres Labsal an diesen Blättern. Von der Mitte des Sommers bis im Herbst, wo ich mich wegen der Fütterung

mei-

meiner Küche in Verlegenheit befand, schnitt
ich die Spitzen der Häupter von der Erde
weg, und legte solche, zum grösten Frohlokken meiner Nachbarn den Kühen zur Nacht-
weide vor, denn sie berochen alle Blätter,
frasen aber diese Nacht nicht davon; die
zweyte Nacht fieng ich aber an zu frohlokken;
denn den folgenden Morgen war nicht ein einziges Blatt mehr zu finden, und die in der
Erde zurükgebliebenen Wurzeln, fiengen bald
an, die abgeschnittenen Häupter durch frischen
Nachwuchs zu ersetzen. Ich war zu stolz auf
die kleine Anzahl meiner Pflanzen von der
rechten Gattung, als daß ich mich dazu hätte
überwinden können, ihr Ansehen durch das
Abnehmen ihrer Blätter zu schänden, ob ich
gleich jezt gänzlich davon überzeugt bin, daß
es in mäsigem Grade, ihrem Wachsthum keinen Nachtheil würde gebracht haben. Die
aus dem rothen Samen gezogenen Häupter,
waren verhältnißmäßig sehr klein, einige davon ausgenommen, deren Kronen oder Häupter, dicht auf den Boden auflagen, welche
ich — unwissenderweise! für meine besten
Wurzeln hielt, und deshalb meine Schweine
im vollen Maase mit jenen fütterte, deren

O   Häup-

Häupter sich am meisten über den Boden er-
hoben; beym Herausnehmen fand ich aber bald
meinen Irrthum, denn sie hatten alle gespal-
tene Wurzeln; die größten von denen, deren
Häupter hoch in die Höhe gewachsen waren,
wogen über 3½ Pf. Es ist mir eine wahre
Genugthuung zu sehen: daß meine Kühe jezt
die Blätter aller dieser Gattungen gierig ver-
schlingen, und solche den Stokrüben (Tur-
nips) vorziehen. Man kann ihnen sogar die
härtesten dieser gespaltenen Wurzeln unge-
schnitten vorlegen. Die Pastinaten, welche
ich zu gleicher Zeit in die Zwischenräume dieses Stükes gesäet, sind sehr gering, da jede
der Mangel-Wurzeln mit ihren Häuptern,
theils 14, theils 8 Pf. und ohne Häupter,
theils 10½ Pf. theils 6 Pf. gewogen. Ich
bin überzeugt: daß ein Bauer auf einem so
kleinen Feldstük, und mit so wenigen Dünger,
auf keine Weise mehr zur Unterhaltung seiner
Kuh, und seines Schweines zu erzielen im
Stande ist."

Dieß war mir schon genug, ein Gleiches
zu versuchen! — Ich habe mich deshalb sogleich an Herren Fasel (berühmten Samen-
händ-

händler zu Frankfurth am Mayn) gewendet, und die Antwort von ihm erhalten: daß der verlangte Same zur **Mangel = Wurzel** (scarcity Plant) der nehmliche sey, denn er alljährlich in großer Menge, unter den Nahmen **Viehrüben** nach Frankreich sende.

Diese Viehrüben wären zur Mastung des Rindviehes, zur Vermehrung der Milch und Butter bey den Kühen, und auch zur Fütterung der Pferde überaus dienlich. Die Franzosen bedienten sich — bey Transportirung der Pferde, auf der See weder des Habers noch des Heues mehr, sondern blos dieser **Vieh** oder **Mangelrüben.** Im Sommer würden sie bis auf das Herz geblattet, und damit würde bis zu Eintritt des Frostes, wo die Rüben eingesammelt würden, fortgefahren. Im Betref des Samens sollte ich mich nicht daran kehren, daß er ganz dem bekannten Mangold, oder rheinischen Kohlsamen gleich sähe — es wäre gleichwohl der **Mangelwurzel-**Same. In der Hofnung nun, daß es wirklich dieser, und kein anderer Samen seyn sollte, habe ich die erhaltene Quan-

O 2   tität

rität (von mehreren Pfunden) an 6 verschiedenen Orten (wo jedoch der Boden überal gut
zugerichtet war) ausgesäet — aber nirgend etwas anders, als die gemeine Ranges, oder
Burgunderrüben (nur etwas größer als man
sie gewöhnlich hier zu Lande baut) nehmlich
Beta altiſſima erhalten; floribus ternis vel quaternis,
foliolis calycis inermibus; carinatis; caule craſſiſſimo
faſciato; radice maxima rubro et albo intus variegata;
foliis maximis rubentibus.

Eine aufferordentlich hohe Art. Ihre
Wurzeln haben ein weiſſes Fleiſch mit rothen
Kreiſen, doch ſcheint die Röthe zu verſchwin-
den. Sie werden leicht ſo groß, daß ſie 8
bis 10 Pf. wiegen. Wurzeln und Blätter
dienen zur Fütterung, leztere — beym gemeinen Mann — auch zum Gemüs, wie Spinat
S. Hausvater I. S. 307. Reicharbs vermiſchte
Schriften S. I. Oekonom. Nachrichten XIII. S.
481.

Die Erdäpfel werden entweder in
das vorjährige Krautfeld (worin ſie, wenn
es ein guter Akker geweſen, ziemlich gut gerathen) oder in einen Neuriß (Neubruch,
was erſt urbar gemacht, und zum erſten-
mal

mal bebaut worden) oder in ein anderes gu,
gutes und vorzüglich lokkeres, auch gut ge,
düngtes Stük Land gelegt. Manche suchen
auch ein gutes Stük trofnes Brachfeld hierzu
aus; dieses lassen sie schon im Sommer ein,
mal, und dann nochmals im Herbst akkern,
woburch der Akker sehr milde und lokker ge,
macht wird, und alsdann im Winter, wo
das Zugvieh eben nicht allzuviel zu thun hat,
ehe noch die nöthige Frühjahrsarbeit angeht,
denn Dung darauf fahren. (Auf diese Weise
bleibt ein Stük Feld weniger Brache liegen,
und je mehr Feld man genugsam düngen
und bestellen kann, desto mehr Nutzen bringt
es! Diejenigen die ihre Erdäpfel in der Brache
bauen, haben vor andern den Vortheil: daß
sie von einem gleichen Stük Feld, im Voraus
eine sehr beträchtliche Nutzung ziehen; daß
sie dann den Akker zur ferneren Bestellung mit
Getreyde recht gut und lokker gemacht haben,
woburch ihnen wieder ein beträchtlicher Vor,
theil durch gutes Getreyde erwächst — und
daß sie endlich auf dem Herbst noch ein Stük
Arbeit weniger haben.) Wenn nun die Erd,
äpfel, Stükke der Art gehörig behandelt wor,
den, so werden sie alsdann im May oder an,

anfangs

anfangs Juni folgends zum Erdäpfel legen hergerichtet, nehmlich nochmals geakkert, oder herumgehauen, gestupft, die Erdäpfel in gehöriger Entfernung von einander in diese Stufen gelegt, und mit der ausgeworfenen Erde wieder zugedekt. Weil das Unkraut den Erdäpfeln viel Schaden verursacht, so werden sie — um sie davon zu reinigen, so bald etwas feuchte Witterung einfällt, gehakt, oder vielmehr die Erde und zwar dergestalt an den Stok herangezogen: daß nicht zu nahe an die Wurzeln gehakt, und selbige dadurch beschädigt wird.

Der hauptsächlichste Fehler aber, der meist allenthalben bey'm Kartoffelbau vorgeht (der in Franken überaus beträchtlich ist) ist der: daß man sie ihres Kräuterreichs, welches man erst nach Michaelis, kurz vorher ehe man sie selbst aus dem Boden nimmt, abschneiden sollte, zu frühe beraubt. Die bey vielen Pflanzen, auch so gar bey vielen Insekten sich äussernde Reproductionskraft, kommt in diesem Fall auch bey den Erdäpfeln mit in's Spiel. Wenn man — so wie es meist allenthalben gewöhnlich ist! — das Kräuterich

rich 6 bis 8 Wochen vor Michaelis abschneidet, so wendet der zur weiteren Ausbildung
und Vergröserung der eigentlichen Frucht bestimmte Nahrungssaft, sein ganzes Vermögen zur Wiederersetzung der ihm geraubten
Krone an, und zieht der Art, gleichsam mit
einmmal die Hand von der weitern Ausbildung des uns so schäzbaren Gewächses ab.
Die Erdäpfel, die man nach Michaelis samt
ihrem Kräuterreich ausgemacht, sind jedesmal grösser und ansehnlicher als jene gewesen,
deren Kräuterich lang vor Michaelis abgeschnitten worden ist. Nicht etwa als wären
dieß verschiedene Gattungen gewesen, Nein!
jeder auf dem kleinsten Stük Feld, welches
man in zwey Theile theilt, von dem einen das
Kräuterich abschneidet, von dem andern aber
stehen läßt -- damit angestellter Versuch wird bewiesen: daß alle — ihres Kräuterich's nicht be-
raubten Erdäpfel, bey weitem grösser und ansehnlicher als solche werden, die ihres Kräuterichs zu
früh' beraubt worden sind. Ueberdieß ist ja auch
dieses Kräuterich als Futter betrachtet, von
keinem Gehalt; und das Verfahren, des zu
früh' zeitigen Abschneitens mithin doppelt uns
verzeihlig; da man der Art — eines ganz un-

bedeu-

bedeutenden Vortheils wegen, einem bey weitem größern und beträchtlichen Nutzen aufopfert. Wenn auch — wie es wirklich der Fall ist — das Kräuterich durch längeres Stehenbleiben — immer unbrauchbarer zur Fütterung wird, so muß man doch bey alle dem das kleinere Uebel dem größerem vorziehen, da der Verlust, den ich durch dieses fehlerhafte Verfahren an den Erdäpfeln selbst erleide, jenen Verlust überwiegt, der mir durch die Unbrauchbarkeit des Kräuterichs zuwächst. — —

Was das Ausarten der Erdäpfel anlangt, über welches sich meist, jeder fränkische Bauer, ohne Ausnahme, so recht angelegentlichst beschwert — so muß man auch in diesem Betref — Rüksicht darauf nehmen: daß wir jezt nicht nur weit mehr Arten Küchengewächs haben, als man vor einem Jahrhunderte hatte, sondern auch daß die Abarten mannigfältiger worden sind.

Zur genauen Bestimmung der lezten, fehlen noch Beobachtungen und Untersuchungen. Herr J. J. Spielmann hat einen Versuch)

such gemacht, der, weil er noch der einzige
ist, angeführt zu werden verdient. Olerum ar-
gentoratensium fasciculus. Argentorati 1769. und
fasciculus alter 1770. Wer es nicht der Bota-
nik glauben will, daß die meisten (zum Theil
wunderlichen) Benennungen, nur Verschie-
denheiten einerley Art bezeichnen, der kann
sich davon durch die Beobachtungen des Herrn
Reichardts in Land und Gartenschatz St. I. S. 32.
überzeugen, und alsdann wird er sich nicht
wundern, daß die Samen-Erdäpfel u. dergl.
leicht ausarten. —

Bey alle dem, bleiben dem thätigen und
fleißigen Landwirthe, noch Mittel und Wege
genug übrig: diesem Schaden vorbeugen zu
können. In dem 25sten Stük des hannöverschen Magazins von 1787. ist ein Versuch: die Kartoffeln aus ihren Samen zu ziehen und sie dadurch hoffentlich zu ihrer ur-
sprünglichen Güte zurük zu bringen, von dem
Herren Hausvoigt Werner zu Haja, bekannt
gemacht. Bey dem ersten Versuch, sind auf
einem kleinen Pflanzenbeete, von 30 Fus lang
und 3 Fus breit, aus dem Samen so viele
neue Kartoffeln gewonnen worden, daß damit

O 5   im

im folgenden Frühling 16 Quabratruthen
Gartenland, d. i. ein Stük von 64 Fus lang
und eben so breit, regelmäsig bepflanzt wer,
den konnte, und ungleich mehrere und beſſere
Kartoffeln davon geerndtet wurden, als von
andern. Die Behandlungsart der Aussaat
ist umständlich beschrieben, und der Aufſaß
zeigt einen aufmerkſamen und erfahrnen Land,
wirth an. Er bemerkt zugleich, daß man in
ſeiner Gegend, vornehmlich die zuerſt, wäh,
rend des lezten brabandiſchen Krieges, durch
die hannöverschen Truppen 1747 eingeführte
rothbraune bartige Kartoffel vermiſſe, die
für Menſchen und Vieh vortreflich war. Nach,
her ward eine rothe, glatte, eine weiſſe früh'
reife, und die gelbe kleine Zukkerkartoffel
aus Holland eingeführt.

Die holländische Zukkerkartoffel auch
gelbe Eyerkartoffel genannt, unterſcheidet ſich
im Blühen, durch eine ſchöne hellblaue Bluhme.
Jede Art verliert, in gewiſſen Jahren, den
guten Geſchmak und die mehligte Subſtanz.
Man hat zwar, durch das Verſchikken derſel,
ben aus einer Landesgegend in die andere, we,
gen Verſchiedenheit des Erdreichs, eine Ver,
beſ,

beſſerung wahrgenommen; aber ſie war nur
von kurzer Dauer. Der Verfaſſer führt noch
viel Wahres zur Empfehlung der Kartoffeln
an, die man, bey einem häufigen Genuß,
als eine ungeſunde Frucht, hat verſchreien
wollen, und macht Hofnung, daß er, vermittelſt einer höheren Unterſtützung (worauf
hier zu Lande nicht zu zählen iſt!) in wenig
Jahren, und mit wenig Koſten, eine ganze
Gegend mit Kartoffelſamen der allerbeſten Art
zu verſehen, im Stande ſeyn würde. (Was
ſich in Niederſachſen thun läßt, läßt ſich auch
in Franken thun!) Auf dieſen angezeigten
Verſuch des Herren Werner, die Kartoffeln
aus den Samen zu veredlen, hat darauf ein
anderer Kenner im 25ſten Stük des hannöverſchen Magazins von eben dem Jahre angezeigt, daß man ſchon ſeit ein paar Jahren,
in mehreren Gegenden im Hannöverſchen, vornehmlich aber in dem ökonomiſchen Garten
zu Zelle, Kartoffelſamen gezogen, davon
reichlich an die Landleute verſchenkt und bey
100 und mehreren Himten verkauft habe.
Man ſäet daſelbſt den Kartoffelſamen, ſo
früh’ als möglich, auf Miſtbeete, oder auch
nur an eine Schuzwand von Blanken, um
ſie

sie vor einem noch spät einfallenden Frost zu
verwahren. Sobald die Pflanzen stämmigt
genug, und etwas über Fingers lang heran-
gewachsen sind, werden sie Fusbreit, oder
wenn man will, noch weiter in's Gevierte von
einander verpflanzt, und dann gedeihen sie,
ohne alle Kunst.

In dem Churpfalz-Bayerischen Intelligenzblatt, ward vor einiger Zeit, eine besondere Vermehrungsart der Kartoffeln angezeigt.
Man breitet nehmlich im Julius sämmtliche
Krautstengel auseinander, und zieht mit der
Hakke die umliegende Erde dergestalt heran,
daß die Stengel, über und unter sich einen
Zoll lokkere Erde erhalten; in welchen Umständen sie nicht allein Früchte ansetzen, sondern auch mehr und bessere Früchte bekommen
sollen, als die Mutter oder Hauptstaude.

Man pflegt fast allgemein in ganz Franken — und dieß zwar aus Erspahrniß! — die
Erdäpfel stükweis entzwey zu schneiden (in
zwey oder mehrere Theile) und sie der Art
nicht ganz, sondern nur stükweis auszulegen.

Ein

Ein Liebhaber des Akkerbaues, hat, vor
einiger Zeit, einen damit angestellten Versuch bekannt gemacht, den hier mit Still-
schweigen zu übergehen, ich mich schlechterdings nicht überwinden kann. Er hatte einen
Erdapfel ohne ihn entzwey zu schneiden, mithin ganz, und einen andern, in einiger Entfernung von dem ersten, den er aber in mehrere Stükken zerschnitten hatte, nach der gewöhnlichen Verfahrungsart ausgelegt. Der
erste, der unzerschnitten ausgelegt worden,
hat 217. von welchen 50 sehr groß, und die
übrigen von einer mittelmäßigen Größe waren
— hervorgebracht. Der andere, der in mehrere Stükken getheilt worden, hat deren nur
120 hervorgebracht, die bey weiten kleiner
als jene waren. Ich habe im vorigen Jahr,
und schon vor zwey Jahren, auf verschiedenen
Feldstükken, und zwar im Großen (da ich
doch alljährlich mehrere Malter auslege) ein
Gleiches gethan, nehmlich die Hälfte dieser
Quantität jedesmal in Stükken getheilt, die
andere Hälfte aber ganz auslegen lassen —
der Erfolg von Seiten lezterer (die nehmlich
ganz ausgelegt worden) war jedesmal, eine
ungewöhnliche schöne und ergiebige Erndte
(so

(ſowohl in Rükſicht der Menge als Güte und
Gröſe) der Erfolg von Seiten jener aber,
die in zwey gleiche Theile getheilt, und der
Art ausgelegt worden, war immer eine minder ergiebige, minder ſchöne Erndte. Sollte
dieß nun, nicht jeden denkenden Landwirth,
der ernſtlichen Antheil, an ſeinem und ſeiner
Nebenmenſchen Wohl nimmt, dazu anſpornen:
dieſen Verſuch (zumal da er weder Zeit noch
Koſtenaufwand erfordert!) alljährlich zu wiederholen, um am Ende, nach genauer Prü-
fung, die ſtrittige Frage: ob man ſie ſo oder
ſo auslegen ſoll? — mit Gewißheit entſchei-
den zu können! — So wie — nach dem gemeinen Sprüchwort! — eine Schwalbe noch
keinen Sommer ausmacht, ſo macht auch ein
einziger Fall, noch keinen Erfahrungsſaß
aus. Gleiche Dinge müſſen an mehreren Orten verſucht, dieſe Verſuche unermüdet wiederholt, und jeder einzelne Verſuch, auf eine
übereinſtimmende Weiſe mit dem vorhergehenden Verſuch angeſtellt werden, — wenn
man ſie anders als anwendbar empfehlen,
und die Richtigkeit des Saßes, mit Gewißheit behaupten will.

Der

Der Zwiebelbau, wird in Franken am stärksten, in dem eine Stunde von der Reichs-stadt Schwienfurth, jenseits des Mayns ge-legenen Dorf Gachsheim getrieben. Es ist die gemeine, große, runde, äusserlich gelbe, dabey süße, und wohlschmekkende, nicht allzu-scharfe Zwiebel (Cepa vulgaris candida off.) so allda gebau't wird. Wenn sie zeitig, so ist die größte davon meist so groß als eine Pfennigsemmel und schön rund.

Sie wird erstlich aus Samen gezogen, und hernach im folgenden Frühling, unter den Namen der Stopfzwiebel wieder gepflanzt. Diese Bauart ist aber zweyerley. Zu Gachs-heim ist fast durchgängig ein schwarzer, lok-kerer, sandigter, überaus fruchtbarer Boden. Diejenigen Aekker, auf welche der Zwiebel-same gesäet wird, um davon Stopfzwiebeln zu erhalten, werden nicht anders als das üb-rige zum Sommerbau bestimmte Feld zube-reitet. Von diesem nun werden gute Aekker erwählt, und nach gehöriger Düngung ge-pflügt, hernach mit einem eisernen Rechen gleich gerechnet, darauf wird der, insgemein ein paar Stunden vorher in Wasser eingeweichte,

sodann mit gerädeter Holzasche vermengte
Zwiebelsaame dik gesäet, und mit dem Rechen
untergerechnet; wenn dann die Oberfläche des
besäeten Akkers schön gleich gezogen, alsdann
wird selbige gedemmelt, das ist, mit breiten
Mannsschuhen, oder mit vierekkigten, an die
Fussohlen beveftigten Bretchen in etwas derb
getreten. Das Vermischen des Samens mit
Asche, geschieht deswegen, weil er sich so besser säen läßt.

(Sowohl der Zwiebelsame, als auch
der frisch umgearbeitete Erdboden, sehen
schwarz aus, mithin würde man, wenn solcher blos ohne Asche eingestreu't würde, nicht
recht gewahr werden können, ob er dik oder
dünne gesäet worden wäre? — Ueberdieß;
trägt auch das in der Holzasche befindliche
laugenhafte Salz, vieles mit zum besseren
Aufgehen und Wachsen bey, sonst brauchte
man ihn ja nur mit Sand zu vermischen!) dieser
Zwiebelsame, wird früher als alle andere
Samen ausgesäet, denn er kann die Kälte
ziemlich wohl vertragen. Die damit besäeten
Aekker liegen zwischen und neben dem übrigen
Sommerbau, daher man Gerste, Haber, Erb-

sen

sen und Zwiebeln neben einander wachsend
im Felde antrift. Die aus Samen gezogenen Zwiebeln, werden um Bartholomäi herum zeitig, und aus den Aeckern herausge-
than, nach Hause gebracht, und auf den Boden geschüttet, daselbst auseinander gebreitet,
alsdann im Herbst ausgesucht, und was anstößig, weggeworfen; die größten hiervon,
an welchen das dürre Laub gelassen, die Bärte
oder Wurzeln aber abgeschnitten werden, bindet man in Büschel mit Stroh' zusammen, und
nennt sie **Reisteln**, und diese dienen nun,
so wie die ganz großen, zum Gebrauch und
Verkauf. Sie werden auch mit den großen
Zwiebeln zur Winterszeit auf Haufen geschüttet, und für den Frost verwahrt; einige
hängen die Reisteln auch in Keller, oder andere Zimmer, wo sie nicht so leicht gefrieren
können, und verkaufen sie so nach und nach.
Von den kleineren, schneidet man im Herbst
die Bärte und dürres Laub ab, bringt sie in
die warme Stube, läßt solche den ganzen
Winter über, bis zur Verpflanzzeit auf Hürden von Weiden geflochten, auf und neben
den Ofen recht dürre werden, so, daß sie alsdann sehr schlecht, und unscheinbar, ja so an-

zuſehen und anzufühlen ſind, als wenn ſie nichts
mehr nüze wären. Einige bringen die Stopfzwiebeln, wenn ſie davon die dürren Schlutten
und die Bärte abgeſchnitten haben, gleich
vom Feld in die Stuben, ohne ſie erſt auf den
Boden zu legen, und geben vor, daß, wenn
ſie erſt eine Zeitlang auf dem Boden 3 legen,
im folgendem Jahr keine gute Zwiebeln daraus
würden, ſondern nur Pölſt und Storren.
Auf den Hürden wachſen einige Stopfzwiebeln
in der Stube aus; dieſe werden bey'm Verpflanzen im Frühjahr, ſo wie auch diejenigen,
ſo den Herbſt vorher nicht recht zeitig worden
ſind, **Köffer** genenut; ſie werden zwar auch
mit den guten Stopfzwiebeln auf das Feld
gelegt, weil ſie aber im Grunde, keine Zwiebeln, ſondern nur Storren, die Pölſt heiſſen,
tragen, und bald in Samen ſchieſſen, der
aber zum Ausſäen untüchtig iſt, ſo raufen ſie
ſelbige bald wieder aus, und verkaufen ſie
ſamt den grünen Schlutten, im Frühjahr
und Sommer unter den Sallat, und Sup-
penkraut. Die Reiſteln, ſind alſo die größten
Zwiebeln, die im erſten Sommer aus den
Samen gezogen werden, ſie ſind aber doch
merklich kleiner als die, ſo von den Stopf-
zwie-

zwiebeln kommen, aber auch zärter und süſer von
Geſchmak als jene; die größte iſt wie eine
welſche Nuß, etwas drüber, auch darunter.
Einige ſondern die aus den Samen gezogenen
Zwiebeln, in viererley Gattungen, andere
aber nur in dreyerley; einer macht's eben
ſo, der andere anders; doch iſt dieß bey allen
überein, daß die größten davon zu Reiſteln
ansgeſucht werden. Die etwas kleinere Art,
ſind die größten Stopfzwiebeln, die auch bey'm
Verpflanzen weiter auseinander gelegt werden,
als die nachfolgende oder mittlere Gattung,
weil ſie ſich bisweilen in dem Boden, in ihrer
Zahl um 2, 3, 4, oder 5. vermehren. Die
noch kleinere Art iſt die Mittelgattung und
gemeineſte, und die allerkleinſten werden nur
zu Schlutten oder Pölſt verkauft, und in den
Gärten um die Salatbeete gelegt, auch daher entweder gar nicht gedürrt, ſondern nur
auf den Boden in Haufen für den Froſt verwahrt, oder in einen Sak, ſchlechtweg in
den Stuben unter den Ofen ein wenig
gedörrt.

Das Feld, auf welches die Stopfzwiebeln gepflanzt werden, iſt das beſte, und
wird wenigſtens alle 3 Jahre ſtark mit Küh-

P 2 miſt

mist gedüngt, hernach im Frühjahr, im Merz
und April, Ellen tief umgegraben, und mit
großen, breiten Hauen gehakt, und alsdann
mit einem eisernen Rechen eben gezogen; ein
solcher zum Zwiebelbau bestimmter Akker,
heißt ein **Röder;** hierauf werden nun allerhand Samen gesäet, als von Sallat, Peter-
sillien, gelbe und rothe Rüben, Kohlraben ꝛc.
um frühzeitiges Gemüs zu Markt bringen zu
können. (Jenes sind nicht etwa unter Kohlraben, sondern solche die über sich wachsen.)
Hernach werden die im vorigen Jahr gezogene
und wohlgedörrte Stopfzwiebeln und Köffer
gepflanzt.

Sollte aber der selbst gezogene Vorrath
von Stopfzwiebeln nicht hinreichend seyn, alle
Röder zu bestellen, so sich zwar kaum alle 10
oder 12 Jahr einmal zuträgt, so kaufen die
Gochsheimer solche in Bamberg, weil aber
die daher kommende Art röther, länglich,
herber und schärfer, als die Gochsheimer ist,
so bauen sie solche hernach nicht weiter fort,
sondern bedienen sich des folgenden Jahrs
wieder ihrer eigenen Art. Sie erwählen meistentheils, wenn es sich füglich schikt, zum
Stopfen die Zeit des abnehmenden Monds und

hal-

halten dafür, daß die im zunehmenden Mond
gelegte, meist Pölste würden; doch läßt sich dieses wegen der großen Menge der zu bestellenden
Röder, auch nicht von einem jeden beobachten.
(Daß das Ab- oder Zunehmen des Mondes,
sagt der Verfasser jener Abhandlung des Gochsheimer Zwiebelbaues, zum auf oder unter sich
wachsen der Gewächse eine besondere Kraft
beytragen sollte, und worin dieselbe eigentlich
bestehe, ist wohl noch nicht ausgemacht, ob schon
alle Gärtner sehr viel darauf halten, und es auch,
so viel thunlich, bey ihrem Säen und Pflanzen
beobachten, daß sie das, was Wurzeln oder
Zwiebeln tragen soll, im abnehmenden Mond,
und was über sich in Kraut, Blumen und
Früchte wachsen soll, im zunehmenden säen
und pflanzen. Sie bauen auf ihre Erfahrung,
ob sie schon den eigentlichen Grund davon,
nicht anzugeben wissen. Giebt es doch in der
Arzeneywissenschaft, eben dergleichen Bemerkungen. Warum wächst die Geschwulst eines
Wassersüchtigen im zunehmenden Mond stärker, als im abnehmenden? — Ist vielleicht
in der kleinen Welt, auch Ebbe und Fluth,
wie in der großen? — und warum lassen sich
die Würmer besser im abnehmenden Mond

aus

aus dem Körper jagen, als im zunehmenden?
— S. Krazensteins Abhandlung vom dem Einfluß des Mondes in die Witterungen und in den
menschlichen Körper. Halle 1747. Erlang gel. Anzeigen 1750 N. XXII. f. 169. — Ein deutlicher
Beweis: daß man noch der Mühe nicht überhoben ist, diejenigen zu widerlegen, welche
aus dem Mondwechsel, und dem lächerlichen
Kalenderzeichen, die gerechte Zeit zu säen
und zu pflanzen, bestimmen wollen. Weit
sicherer und vernünftiger, als der Gebrauch
des astronomischen Kalenders, ist immer der
Gebrauch des Natur oder botanischen Kalenders, welcher doch eine große Menge natürlicher Erscheinungen, die jährlich in einerley
vom Schöpfer selbst bestimmten unwandelba-
ren Ordnung erfolgen, nach vieljährigen
Beobachtungen anzeigt.)

Das Pflanzen oder Stopfen der Zwiebeln geschieht, wenn die Röder gehörig zubereitet worden, auf folgende Weise: Es nimmt
z. B. eine Weibsperson ihre Schürze voll
wohlgedörrter Stopfzwiebeln, und streu't
solche wie einen Samen auf dem Röder aus,
hernach nimmt sie wieder eine Schürze voll,
fängt

fång von vornen an, nachdem sie niedergekniet,
und stopft mit beyden Händen die ausgestreueten Stopfzwiebeln etwa 2 Zoll tief in die Erde,
daß sie nur ein wenig von derselben bedekt sind,
doch so, daß die größte Gattung drey gute
Spannen, die mittlere aber nur zwey von einander zu liegen kommen, wo nun eine fehlt,
stopft sie von denen bey sich in der Schürze
habenden dazwischen, und rutscht also auf ihren Knieen fort, bis der ganze Röder voll-
gestopf ist. Eine jede Gattung aber wird besonders, und nicht alle untereinander gelegt.
Um die Röder herum werden Bohnen, Zukker-
erbsen, Wirsing, Kohlraben, Erdäpfel, Fö-
nukräf, Koriander, Anis 2c. gelegt. Begossen werden die Zwiebeln weiter nicht als vom
Regen.

Es müssen aber die Röder auch fleißig
vom Unkraut gereinigt, mithin wenigstens 4
bis 5 mal den Sommer über ausgejätet werden. Zum erstenmal, wenn man das Zwiebel-
laub kaum aus dem Boden hervorstechen sieht,
kann die Person, um diese Arbeit mit Bequem-
lichkeit zu verrichten, noch auf den Knien auf
dem Röder fortkriechen; wenn sie aber schon

etwas

etwas grösser, alsdann muß sie vorsichtig
zwischen die Zwiebeln treten, und so sich bük.
kend das Unkraut ausraufen, und folglich
das Zerknikken der Schlutten so viel möglich
verhüten, welches freylich mühsamer hergeht,
als zum erstenmal; bey herannahender Zeiti.
gung aber, hat man nicht mehr so genau hier.
auf acht, weil es alsdann der Zwiebel nichts
mehr schadet, wenn gleich die Schlutten zer.
knikt werden.

Das Kraut, oder die Schlutte der
Zwiebel, wächst bey einer Elle hoch, drunter
und darüber, nachdem das Feld fett ist, und
guten oder schlechten Trieb hat.

Wenn sie nun zeitig sind, welches um
Jakobi herum ist, so werden sie aus der Er=
den gethan, und nach Haus gebracht, auf
den Boden geschüttet, und auseinander ge.
breitet, oder es stekken einige kleine von Holz
geschnizte Pfähle zwischen den Dachziegeln,
an welche Büsche, von 20, 30 und mehre.
ren zusammen gebundenen Zwiebeln, welche
sie Sangen nennen, gehängt werden, damit
sie desto besser austroknen sollen. Sie blei.

ben bis in den Herbst so hängen, dann werden sie ausgesucht, und was anstößig ist,
weggeworfen: ein gleiches geschieht auch mit
denen, die aus den Samen gezogen werden,
die übrigen schütten sie auf einen oder mehrere
Haufen, thun die Reisteln mit dazu, und bedeffen sie mit Stroh oder Betten, um das
Erfrieren zu verhüten. Sollte es aber, aller
Vorsicht ohnerachtet, geschehen, so lassen sie
solche auf Haufen zusammen liegend, ben ge-
linden Wetter langsam wieder aufthauen, so
schadet der Frost nicht so gar viel, sondern sie
sind endlich zum Genuß und Verkauf noch
brauchbar; bringt man aber gefrohrne Zwiebeln in die warme Stube zum Aufthauen, so
werden sie auf der Stelle weich und faul, und
sind alsdann nichts mehr nütze.

Diese Zwiebeln nun werden weit und
breit von den Gochsheimern im Frankenland
verkauft und vertrieben, besonders nach Würzburg, Schweinfurth, und allen benachbarten
Städten und Dörfern, auch im Anspachischen
und Schwarzenbergischen. Sie pflegen sie in
Büschel mit Stroh oder Bast zusammen zu
binden, (die Bärte oder Wurzeln werden ab-

ge-

geschnitten) und solche nach ihrer Zahl, dreyerlich, fünferlich, neunerlich und so fort genannt, und nach Gelegenheit wohlfeil und theuer verkauft. Im Herbst, wann 3 Büschel, deren jeder 3 Zwiebeln hält, zusammengebunden, und so neunerlich daraus gemacht worden, wird ein solcher für 2 leichte Kreuzer, im Frühjahr aber für einen Schillinger, bis 3 leichte Kreuzer, verkauft; mit den Reisteln wird eben so verfahren. Es werden auch die großen und kleinen Zwiebeln Mezenweis verkauft, und samt den dürren Schlutten für 4 bis 5 Bazen, und die Stopfzwiebeln der Dreyling, das ist der 16te Theil einer Meze, für 4 Kreuzer. Man kann sich leicht einbilden: daß eine unsägliche Menge Zwiebeln in der Gochsheimer Markung müsse gebau't werden, weil diese dem Dorfe jährlich 10 bis 12000 Gulden einzutragen vermögend sind. S. fränkische Sammlungen III. B. S. 147.

Der Zwiebelsame wird auf folgende Art gezogen, und eingesammlet: Man liest im Frühjahr die schönsten und größten Zwiebeln aus; ein jeder, nachdem er viel Land zu

besäen

beſäen hat, oder doch viel Samen zum Ver=
kauf haben will, eine, 2, oder mehrere But=
ten voll, erwählt dazu im Feld einen Ort, der
den ganzen Tag die Sonne hat, macht Löcher,
eins von dem andern 2 Spannen, und legt
4 Zwiebeln in jedes. Wenn ſie nun hoch auf=
gewachſen, ſo werden die Schlutten an einen
Weinpfahl locker angebunden, damit ſolche
der Wind nicht zerknicke. Nachdem ſie hier=
auf abgeblüht, wird der in Kolben oder Häup=
tern (die ſie Doſten nennen) enthaltene eckigte
etwas größer als Hirſchen ſeyende Same
ſchwarz und iſt alsdann zeitig (dieß erreicht
ſich meiſt im Monat Auguſt und September)
und dann wird er bey trofnen Wetter einge=
ſammlet: die dürren Doſten werden nehmlich
abgeſchnitten, zwiſchen den Händen ausgerie=
ben, und die Spreu in einer Mulſer davon
geſchwungen. Das Pfund dieſes Samens
koſtet einen Reichsthaler bis zwanzig gute
Batzen.

Sehr viele dieſer Zwiebeln, werden
auch in Gochsheim ſelbſt gegeſſen, bald als
ein Gemüs, bald auf allerhand andere Weiſe;
man kann aber darum nicht ſagen: daß man
bey

bey den Gochßheimern eine befondere Krank,
heit bemerkte, deren Urfprung man dem häu=
figen Genuß derfelben zuzufchreiben hätte.
Diefe Zwiebeln find übrigens von weiterem
ftarkem Gebrauch in der Arzeney, Wundar=
zeney und Haushaltung ꝛc. ꝛc.

Man hat felten, und in Franken noch
feltner Urfache, Fehler des Landbauers der
Befchaffenheit des Bodens Schuld zu geben,
und felten findet man ein Land, welches fo
unbiegfam, daß feine natürliche Fehler fich
nicht verbeffern liessen. Ein wichtiger Vor=
theil ift es immer: daß ein Feld, das vorher
noch nie zum Fruchttragen gebraucht worden,
und mit Rafen bewachfen ift, fich weit beffer
zur Gewinnung der Küchen= und Futtergewäch=
fe fchikt, als ein fchon kultivirt gewefenes Land.
Man könnte daher den gröften Theil der Ge=
meindeweiden oder andere noch unkultivirte
Plaße (dahin gehören auch manche Stadt=
gräben, die oft mehr mit Schlamm als mit
Waffer angefüllt find, treffen legen, und
in Gärten verwandeln. Es ift auch fchon
an mehreren Orten in Franken gefehen, in
Markt Eineisheim und Gellhofen unter an=
bern

dern, beyde Orten dem Grafen von Rechteren
gehörig, (der als wahrer Menschenfreund, das
Wohl seiner Unterthanen, mehr als andere
beherzigt.) Noch leichter läßt sich Land für
Gartengewächse gewinnen, wenn man sowohl
das Brachfeld, als auch nach der Erndte das
Winterfeld anwendet, einige Gemüsarten
darein zu pflanzen, oder zu versetzen. Diesem Vorschlag, steht aber freylich leider!
noch ein mächtiges Hinderniß — der Weid-
gang im Wege. Da der fränkische Landmann
noch keine Neigung hat, die Stallfütterung
ganz einzuführen, so könnte doch wenigstens
ein Theil dieses Feldes zum Gemüsbau bestimmt werden, und der übrige größere Theil
zur Weide frey bleiben, wie solches an vielen
andern Orten schon geschieht. Wenn diese
Einrichtung, von einem Vorsteher, der Liebe
und Zutrauen bey seiner Gemeinde hat, in
Vorschlag gebracht würde, so dächte ich!
könnte es fast nicht fehlen: daß sie nicht wenigstens an einigen Orten in Franken sollte
angenommen werden, und einiger Gemeinden
Beyspiel wird alsdann bald auf mehrere
wirken.

Ich-

Ich kann mir nicht enthalten: hier eine
Stelle des großen Cameralisten, des vereh-
rungswerthen Herren von Pfeiffers anzuführen: „Landwirthschaft ist die Säugamme der
Staaten — der Grundstein ihrer Macht —
ihrer Stärke — ihrer Dauer — ihrer Glük-
seeligkeit. Einer weisen Regierung liegt es
ob: die ausgesuchtesten Mittel anzuwenden,
sie auf den höchst möglichsten Grad der Vollkommenheit zu bringen. Leuchtenden Beyspielen, und fleißigen und geschikten Wegwei-
sern, gebührt, der erste Platz, unter denen
dahin führenden Mitteln. Der Bauer ist
nicht zur Erfindung, wohl aber (wenn er
sein Interesse dabey findet!) zur Nachahmung
aufgelegt. Von wem soll er aber gute Beyspiele sehen, von wem die Probe haltende
Verbesserungen lernen? — Das Kriegshand-
werk, der geistliche Stand und das Hofleben
— haben zu starke und unüberwindliche Reitze
für die Edelleute und adelichen Guthsbesitzer,
als daß sie sich dieser viel umfassenden Wissenschaft zu widmen vermöchten. Die weltlichen
und Justitz-Beamte sind dazu verdammt: eine
ungeheure Menge widersinniger Gewohnheiten,
und unverständlicher Gesetze auszulegen, und
auf

auf alle die besondere vorkommende Fälle anzuwenden; überdem hat der Bauer wenig Zutrauen, zu den Verbesserungsvorschlägen dieser lateinischen Köche, er fürchtet vielmehr:
daß sie ihm vergiftete Aepfel in goldenen
Schälen vorsetzen.   Ganz anders verhält es
sich aber mit den Dorfseelen-Hirten, diese
ehrwürdige Männer wohnen unter den Landleuten, sie haben Gelegenheit, sowohl die
Feldfluren, als den Karakter ihrer Gemeine
kennen zu lernen. Ihr geistliches Amt ruft sie
zum öftern in die Hütte des Bauern, und verschaft ihnen die schiklichsten Gelegenheiten, sich
mit ihrer Heerde von ökonomischen Nahrungs-
zweigen zu unterhalten. Hat überdem der Pfarrer eine vernünftige eingerichtete Landwirthschaft, hat er mancherley Versuche, mit denen in
ökonomischen Schriften vorgeschlagenen Ver-
besserungsmitteln gemacht, so hat er auch die
natürlichsten Mittel in Händen: die Bauern
für mißlungenen Versuchen zu warnen, und
die wohlgerathenen zu empfehlen, auch die
Behandlung faßlich, und den Nutzen überzeugend zu machen. Nicht zu gedenken: daß die
Jugend dem Pfarrer, bey der Vorbereitung zum
Abendmahl, besonders in die Hände kömmt,
mithin

mithin ihm die bequemſte Gelegenheit verſchaft:
dieſe junge allen Eindruk annehmende Seelen,
nach ſeinen Abſichten zu lenken — ihre natürliche Wißbegierde zu befriedigen, und ſie im
ökonomiſchen Fach aufzuklären. — Der Pfarrer wird aber zu ſehr dadurch zerſtreu't, und
von der Ausübung ſeiner Berufspflichten abgehalten — dieß iſt ein lächerlicher Einwurf!
Der Apoſtel Paulus; der an den Seelenheil
der Menſchen mehr gearbeitet, als ſich ein
Geiſtlicher unſerer Zeit rühmen kann, hatte
doch noch Zeit übrig, ſich vom Teppich machen zu ernähren — und es bleiben uns noch
unzählige Beyſpiele von fleißigen Geiſtlichen
übrig (unter andern eines Paſtor Mayers in
Franken zu gedenken!) die bey ihren ordent-
lichen Berufsgeſchäften, die Landwirthſchaft
getrieben, und die Menſchen theils durch ihr
Beyſpiel, theils durch ihre Schriften aufge-
klärt haben. Müßiggang iſt der König unter
den Laſtern, Landwirthſchaft aber, ein Gegen-
gift gegen den Müßiggang und deſſen Folgen;
mithin kann auch dieſe von den frömmſten Pa-
triarchen ausgeübte Wiſſenſchaft, der Paſto-
ralwürde nicht nachtheilig ſeyn. — Herr von
Pfeiffer thut den menſchenfreundlichen Vor-
ſchlag:

ſchlag: Alle Pfarreyen auf dem platten Lande mit Grundſtüffen zu dottiren, und die Kandidaten, ſie gehören zu welcher Gemeinſchaft, ſie nur immer wollen, zu verpflichten: ſich, neben ihrer Hauptwiſſenſchaft, auf die Landwirthſchaft, ausübende Mechanik, und Phyſik zu legen, nicht weniger glaubwürdige Zeugniſſe, von denen in dieſem Fach ſich zu eigen gemachten Geſchiklichkeiten vorzuzeigen, ehe ſie auf irgend eine Dorfpfarre Anſpruch machen dürfen." — Die meiſten Pfarreyen in Franken, ſind mit Grundſtüffen, die zur Pfarrey gehören, und ein Beſoldungsſtük derſelben ausmachen — dottirt, die wenigſten der Herren Geiſtlichen, unterziehen ſich aber leider! dem (ihrer Meynung nach!) kläglichem Geſchäfte: dieſe Grundſtüffe ſelbſt zu adminiſtriren, viel weniger zu melioriren, ſondern ſie überlaſſen es lieber ihren Bauern: dieſe Grundſtüffe, nach dem alten Herkommen, trägen Schlendrian und Obſervanz zu behandeln, und ſolche Jahr für Jahr, mit ſau'rer Müh' und Arbeit — gratis (höchſtens für eine armſeelige Mahlzeit) zu bebauen. Doch ich will jetzt — um mein vorgeſtektes Ziel nicht ganz aus dem Geſichtspunkt, und mit dieſem zugleich), den Leitfaden

meiner Geschichte zu verlieren — zu meinem
Hauptgegenstand zurükkehren.

Was nun die Lage dieser Gartenäkker
anlangt — so ist die Nähe bey'm Haus, frey,
lich ein unleugbarer Vortheil, weshalb auch
viele die Uebermachung öde liegender Gründe
zu Gartenäkker — die nicht in gleicher Nach,
barschaft mit dem Hause stehen — für ein lee,
res Project ansehen. Allein, einestheils ist
es gewiß, daß es viele Landleute giebt, welche
bey ihren wenigen Feldgütern und bey dem
Mangel anderer Arbeiten fast immer so viel
Zeit übrig haben, daß sie die Versäumniß,
welche der Hingang in einen etwas entfernten
Garten und die Rükkehr nach Hause verursa,
chen, nicht sehr achten dürfen; anderntheils
würde dieser geringe Nachtheil, sich nur bey
wenigen Gärten äussern, weil, sobald der
Landmann durch zwekmäßige Mittel zum Gar,
tenbau aufgemuntert seyn wird, manches in
der Nähe des Wohnorts liegende Feld hierzu
angewendet werden wird. Die Nähe am
Wasser, ist gleichfalls ein unleugbarer Vor,
theil. Dieser Mangel läßt sich aber durch
Kosten, Fleiß und Kunst ersetzen. Brunnen
zu

zu graben, und das in ziemlicher Tiefe lie=
gende Waſſer in die Höhe zu bringen, iſt heut'
zu Tag nicht ſo ſchwer. Das Waſſer läßt
ſich aus Flüſſen herbeyleiten. Liegt das Feld
tiefer, ſo iſt die Ausführung ohnehin leicht,
liegt es höher, ſo iſt ſie zwar koſtbarer, aber
immer ausführbar. In Franken werden oh=
nehin ſchon viele, höher als die Flüſſe lie=
gende Felder, durch Schöpfräder gewäſſert.
Die Koſten würden aber noch weniger ſchwer
fallen, wenn mehrere Beſitzer (ſo wie es
ſchon hin und wieder der Fall z. B. in Winds=
heim iſt) ſich gemeinſchaftlicher Brunnen und
Waſſerleutungen bedienen wollten. Unver=
möglichen könnte man ja aus öffentlichen Kaſ=
ſen ihren Antheil an den Koſten vorſtrekken,
und einige Jahre borgen. Jedoch viele Ge=
wächſe haben auch das Begleſſen nicht ſchlech=
terdings nöthig, ob es gleich bey den meiſten
zu ihrem beſſern Gedeihen beyträgt.

Wo die Dörfer zu nahe an Wäldern
liegen, da wird nun freylich der beſorgliche
Wildſchaden, durch deſto dichtere und dauer=
haftere Umzäunungen, zu verhüten geſucht.
Dieß iſt aber, da der Holzmangel immer mehr

Q 2

um

um sich greift, immer allgemeiner wird, zu
kostbar, und deshalb sollte man seine Absicht
mit Gewinnung der Küchengewächse, auch
immer mehr in schiklicheren Gegenden zu erreichen suchen. Wir besitzen eine Getreydeart
in Franken, bey deren Anbauung der Wild-
schaden weniger als bey andern Getreydearten
zu befürchten ist, und diese sollte man allenthalben, wo die Felder nicht in gehöriger Entfernung von den Wäldern liegen, und das
Wildpret überhand genommen hat (so wie
fast allenthalben im Anspachischen, wo des
armen Landmanns Peitsche zu Nacht das Wild
vom Akker scheucht) einführen, es ist der
sogenannte Sommerweizen, dessen bärtige
Aehren so stachlicht, daß er von jedem Wildpret verschont bleibt. Das Rindvieh frißt
nicht einmal die Siebe davon, es sey nun
vermischt oder unvermischt, ohnerachtet die
Siebe jeder andern Getreyde-Gattung, mit
dem übrigen Futter vermischt, von dem Rindvieh gefressen wird. Ueberdies läßt sich dieser
Sommerweizen allenthalben, und in jeden
Boden bauen. Ich baue solchen schon seit
mehreren Jahren, und zwar in ziemlich beträchtlicher Quantität — blos auf der Brache,

und

und habe solchen in diesem Jahr, durchgängig zu einem Carolin das Malter (½ Simer) verkauft, mithin höher, als Gerste, Dinkel, Korn ꝛc. an den Mann gebracht.

Franken überhaupt hat kein so ungünstiges Klima, daß nicht an den meisten Orten, vom Getreydebau, und besonders von der Anpflanzung der Futter und Küchengewächse, ein glüklicher Erfolg zu erwarten wäre. Größtentheils beruht es auf einem Vortheil, wenn das Klima als ein Hinderniß vorgeschützt wird. Dieses Vorurtheil zu widerlegen, so wie noch aus mehreren Gründen, sind immer Beyspiele das wirksamste Mittel. Wer soll aber diese geben? — Man veranlasse in jedem einzelnen District, wo dieses Vorurtheil herrscht, ein oder mehrere Landwirthe, bey welchen sich Wissen, Vermögen, und guter Wille vereinigt, daß sie mit solchen Gewächsen Versuche machen, gegen welche der Landmann noch mißtrauisch ist. Man wende zu eben dieser Absicht, von herrschaftlichen Gütern (deren es so viele in Franken giebt) einen Theil an, und gehe den Unterthanen mit gutem Exempel vor. Auch die Landgeistlichen kön-

Q 3

können (wie ich schon angeführt) Beyspiele geben, da sie Gärten und Feld als ein Theil ihres
Gehalts zu genießen haben. Die Beyspiele der
Großen, zeigen sich ebenfalls sehr wirksam; denn
bey der Zubereitung des Bodens, sind immer Kosten und Mühe nöthig.   Ueberhaupt ist mit
jeder Uebermachung eines Feldes Mühe verknüpft, es mag nun angewendet werden, wozu
es will, und doch giebt es viele fleißige Landleute, welche gerade solche Plätze, die vorher ungebaut waren, desto lieber an sich kauf-
fen, weil sie wohlfeiler als anderes Feld sind,
und weil der zu hoffende Ertrag sie für ihre
Mühe reichlich belohnt.   Eben so verhält es
sich auch mit schon kultivirten Felde, das man
zu Gärten zuzurichten sich die Mühe nimmt.
Meistens haben die Gärten größeren Werth,
als anderes Feld, bey eben derselben Lage.
Dieser entsteht hauptsächlich aus der auf die
erste Einrichtung verwendeten Mühe und Aus-
lage.   Dieser größere Werth eines Gartens,
der sich auch von Jahr zu Jahr, durch den
reichlichern Ertrag wohl verinteressirt, ist für
den Besitzer ein Ersatz der Mühe und Kosten,
die er aufgewendet hat. Schwerlich wird ein
Landmann diese Wahrheit verkennen! Die

Mühe,

Mühe, welche die erste Zurichtung des Bodens erfordert, ist daher nicht unter die Hindernisse des Feld und Gartenbaues zu zählen.

Mehrere Schriftsteller (wie ich schon anderswo angeführt) haben Vorschläge gemacht, wie man lebendige Häger wohlfeil anlegen, und zum Theil so fest und dicht machen können, daß sie sowohl Menschen, als große und kleine Thiere abhalten: Es kömmt nur darauf an, sie in gutem Stand zu erhalten, und die ihrem Wachsthum schädlichen Pflanzen auszurotten. Man mache dem Landmann die besten Umzäunungsarten bekannt, wenn die gewöhnlichen wegen gewisser Lokalumstände (so wie es wirklich hin und wieder' der Fall ist) zu kostbar oder unzureichend sind. Gartengewächse von geringem Werth, bey welchen man einen kleinen Abgang nicht achtet, werden ohnehin in's freye Feld gepflanzt, und die Umzäunung von solchen, die diesen Aufwand scheuen, der Art erspahrt. Es könnte auch, nach Beschaffenheit der Umstände, die Einzäunung einzelner Gärten ganz unterbleiben, und etwa nur die ganze Strekke des zu Gärten bestimmten Feldes eingeschlossen werden.

Die

Die Wartung der Pflanzen erfordert freylich
viele Mühe. Unter der Voraussetzung aber,
daß die andern nothwendigen Feld- und Haus-
geschäfte dem Landmann noch Zeit übrig lassen, ist gerade die mit dem Gartenbau ver-
bundene Mühe dem Landmann vortheilhaft,
denn sie vergrößert um so viel mehr den Preis
seines Produkts. Der Gartenbau giebt ihm
also Gelegenheit, mehrere Arbeiten zu verrichten, welche ihm von den Abnehmern seiner
Produkte bezahlt werden. Es fallen auch die
meisten Gartengeschäfte in eine Zeit, da im
Felde noch wenig zu thun ist.

Die Polizey, welche auf die Vermehrung der Küchengewächse ihre Aufmerksamkeit
richtet, sollte sich noch vielmehr angelegen
seyn lassen: die Landwirthschaft überhaupt in
Aufnahme zu bringen. Sie sollte den stärkeren Anbau der Futterkräuter, die Verbesserung und Vermehrung des Viehstandes zu bewirken suchen, und dann würde der Landmann
mehreren Dünger gewinnen. Man mache
ihn nebenher mit den verschiedenen Arten des
künstlichen Düngers bekannt, womit er sich
im Nothfall helfen kann, und fehlt es noch,

so

so empfehle man ihm zum Anfang nur den Anbau solcher Gewächse, welchen den wenigsten
Dung verlangen. Ohne Anstalten zu Vermehrung der Düngungsmittel ist nicht zu
hoffen, daß der Feld und Gartenbau zu einiger
Vollkommenheit werde gebracht werden können. Der Landmann wäre aber auch zu belehren, welche Art von Dünger sich am besten zu diesem oder jenen Anbau schikke.

Mit der Produktion, sind freylich viele
Gefahren verknüpft. Die Unsicherheit des
Gewinnstes, die nachtheiligen Wirkungen einer großen Kälte, Hitze und Nässe, lassen sich
nicht ganz verhüten. Bey alledem werden
doch folgende Betrachtungen hinlänglich seyn,
auf den Landmann so viel Eindruk zu machen,
daß er sich durch diese Gefahren nicht abschrek-
ken lasse: die Gefahr, welche mit einer Arbeit oder Unternehmung verbunden ist, erhöht
den Werth des Produkts der hieraus entspringt; so, daß wenn gute und böse Jahre
im Durchschnitt genommen werden, der Gewinn der guten immer das Uebergewicht behält. Was vornehmlich der einen Pflanze
zum Schaden gereichen kann, wie z. E. die

Q 5 Nässe

Näſſe den Zwiebeln ꝛc. iſt der andern Pflanze weniger nachtheilig oder vortheilhaft. Wenn daher Gewächſe von entgegengeſezten Eigenſchaften gepflanzt werden, ſo kann man wenigſtens an einigen Sorten gewinnen, wenn die andern mißrathen. Wenn einige Pflanzen, wegen einer widrigen Witterung mißrathen, ſo trift dieſes Unglük nicht blos einige wenige länderey = Beſitzer, ſondern gewöhnlich eine ganze Gegend. Dieſe in geringerer Menge producirte Gewächſe, werden nun ſeltener, und dieſe Seltenheit erhöht ihren Marktpreiß.

Dem Schaden, den man vom Froſt befürchten muß, könnte man durch ſpäteres Ausſäen und Verpflanzen ſo ziemlich begegnen. Ein kluger Landwirth wird es aber nicht einmal gern thun, weil ſein Gewinn deſto größer iſt, je früher die Pflanzen zur Reife kommen.

Die Polizey ſollte auch mehr gegen Diebſtäle ſchützen: durch abſchreffende Strafen, durch ſtrenge und unnachläßige Vollziehung der Strafen; durch beſtellte Aufſeher, welchen für jeden angebrachten Felddieb eine

Be

Belohnung zugesagt werden muß. Gegen
Ungeziefer giebt es natürliche und künstliche
Mittel. Die Polizey mache sie dem Lands
mann bekannt, und trage Aufsicht, daß er
diese Mittel anwende. In manchen Ländern
wird z. B. das Raupensammeln obrigkeitlich
anbefohlen, und Aufsicht hierüber getragen,
oder dem Landmann werden hierzu Belohnun,
gen ertheilt, nur in Franken nicht! Was
den Absatz der Producte anlangt — so giebt
es zwey Arten, wie dieser Verschluß geschee»
hen kann; einmal, wenn man mit dem Sa»
men einen Handel treibt; hernach, wenn man
die Gewächse selbst zur Speise verkauft:
Ohnerachtet die erstere Art des Handels schwer»
lich sehr beträchtlich werden dürfte, so kann
man sie doch nicht ganz bey Seite setzen, weil
doch wenigstens einem Theil der Landleute ein
Weg zum Verschluß geöfnet ist, der übrige
Theil der Landleute aber bey dem Verlust der
Gewächse desto weniger Mitwerber hat, und
des Absatzes gewisser seyn kann. Die Poli«
zey müßte daher das hierin vielleicht noch un«
wissende Landvolk belehren lassen, wie auf die
vortheilhafteste Art Samen gesammelt, und
wohin mit demselben ein Handel getrieben

wer»

werden könne. Es wäre nüzlich, zu diesem
Handel anfänglich durch Prämien oder Zoll-
befreyungen aufzumuntern, und, da nicht jeder Landmann die Neigung oder ein Geschik
zum Handeln hat, bey dem Samen, den sonst
verbothenen Auf- und Verkauf frey zu lassen
und zu erlauben.

Von einem Regenten, der geneigt ist, Anstalten zur Aufnahme der Landwirthschaft zu
machen, ist voraus zu setzen, daß er eben so
geneigt seyn werde, zur Urbarmachung öde
liegender Gründe seine Einwilligung zu geben.
Um aber in diesem Fall freyere Hände zu haben, muß die Huth und Triftgerechtigkeit aufgehoben, oder eingeschränkt werden. Man
hat ihre Schädlichkeit schon hundertmal bewiesen. Für die Urbarmachung insbesondere
würde es die Wirkung haben, daß man einem Felde das Gartenrecht leichter ertheilen
könnte, daß mehr Feld, und eben dasselbe
Feld besser benuzt, folglich ein größerer Theil
der Markung den Gartengewächsen gewidmet
werden könnte, und daß mehr Dünger gewonnen würde.

Der

Der Einfluß, den eine ungleiche Ver, theilung der Volksmenge in die Landwirthschaft hat, macht es zur äussersten Nothwendigkeit: gleiche Hindernisse aus den Weg zu räumen. Die Landespolicey suche daher ein ebenmäßiges Verhältniß der Menschen zu dem Lande, welches sie bearbeiten, herzustellen. Die Bedrükkung des Feldbaues, durch starke Abgaben, macht gleichfalls ein wichtiges Hinderniß der Landwirthschaft aus. Es würde nicht schwer seyn: diese Hindernisse zu heben, und die Abgaben von Gärten und Gartenfeldern, mit denen von andrem Felde, nach der Verschiedenheit ihres reinen Ertrags in ein richtiges Verhältniß zu setzen. Gewächse, welche zu verschiedenen Zeiten und öfters in kleinen Theilen gesamlet werden, sollten vom Naturalzehenden ganz frey seyn, und ein gemäßigtes Surrogat an Gelde dafür angesezt werden; wenigstens sollte der Eigenthümer unter beyden Einrichtungsarten die Wahl haben. Die Polizeytaxen machen gleichfals zum größten Theil, ein wichtiges Hinderniß der Landwirthschaft aus. Man lasse den Verkäufern die Freyheit, ihre Produkte so hoch abzusetzen, als sie können. Dieser hohe Preiß wird sich

nie

nie zu lange erhalten. Er wird entweder meh,
rere Leute reizen, verschiedene Produkte zu er,
zielen, — desto besser! die vergröserte Con,
currenz der Verkäufer wird alsdann dem Preiß
fallend machen; oder der hohe Preiß hält
manchen vom Kaufe zurük, und alsdann wird
die verminderte Zahl der Käufer, billigere
Preiße zu wege bringen. Bey Gemüsen ꝛc.
walten überdieß keine solche Gründe vor, welche
die Polizey in Stand setzen könnten, die Preiße
richtig zu bestimmen. Diejenigen Gewächse,
deren Anbau man begünstigen will, müssen
bey'm Verkauf, wenigstens anfänglich, eine
Zeitlang keinen Abgaben unterworfen seyn,
besonders, da sie sehr oft nur in geringer
Quantität zu Markte gebracht werden können.

Das größte Hinderniß, welches einer
blühenden, und ganz im Flor stehenden Land,
wirthschaft im Weg ist — liegt aber in dem
gemeinen Manne selbst. Seine Kenntnisse
sind noch zu unbedeutend, und zum größten,
theil unaufgeklärt. Man suche daher den
Landmann zu belehren, dieß kann auf mehre,
ren Wegen geschehen. Die Kalender sind
beynahe das einzige Buch, das der gemeine
Mann

Mann ließt: mithin würde ein gedrukter Unterricht in dieser Absicht in den Kalendern, in
welchen meist mit Sitten verderblichen und
den Aberglauben unterhaltenden Erzählungen
viel Raum angefüllt ist — keine zwekloſe Bemühung ſeyn. Er müßte aber in der Volks-
ſprache abgefaßt ſeyn, und insbeſondere vor
ſolchen Fehlern ausdrüklich warnen, die zum
Mißrathen einer Pflanze Anlaß geben können.
Allenfals könnte man eine Berechnung der
Vortheile, welche dieſe oder jene Art von
Küchengewächſen, Fruchtgattungen ꝛc. abwirft,
damit verbinden. Man müßte damit anfangen, zum Pflanzen ſolcher Gewächſe Anleitung zu geben, welche nach dem Lokalumſtän-
den die nüzlichſten ſind, deren Anbau am leich-
reſten erlernt werden kann, und der den wenigſten Gefahren ausgeſetzt iſt. Bruchſtükke aus der
Lebensgeſchichte ſolcher Landleute, die durch den
Garten- und Feldbau überhaupt durch ver-
beſſerte Landwirthſchaft ihre Vermögensumſtän-
de verbeſſert haben, würden den Leſer theils unterhalten theils zur Nachfolge reitzen. Ich habe
mich bemüht den Schwabacher Kalender nach
dieſem Plan zu bearbeiten S. Fränkiſchen
Haushaltungs und Wirthſchaftskalender. Schwabach
1790

1790 und werde solchem, auch in den folgenden Jahrgängen getreu bleiben. Im Ful-
daischen wird seit mehreren Jahren der Kalender zur Belehrung des Volks angewendet.
Man hat landwirthschaftliche Schulen für
die Kinder der Landleute vorgeschlagen. Dieser Vorschlag ist an mehreren Orten, nur in
Franken nicht, realisirt worden. In den Nas-
sau - Usingischen Landen, ist im Jahr 1780
zum Gebrauch der teutschen Schulen ein Lehr-
begrif der Landwirthschaft verfaßt und gedrukt,
worden. Im Eisenachischen werden die Schul-
knaben in der Baumzucht, von den zum Baum-
pflanzen bestellten Perfonen unterrichtet. Hier
können auch die Anstalten in Trankebar zu einem Muster dienen. Die zwey langen großen
Höfe bey der Knaben und Mädchenschule wurden zu Gärten zugerichtet, und nuzbare Bäume, Blumen, hauptsächlich aber allerley Futter und Küchengewächse darin gepflanzt. Die
Kinder wurden auf diese Art frühzeitig zur
Handarbeit gewöhnt und ihnen Kenntnisse vom
Gartenbau (als die Skale des Feldbaus) bey-
gebracht. Die Mädchen müssen auch das
Gemüse bereiten lernen. S. Neuere Geschichte der
Miß. Anstalten in Ostindien. St. 30. S. 670.

Jn

In Oesterreich hat man besondere Bie-
nenschulen; der Finanzminister Calonne hat
mit Daubenton, Schäferenschulen in Frankreich angelangt. Lokalumstände müssen es bestimmen, ob der Staat auf eine ähnliche Art
zur Aufnahme des Gartenbaues, und der
Landwirthschaft überhaupt einen Aufwand machen soll und kann? — Beyspiele sind aber
immer (dieß wiederhole ich nochmals!) das
wirksamste Mittel, die Kenntnis des Garten
und Feldbaues zu verbreiten. Sie sind ein
thätiger und zum Anschauen gebrachter Unterricht. Die stärksten Vernunftgründe sind öfters schwache Waffen, wenn vorgefaßte Meinungen des allgemeinen Mannes durch sie be-
stritten werden sollen. Eine bessere Wirkung
kann man sich aber immer von Beyspielen versprechen, welche der Landmann vor Augen
hat, der gleichsam auch nur seinen Augen
trau't. Wenn ein Landmann in seinem Garten, oder auf seinem Feld arbeitet, so sehen
ihm bisweilen andere Landleute zu, sie be-
sprechen sich mit ihm, oft hat er Landleute
zu Gehülfen. Man setze nun noch Prämien
für die fleißigsten und beste Landwirthe aus.
Durch diese Aufmunterung zu einem Geschäft,

v. Forst. physik. Besch. I. Th.　　R　　wel-

welches mehrerer Kenntniffe und mehreren
Fleiß erfordert, wird unter den Landleuten
ein Wetteifer entstehen, und da die Summe
der Prämien nur mäßig seyn darf, so werden
sie einestheils den öffentlichen Caffen nicht zur
Beschwerde gereichen, anderntheils keine
Stöhrung desjenigen Gleichgewichtes bewirken, welches unter den verschiedenen Zweigen
des Landbäuers statt finden muß. Die Absicht der Prämien ist, entweder die Erzie-
lung einer Sache, oder den Verkauf zu befördern. Die Begünstigung des einen gereicht auch dem andern zum Vortheil. Man
setze daher die Prämien auf den Verkauf, und
insbesondere auf den Marktverkauf, weil es
auf diese Art am leichtesten zu bestimmen ist,
wer sie verdient habe? — Je mehrere Landleute um die Preiße wetteifern können, desto
beffer ist es. Es muß also den Unbemittel-
ten, die wenige liegende Gründe haben, die
Concurrenz mit den Vermöglicheren nicht unmöglich gemacht seyn. Der Preiß muß demjenigen zufallen, welchen eine bestimmte Art
Gewächse, am frühesten zu Markt bringt.
Es ist dieß desto billiger, da derjenige, welcher sich bestrebt, frühzeitige Gewächse zu er-
hal-

halten — mehrerer Gefahr ausgeſezt iſt. Da
man aber den eigentlichen Zweck, nehmlich die
Vermehrung der Gewächſe, hierdurch noch
nicht ganz erreichen würde, ſo muß die Menge
der Produkte beſtimmt werden, welche man
zu Markte zu bringen hat, inſofern man an
dem Preiß Anſpruch machen will. Dieſe
Menge muß aus der angeführten Urſache nicht
zu gering ſeyn, damit auch der, welcher wenig Land beſizt, wetteifern könne.

Nur für ſolche Arten von Gewächſen,
deren Anbau die meiſte Aufmunterung nöthig
hat, ſind Preiße auszuſetzen. Würde man
die Preiße nur demjenigen geben: der das
meiſte Feld zu Gartenfeld umſchaft, ſo würden ſie wahrſcheinlich allein dem Vermögli-
chern zu Theil werden, und die Anzahl der
Concurrenten geringer ſeyn.

Im Franken Lande, wo doch unter dem
gemeinen Volk ein Gefühl für Ehre iſt, wäre
es gewiß ein ſtarker Reiz, wenn man die
Namen derer, welche mit Preiſen be-
ſchenkt worden ſind, in öffentlichen Blättern
bekannt machte, und ihren hervorſtechenden

R 2Fleiß

Fleiß rühmte. Wo der Landbau schon ohne
den Gartenbau die vorhandene Menschenzahl
hinlänglich beschäftigt, oder wo es zu Bestel,
lung des Feldes noch an Menschenhänden fehlt,
ist es freylich nicht rathsam, die Summe der
Arbeiten durch Einführung oder Erweiterung
des Gartenbaus zu vermehren, wenn es den
übrigen nothwendigeren Arten des Feldbaues
zum Nachtheil gereichen könnte. Es ist aber
meist allenthalben in Franken der Fall vor,
handen: daß nicht die ganze Anzahl der vor,
handenen arbeitsfähigen Menschen, genug Be,
schäftigung im Felde hat; so daß deren häufig
müßig geh'n.

Wie viele Gegenden giebt es nicht,
wo der größere Theil der Einwohner in den
benachbarten Städten gewerblos ist, und in
Dürftigkeit lebt. Für Gegenden von dieser
Beschaffenheit wird also der Gartenbau ein
heilsames Mittel seyn, müßige Hände zu be,
schäftigen, indem er die Masse der Arbeiten
vermehrt. Hier wären also Anstalten zur
Aufnahme des Gartenbaus vorzüglich noth,
wendig. Bey alledem sollten eigentlich die
Anstalten, durch welche die Produktion der
Küchen,

Küchengewächse, insonderheit der edleren, vermehrt werden soll, nicht sowohl ihr Absehen auf die nahen Stadteinwohner haben, als vielmehr auf die producirenden Landleute. Viele arbeiten für Manufakturen, Fabriken rc. Hier müssen die Umstände es vornehmlich bestimmen, ob es räthlich sey, die Einwohner des Landes von ihrer bisherigen Beschäftigungsart abzubringen, und ihre Industrie auf einen andern Gegenstand zu lenken? —

Können Einwohner anderer Orte, welche nicht so gut zum Gartenbau taugen, anstatt jener, für die Manufakturen mit eben demselben Vortheil arbeiten, so leidet bey einer Verwechslung der Arbeiter kein Theil. Kann hingegen den Manufakturen nicht leicht ein Ersatz mit andern Arbeitern geschehen, so wird die Aufnahme des Gartenbaues an einem solchen Ort zum Nachtheil der Manufakturen gereichen, und muß daher, nach meinem Erachten, hier, wo nicht unterbleiben, doch auch nicht befördert, sondern dem natürlichen Lauf überlassen werden. Neue Manufakturen soll man nicht auf Kosten des Landbaues errichten, im Gegentheil soll man

R 3   auch

auch die schon vorhandenen Manufakturen
nicht zu Grunde richten, um einen an sich zwar
nüzlichen, doch nicht ganz nothwendigen Zweig
des Landbaues zu befördern, da es ohnehin
fast in jedem einzelnen Amt noch Landleute
genug giebt, welchen es noch an Arbeit fehlt,
und bey welchen der Gartenbau anwendbarer
seyn dürfte. — Dasjenige Gewächs, durch
dessen Gewinnung der Landmann sich mehrere
Vortheile, als durch andere Gewächse, verschaffen kann, ist für ihn das nüzlichste. Diese
Vortheile hängen vom Umständen ab, welche
sehr verschieden sind; daher lassen sich zu Bestimmung des Vorzugs eines Gewächses vor
dem andern beynahe eben so viele Regeln angeben, als jene Umstände selbst verschieden
sind. Dem Landmann, welchen es an Dünger fehlt, ist ein Gewächs, welches nicht viel,
oder nicht jährlich, oder nicht die besten Düngungsmittel erfordert, vortheilhafter als ein
anderes. Dem Landmann, welchem es an
Arbeiten mangelt, ist ein Gewächs, dessen
Hervorbringung ihm die meiste Mühe macht,
das nüzlichste. Für denjenigen, welchem es
an Land fehlt, schikken sich Gewächse, die den
wenigsten Raum einnehmen, am besten. Ge-
wä-

Gewächse, welche für den Erzieler ein schikli-
ches Nahrungsmittel abgeben, und womit er
sich theurere Speisen erspahren kann, sind
— was die Benußung des Produkts durch eigenen Gebrauch anlangt — für ihn die vor-
theilhaftesten. Für Landleute, welche zu wenig Wiesen und Grasgärten haben, und nicht
genug Futter gewinnen, sind Gewächse, welche
wegen ihrer Wohlfeilheit auch für das Vieh
taugen, die nüzlichsten, weil es eine Vergrös-
serung des Viehstandes bewirken kann. In
der Nachbarschaft der Städte ist der Anbau
der eblern Küchengewächse der vortheilhafteste,
weil vermögliche Leute sie gern kaufen, und
am besten bezahlen. Es ist offenbar, daß
mancher von diesen Vortheilen anders nicht,
als mit Aufopferung der übrigen erhalten werden kann. Die Klugheit der Polizey muß
die verschiedenen Vortheile gegen einander ab-
zuwägen wissen, und theils dem Landmann
fürnehmlich diejenigen Gewächse anrathen, die
nach den Lokalumständen die nüzlichsten für
ihn seyn dürften, theils die Aufmunterungs-
mittel in dieser Absicht gebrauchen, um die
Industrie nach der Verschiedenheit der Umstände zu leiden.

R 4.   Ue-

Ueberhaupt, bleibt der Polizey in Franken, noch mancher gänzlich vernachläßigte
Gegenstand, zu beherzigen übrig. Der Holzmangel zum Beyspiel. Vor 30 Jahren kaufte
man die Klafter Holz, wohl 3mal wohlfeiler
als jezt, und in wenigen Jahren, wird man
es wohl noch einmal so theuer als gegenwärtig bezahlen müssen. Bey alledem, dünkt
mich! — sucht man — dieser traurigen Aus-
sicht in die Zukunft ohnerachtet — dem über-
mäßigen und verschwenderischen Holzverbrauch,
noch nicht gehörig Einhalt zu thun. Gemeinde
Bakhäuser z. B. sind fast in allen fränkischen
Dörfern gänzlich unbekannte Dinge — und
doch äussern solche wohlgemeynte Polizey-An-
stalten — wie mir aus sächsischen Oertern zur
Genüge bekannt ist! — ihre mächtigen Ein-
flüsse, auf die in unsern Tagen so zur Nothwendigkeit gewordene Kunst; sparsamer und
wirthschaftlicher mit dem Holz umzugehen.
— Ich will im Durchschnitt 100 Einwohner
auf jedes Dorf rechnen (in einigen giebt es
weniger, in andern mehr, mithin im Durchschnitt 100) von diesen sollen 80 bakken
(die übrigen ihr Brod bey'm Bäkker ho-
len) und jeder dieser 80 eine Klafter Holz
(ist

(iſt gewiß nicht übertrieben) dazu verbrau-
chen.

Dieſe 80 Klaftern Holz mit 4 fl. rh.
multiplicirt — machen eine Summe von 320 fl.
rh. aus. Nun will ich annehmen: daß in einer Haushaltung alle 12 Tage 10 Laib Brod
gebakken werden, und alſo ein jeder Hausvater 30mal im Jahre bäkt, welches 300 Laib
ausmacht. Für jeden Laib ſoll er 2 Pfennige
Baklohn (iſt gewiß nicht zu wenig) in's Gemeinde Bakhaus, an den Gemeinde-Bekker
bezahlen; dieß macht auf das ganze Jahr 2 fl.
30 kr. rh. aus; er behält alſo noch 1 fl 30 kr.
rh. zurük, die er für ſeine Klafter Holz (nur
à 4 fl. rh. gerechnet, da ſie doch faſt allenthalben
mehr koſtet) hätte bezahlen müſſen. Die
jährlichen Bakausgaben von 80 Einwohnern,
betragen demnach 200 fl. rh., wobey alſo die
Dorfgemeinde an den Auslagen für ſchon an-
geführtes Holz, eine Summe von 120 fl. rh.
gewinnt. Nun will ich annehmen: daß das
Gemeinde-Bakhaus jährlich 20 Klaftern Holz
verbraucht; dieſes mit 4 fl. rh. (da ich es
doch nicht höher bey obiger Ausgabe in An-
ſchlag gebracht) multiplicirt, macht 80 fl. rh.

R 5 Dieſe

Diese 80 fl. rh. von 200 fl. rh. abgezogen —
bleibt noch eine Summe von 120 fl. rh. übrig,
welcher Betrag hinreichend seyn würde, einen
Gemeinde - Bekker dafür zu besolden. Auf
diese Weise würde also in jedem Dorf, eine
Geldsumme von 120 fl. rh. und noch oben,
drein 60. Klafter Holz jährlich erspahrt.
Der Arme brauchte sich dann nicht mehr
vom Bekker übertheuern zu laffen (denn dieß
geschieht, ohnerachtet aller Polizeyanstalten,
doch) er könnte sich alsdann sein Brod selbst
bakken. — und, endlich, würde man auch den,
häufigen Feuersbrünsten nicht mehr ausgeseszt
seyn, die nur allzuoft durch die Baköfen aus,
brechen. —

Die Baumzucht ist auch, zum größtentheil
ein wo nicht gänzlich, doch wenigstens nicht
minder vernachläßigter Wirthschaftszweig.
Die im Felde hin und wieder befindlichen
Obstbäume, gereichen auf alle Fälle — wenig,
stens diejenigen, deren Früchte im frühzeiti,
gen Obste bestehen (mehr zum Schaden als
Nuzen des Besizers. Da die meisten ihre
Wurzeln nicht senkrecht, sondern mehr late,
raliter auf der Oberfläche des, Akkers weg,
laus

laufen, so muß der Akkersmann nothwendig
das mit den Wurzeln bedekte Land ungepflügt,
und — um den Baume nicht zu beschädigen
gleichsam öde liegen laffen; und wenn er auch
den Pflug und Baum zu beschädigen, kein
Bedenken trägt, und nichts umgeakkert liegen läßt, so ist ja bekannt: (wenigstes von
den berühmten Naturforscher D. Priestley in
seinen Versuchen über die Luft überzeugend dar-
gethan) daß der Baum durch seine Blätter
anzieht, so wie es die Pflanzen, durch ihre
zarte Fasern thun. Was nur unter dem
Baume steht, verliehrt mithin schon den Theil
der Dünste, die der Baum wegnimmt. Dieß
macht aber im Ganzen, wenn mehrere hun-
dert solcher Bäume in einer Markung befindlich sind (wie es wirklich an mehreren Orten
der Fall ist) einen beträchtlichen Umstand —
im Betref der Nutzung, dieser einzelnen für
den Getreydebau verlohrnen Stükke aus.
Nun kömmt aber noch überdieß ein Umstand
bey dem Frühobst hinzu, der jenen bey weitem
überwiegt. — Wer ist wohl im Stande —
wenn erst dieses Obst nur im mindesten zu reifen anfängt, die häufige Anzahl der von allen Ekken herzukommenden gierigen Liebhaber,

von

von diesen Bäumen abzuhalten? — der Verlust der darauf befindlichen Früchte, wäre noch
das wenigste! — Wie sieht es aber um den
Verlust, das in einer beträchtlichen Peripherie
des Baumes zu Grunde getretenen Getreydes,
und um die unzähligen Steine und Brügel
aus, die nach dem Obste geworfen werden,
und jezt auf dem Felde liegen, als wäre es
damit gepflastert? — Besonders verpflichtete
Hüther dieser Bäume wegen zu halten, würde
die Kosten nicht abwerfen! — Was ist denn
aber sonst zu thun, um diesem Uebel in Zeiten abzuhelfen? — Cessante causa cessat
effectus! Wie leicht ist nicht ein Baum
ausgerottet, und wie viel vortheilhafter ist
dessen Stelle nicht zu benüzen! S. Grundriß
der Forstwissenschaft von dem Verfasser des
Lehrbegrifs sämmtlicher ökonomischen und Kamme-
ralwissenschaften.

Wenn man in unserm aufgeklärten
Jahrhundert gewohnt wäre, bey irgend einer
zu bestrafenden Handlung, Rüksicht auf die verschiedenen Verhältnisse des Inquisiten zu nehmen: so würde — unter allen möglichen Dieb-
stäh-

ſtåhlen — ein gleicher Obſtdiebſtahl, am
aller gelindeſten zu beſtrafen ſeyn. Denn ge=
ſtraft muß nun einmal werden, ſagt der Ju=
riſt. Fiat juſtitia -- et pereat mundus!
Weit entfernt, irgend einem Grade von ver=
lezte Moralität das Wort reden zu wollen, ſo
iſt es doch richtig; daß — da die Reife jenes
Obſtes, juſt zu einer Zeit eintritt, wo die
Feldarbeit am aller nothwendigſten iſt, und
(wegen anhaltender und brennender Sonnen=
hitze) am meiſten zur gänzlichen Erſchlaffung
und Entkräftung des armen Taglöhners bey=
trägt — er mithin — da die Verſuchung ſo
groß iſt — auch weit mehr Enthaltſamkeit als
zu einer andern Zeit anwenden muß: nicht
nach einer Frucht zu langen, die ihm die Na=
tur gleichſam zur Erquikkung und Erhaltung
darzubiethen ſcheint. Der unfreundliche Rich=
ter, der den armen Wicht deshalb ex officio
— wie er ſagt — zur Strafe zieht, kann ſich
auch leicht zum Muſter der Enthaltſamkeit
darzuſtellen: als habe er noch niemals —
beym Spaziergang — nach einer verbothe=
nen Frucht gelangt. Wenn der geſtrenge
Herr — nachdem er ſeinen Bauch mit Bier
und Wein bis zum Börſten aufgeſchwellt —
auch

auch dann noch in die Versuchung gerathen
wäre: nach einer Birn zu langen, so würde
dieß wahrlich! eben so bewunderungswerth
gewesen seyn, als es begreiflich ist, daß der
vom Durst Gefolterte um seinen Durst zu stillen,
darnach langt. — Dieser kleinen Ausschweifung und Wiederholung halber, (denn ich habe
das nehmliche schon anderswo gesagt) bitte ich
meine Leser um Verzeihung! —

Man könnte ja (da der Ertrag der Obstbäume in Franken, wirklich beträchtlich ist)
ganze Morgen zu Obstbäumen bestimmen, und
blos mit solchen bepflanzen, und der Art immer auch — ohne seinen Feld und Getreydebau Abbruch zu thun — mehrere 100 fl. aus
diesem Zweig der Landwirthschaft nehmen:
nur müßte man alsdann mit mehreren Sachkenntniß, mithin nicht so ganz zwekwidrig,
als es zum Theil bis hieher geschehen — bey
der Obstkultur zu Werke gehen.

Die beste Jahrszeit zum Verpflanzen der
Bäume, hängt von der Beschaffenheit des
Bodens ab. Ist dieser fest, leimigt, niedrig
und naß, so wähle man das Frühjahr; ist er
aber

aber lokker, fandigt, hoch und trokken, so
pflanze man lieber im Herbst, bis zum Eintritt des Winters. In einer fruchtbaren,
nicht zu festen und nicht zu lokkern, auch
mäßig feuchten Erde kann man das Pflanzen
mit gutem Erfolg, sowohl im Herbst als
Frühjahr vornehmen.

Man lasse vorher an dem Ort, wo der
Baum stehen soll, eine 2 bis 3 Ellen weite,
runde Grube machen, zwey Spadenstich tief
ausgraben, die oberste Erde an der einen, die
unterste an der andern Seite des Lochs legen,
darauf die oberste Erde umgekehrt zu unterst
hinein werfen, festtreten, und dann die untere Erde oben darauf legen. Sollte aber die
Erde des untersten Spadenstichs nicht gut
seyn, so wird sie bey Seite gethan, und dagegen die Grube mit anderer frisch herbenge-
brachten fruchtbaren Erde ausgefüllt. An
dem zu verpflanzenden Baum schneide man
nicht nur die Spitzen der zu langen, oder am
Ende zerquetschten Wurzeln mit einem scharfen Messer glatt ab (dieß ist die gewöhnliche
Procedur hier zu Lande!) sondern stutze auch
die an der Krone des Baums befindlichen,

rgal

egal ausgewachsenen Zweige, nach der Größe
der Wurzel mehr oder. weniger, wenigſtens
doch auf 6 bis 8 Augen oder Knospen ab.
Die einwärts oder kreuzweis gewachſenen
ſchneide man bey ihrem Urſprung ganz weg,
laſſe aber in den folgenden Jahren beſonders
die kleine kurze, etwa 3 bis 4 Zoll lange Zweige
(Fruchtzweige) die dicht mit Knospen beſezt
ſind, und künftig am erſten Blüte und
Früchte geben, ganz ungerührt. Uebrigens
iſt es ganz unnöthig, die vorige Stellung des
Baums gegen Norden oder Süden zu bemerken. Nur bey ältern, dikten Bäumen, deren
Saftröhren nun einmal ſchon durch Länge der
Zeit, an der kältern Nordſeite enger als an
der wärmern Südſeite geworden ſind, (wie
man an jedem quere abgeſägten alten Baum
deutlich ſehen kann) hat dieſe Bemerkung
einigen Nußen.

Das Verpflanzen ſelbſt verrichte man,
wo möglich, nur bey trokner Witterung und
nicht zu naſſer Erde. Man grabe in dem
ſchon vorher zubereiteten Boden ein Loch ſo
weit und tief, wie die Wurzeln des Baums.
iſt, ſetze den Baum hinein, halte ihn gerade
dieſe

drehe die kahlste Seite der Krone gegen Süs
den, und beobachte, daß er mit den andern
Bäumen in gerader Linie und gehöriger Ordnung stehe. Alsdann, unterdessen ein anderer den nun zurecht gestellten Baum stille hält,
steche man mit dem Spaden die zu nächst an
den Wurzeln sitzende Erde los, daß sie an die
Wurzeln falle, und schütte auch etwas von
der ausgegrabenen Erde oben auf die Wurzeln, bis sie beynahe bedekt sind. Dann
schüttle man den Baum sanfte, doch geschwinde
auf und nieder, daß die lose Erde wohl
zwischen die Wurzeln komme, trete sie mit
dem Fus, ein wenig behuthsam an, lege die
übrige Erde hinzu, trete auch diese fest, und
mache endlich um dem Stamm herum, so
weit unten die Wurzeln reichen, eine kleine
Vertiefung in der Erde, zum künftigen Be-
giessen. Dicht am Stamm aber erhöhe man
die Erde ein wenig, um da das Wasser abzuhalten. Vor allen Dingen sehe man zu, daß
der Baum nicht tiefer, wie vorher zu stehen
komme, oder daß seine Wurzeln oben nur
mit einem guten Fingerbreit Erde bedekt
werden.

Hernach ſtekke man einen geraden ſtarken Stok an der Nordſeite des Baumes ein,
und binde ihn mit ſtarken Baſt, oder mit
Welden und zwiſchengelegten Moosfeſt an,
reinige ſeine Krone vom Raupengewebe, und
die Erde vom Unkraut, begieſſe ihn bey trokner Witterung nur ſelten, aber durchdrin-
gend, umwinde ihn gegen den Winter am
Stamm mit einigen Dornzweigen, wider die
Beſchädigung von Haſen, Schafen u. dergl.
ſteche im Herbſt unten die Erde flach um,
damit die Winterfeuchtigkeit einziehe, ſchneide
in den folgenden Frühjahren immer die unor-
dentlichen Zweige weg, erneure die Beveſti-
gungsbänder um den Stamm an einer friſchen
Stelle, und laſſe ihm, wenn er ſtark blühen
ſollte, in den erſten Jahren nicht zu viele
Früchte. — Die Vortheile der Baumſchu-
len, ſind nicht genug zu erheben. Die Zie-
hung der Fruchtbäume in allerley Formen von
Kegeln, Pyramiden u. ſ. f. ſollte aber nicht mehr
geduldet werden; denn ſie ſtreitet nicht blos
gegen allen geſunden Geſchmak, ſondern iſt
auch faſt immer dem Baum ſelbſt ſchädlich,
den die Natur nicht zu einer ſolchen abge-
ſchmakten Gewaltthätigkeit ſchuf.

Was

Was die Vertilgung der Raupen anlangt
— so sind viele von den bisher dazu vorgeschlagenen Mitteln unbequem, unzulänglich
und zum größtentheil auch kostbar. Die
natürlichste Art des Verfahrens ist also doch
wohl: daß der Landmann (wie es fast allgemein in Franken geschieht) mit Hülfe seiner
Kinder oder Dienstboten, die Raupen absucht
oder abschüttelt, oder sie auch durch einen unter den Bäumen gemachten Dampf zu erstikken, herunter zu treiben, und hierauf zu tö-
den sucht. Diese schon allenthalben bekannte
und eingeführte Verfahrungsart, bleibt immer das vorzüglichste Mittel dagegen. Nur
darf man die Raupen weder vergraben, noch
in's Wasser werfen; man muß sie schlechterdings zu ihrer sichern Vertilgung verbrennen.
Schon im Februar fange man an, alle Rau-
pennester abzukehren, und besonders die Ritzen
bejahrter Stämme durchzusuchen. Bey'm
Schütteln breite man ein weisses Tuch unter
dem Baum, um die junge Brut zu erhaschen
und zu verhüten, daß sie nicht auf dem Boden sich wieder versammle. Vortheilhaft ist
es, wenn man die Eyer und die Weibchen zer-
stöhren kann; diese sind durch ihre Größe,

weiß-

weißliche Farbe, und faſt unbewegliches
Stillſitzen an den Stämmen kenntlich.

Die Ringelraupe, die ſich bey Tag und
heiterm Wetter überal, auf den Zweigen zer-
ſtreut, ſizt des Abends, bey regnigtem Wetter und nach einem ſtarken Thau früh vor Son-
nenaufgang, haufenweis am Stamm des
Baumes beyſammen; dieß iſt alſo die beſte Zeit
zu ihrer Zerſtöhrung.

Man bemerkt eigentlich dreyerley Gattungen von ſchädlichen Raupen. Die Neſt-
raupe, die am erſten geſchehen, und ordentlicher Weiſe durch fleißiges Abſuchen, zumal in
in der kühlen Morgenzeit, ausgerottet wird;
die Stammraupe, die ihre Eyer auf rauhen
Schwamm oder Pelz zwiſchen den Schalen der
Aeſte und in die Klüfte der Bäume legt,
weshalb ihr ſchwerer beyzukommen iſt; die
Ringelraupe, die ihre Eyer auf einen feſten
Ringe um die zarteſten Sproſſen herumlegt,
am meiſten die oberſten Spitzen der Bäume
dazu wählt, und dadurch ſehr ſchwer zu vertilgen iſt. Alle drey Gattungen können indeß
durch verſchiedene Mittel zerſtört, und ihre
Ver-

Vermehrung gehindert werden. Diese Mittel
sind bisher meistentheils nur im Kleinen an,
gewendet worden. Wie aber, wenn sie ganze
Obstgärten und Wälder abfressen, wenn
man weder dem Schmetterlinge, welcher die
Eyer so sorgfältig verbirgt, noch den Eyern
selbst wegen der Höhe der Bäume beykommen
kann, oder wenn der Schmetterling seine
Eyer zur Zeit der Blüte auf die junge Rü,
besaat schmeißt, woraus kleine Raupen in den
Schoten erwachsen und sie verzehren? — Wenn
man den Schmetterlingen beykommen will, so
säe man in den Gärten, oder neben dem Holze,
nach Verhältniß der Größe, Samen von dem
sogenannten gefüllten Rittersporn, der leicht
und ohne alle Mühe in einem frisch bearbeite,
ten Land aufschießt. Sobald dieser, nach
Gelegenheit der Aussat, im Monat Junius
zu seiner Blüthe gedeiht, so setzen sich die da
herum befindlichen Schmetterlinge haufenweis
an die Ritterspornstengel, so nach Beschaffenheit der Menge, oft 50 und mehr an einem
Stengel sitzen. Diese lasse man durch Kin,
der ablesen oder sonst umbringen, so wird man
den Nutzen davon augenscheinlich sehen. Die,
ses Ritterspornkraut ist eine gewisse Witte,

S 3   rung

rung für dieses Insekt. Denn, wo sich sol=
ches befindet, verläßt es die Bäume, und
sezt sich daran. Es ist auch nicht schwer fort=
zupflanzen. Wenn es einmal blüht, ist es
sehr leicht zu erhalten. Denn es giebt viel
Samen, und derjenige, der ausfällt, geht
nach Winters auf und wächst, wie Unkraut.
Wenn man nur im Frühjahr, so bald es trok=
ken wird, einmal, im Monat darauf wie=
der, und um Johannis zum Drittenmal diese
Rittersporn säete, so könnten dadurch, in=
dem sie fast einen Monat blühen, die Raupen
oder Schmetterlinge die sich in allen warmen
Monaten zeigen, um ein beträchtliches ge=
tilgt, und der Schade von Feld und Baum=
früchten glüklich abgewendet werden.

Das gemeine bekannte Mittel gegen die
Ameisen ist: daß man eine mit Honig und
Wasser angefüllte Bouteille an die Bäume
hängt, nach welcher die Ameisen gehen. Der
Geruch des Honigs lokt sie; sie kriechen in die
Flasche und ersäufen sich haufenweise. Allein,
weil der Honig, der durch seine Schwere zu
Boden sinkt, und das kalte Wasser, das oben
schwimmt, die Unbequemlichkeit verursachen,
daß

daß dadurch die ausdünstenden Theilchen zu-
rükgehalten werden; so muß man die Vorſicht gebrauchen, beydes vorher vollkommen
durch ein Aufkochen über den Feuer zu mi-
ſchen, und ſodann die Bouteille nur auf die
Hälfte anzufüllen. Dadurch werden die
Ameiſen ſtärker geréizt und ſchneller vertilgt.

Einige ſammeln auch eine große Menge
Holz - Ameiſen und tragen ſie in die Gärten
oder Baumſtükke. Unter dieſen großen und
kleinen Ameiſen herrſcht eine ſolche Feind-
ſchaft, daß ſie ſich, wenn ſie an einem Orte
bey einander wohnen, zuſammenrotten und
die Kleinen anfallen, auch nicht eher zu ſtrei-
ten aufhören, als bis die Kleinen völlig aus
ihrer Wohnung verjagt und aufgerieben ſind.
Man hat angemerkt, daß an den Orten, wo
die großen Ameiſen wohnen, die Bäume
ſehr gut fortkommen.

Ein anderes Mittel deſſen man ſich gegen die Ameiſen bedient iſt dieß: Man nimmt
zwey Theile gelben gemeinen Schwefel, einen Theil Doſten oder Wohlgemuth, macht

S 4 das

das Kraut bey gelinder Wärme troffen, reibt
es klein, und mifcht's mit dem gleichfals ge-
pülverten Schwefel unter einander. Darauf
räumt man die Erde am Fus des Baums
etwas weg, und ſtreu't allenthalben, wo ſich
Ameiſen befinden, von gedachtem Pulver hin,
und vermengt es mit der Erde. Die Ameiſen weichen gleich fort. Man kann es in
Menge einſtreuen, denn es iſt nicht theuer.
Bey großer Dürre iſt es rathſam, das Erdrich
etwas anzuwäſſern. Das Einſtreuen wird ſo
lange wiederholt, bis die Ameiſen vertrieben
ſind. —

Weinbau.

(Der wichtigste Dienst, den man Nationen, die vom Wein- und Akkerbau leben, zu leisten im Stande, besteht darinn: ihnen neue Entdekkungen, oder vielmehr den Erfolg solcher Versuche, die man — im Bezug auf Akkerbau — mit genauer Sorgfalt, gehöriger Sachkenntniß, und in einer ununterbrochenen Reihe von Jahren angestellt, mitzutheilen — und ihnen dann auch die Mittel und Wege genau anzugeben, wie sie — ohne stärkerem Zeit- und Kostenaufwand — ihre Produkte vermehren und vervollkommen können.)

Daß der Weinbau nur für Liebhaber, und für solche Gegenden zu empfehlen ist, wo uns die Natur verbiethet, Berge zu ebenen, und Getreydefelder anzulegen; ist eine

aus-

ausgemachte Wahrheit, die keines weiteren
Beweises bedarf. Siehe: II. Theil der praktischen Anleitung zur ganzen Landwirthschaft von
einem praktischen Oekonom C. O. Leipzig 1788.
Schon die Römer haben die Schädlichkeit des
übertriebenen Weinbaues erkannt, und den
zu starken Anbau in ihrem gesegnetem Lande,
durch dagegen gemachte Verordnungen zu un-
terbrechen gesucht. Gleiche Verordnungen wider den zu häufigen Anbau des Weines, hat
man neuerlich in den französischen Provinzen
ergehen lassen. Ein französischer Patriot drükt
sich, in einer kürzlich erschienenen Abhandlung,
die die Sucht, jede, oft die beste Gegend,
mit Reben zu bepflanzen, zum Gegenstand
hat, folgendermaßen hierüber aus: „Es ist
bekannt, daß auf Ebenen hin und wieder schon
lange her Reben gebau't werden; und diese
schädliche Gewohnheit nimmt von Tag zu Tag
mehr zu. Man übergiebt seine Bittschrift an
die Herrrn Intendanten, und wendet vor,
als sey der Art zu jedem andern Produkt,
nur zu Reben nicht, gänzlich unbrauchbar.
Es wird ein Commißarius abgeschikt und dieser entscheidet dann — meistens aus Unkunde
des Erdbodens — da oft das beste Land zu

Re-

Reben beſtimmt wird — ihren Wünſchen gemäs. Doch geſezt auch, man wollte nur die minder ergiebigen Aekker in Reben umwandeln, wie
bald würden die relative Gleichheit unſerer Nah-
rungsbedürfniſſe geſtöhrt und in Unordnung gebracht ſeyn! Ein großer Theil unſerer Mit-
bürger würde genöthigt ſeyn, ſich von Trunk
zu ernähren. Wär es nicht beſſer man un-
terrichtete den Landmann, wie er ſeine minder einträgliche und bösartige Aekker in künſt-
liche Wieſen umſchaffen könne? — Er hätte
dann Futter für ſein Vieh, den nöthige Dung
für ſeine übrigen Aekker, und den Nußen aus
Erndt' und Herbſt verdoppelt, könnte mehr
Vieh halten, bekäme mehr Milch, Butter,
Fleiſch und Dung; alſo vierfachen Vortheil,
wo er bey Anpflanzung der Reben, eines um
das andere verlieren müßte. Ein bekannter
Schriftſteller ſagt unter andern vom König-
reich Ungarn:" Dieſes Land hat ohnſtreitig
in allem Betracht: alle nur mögliche Vorzüge,
und deſſen ohngeachtet haben die Eigenthümer
der Weingärten daſelbſt nur ſehr wenige Einkünfte hiervon, und ſehr viele der daſigen Be-
wohner, müſſen ſich bey allen ihren vortreflichen Weinbau kümmerlich ernähren, würden
ſich

sich aber in weit gesegneteren Umständen befinden, wenn sie den zu häufigen Anbau des
Weines unterliesen, und ihr Augenmerk mehr
auf andere, weit nüzlichere Produkte richteten, welche ihnen zehnmal mehr Nußen gewähren würden."

Ein Gleiches, kann man mit allem
Grund der Wahrheit, auch von Franken sagen! der fränkische Bauer ist theils Orten,
dergestalt auf den Weinbau versessen; daß er
ihn nicht nur da, wo er zur Nothwendigkeit
geworden, (nehmlich auf blos dazu tauglichen
Gebirgen) sondern leider! auch da treibt, wo
er füglich Getreidefelder oder künstliche Wiesen anzulegen im Stande wäre.

Wie viele unter den fränkischen Landleuten, könnten nicht — durch Verwandlung ihren wenig oder wohl gar nichts eintragenden
Weinberge — in Getreidefelder oder künstliche Wiesen — ihren Viehstand und durch
diesen wiederum ihre Einkünfte vergrösern! —
Es giebt deren viele, die nicht eine Hand breit
Akkerland besißen — unter diesen aber nur
wenige (sie mögen nun wirklich Bauern oder
blos Taglöhner seyn) die nicht bey alle dem,
we-

wenigſtens ¼ oder ½ Morgen Weinberg zu ihrem Eigenthum záhlten. Ein ſolcher muß
denn immer viele Koſten und Arbeit auf's Un-
gewiſſe — auf ſeinen Weinberg verwenden,
und nicht ſelten quält er ſich mit ſeiner Fami-
lie Jahr aus Jahr ein, umſonſt und um nichts,
und wird dadurch nothwendig in die klägli-
chen Umſtände verſezt: immer kümmerlicher,
immer dürftiger leben zu müſſen.

Man kann gar füglich annehmen: daß
wir im Durchſchnitt unter 10 Jahren, kaum
auf 2 gute Weinjahre Rechnung machen dürfen. Hieraus läßt ſich nun leicht erſehen,
was bey dem alljährlichen vielen Aufwand in
den Weinbergen (zumal für ſolche Leute
bey denen es immer von der Hand in's Maul
geh't, die mithin; ſo lange der Gewinnſt aus-
bleibt, genöthigt ſind: ihre Zuflucht zum
Borgen nehmen zu müſſen) zu verdienen ſey.
Ein ſehr gründlich denkender Oeconom, ein
wirklich patriotiſch geſinnter Mann, drükt ſich
in ſchon angeführter Praktiſcher Anleitung zur
ganzen Landwirthſchaft folgendermaſen über dieſen Gegenſtand aus: ,,Es würde äuſſerſt unrecht ſeyn, jemanden viele Vortheile vom
Wein-

Weinbau zu versprechen, welche derselbe noch
niemals, auch bey den besten Jahren nicht,
bey uns zu Lande gewährt. Gleiche Anlagen
kosten sehr vieles Geld, sind also nur für solche
Personen, die überflüßig Geld haben, dasselbe nicht nöthiger brauchen, und blos zum
Vergnügen einen Weinberg mit großen Kosten anlegen und unterhalten wollen. Ich bin
ein Landwirth, und meine Pflicht ist, auch
andern Landwirthen meine Erfahrungen aufrich-
tig mitzutheilen, und den noch Unerfahr-
nen zu sagen, auf was Art sie ihre Ländereyen
am höchsten benutzen können, damit sie als ge-
treue Unterthanen ihrer Landesherrn, die schul-
digen Abgaben gehörig entrichten, und überhaupt als gute Bürger des Staats ihre Pflich-
ten erfüllen, übrigens aber als ehrliche Männer leben können. Diesen Zwek würde ich
aber verfehlen, wenn ich andern zu Erziehung
ländlicher Produkte, wovon sie wenig oder
gar keinen Nutzen haben können, wider bes-
seres Wissen aufmuntern wollte, ja, es würde
mir äusserst leid seyn, jemanden das geringste
angerathen zu haben, von welchem er keinen
sonderlichen Nutzen, vielleicht gar Schaden
haben könnte. Kurz! ich sage nochmals:
wer

wer nicht Geld zu Weinbergs-Anlagen ent-
behren kann, oder sich schlechterdings in einer
solchen Lage befindet, daß er seinen Grund
und Boden nicht auf eine vortheilhaftere Art
benutzen kann, der lege keine Weinberge an,
sondern brauche sein Land zu nützlichern Pro-
dukten, und lege sich lieber auf eine gute
Viehzucht, alsdann wird er mehr gewinnen und besser, als beym Weinbau leben
können."

Es ist erwiesen: daß ein Weinberg, der
gegen Abend liegt, auch bey der günstigsten
Witterung nur mittelmäßigen Wein hervorzu-
bringen im Stande ist (weil die Sonne zu
spät dahin kömmt mithin nicht gehörig wirken
kann. Sie kann nur selten den Boden und
Stöcke durch ihre Strahlen gehörig austroknen und erwärmen, ehe die Abendkälte und
der Thau wiederum eintreten. Die Lage ist
gegen Mittag die beste, und die so viel möglich frey ist, daß die Sonnenstrahlen durch
keine nahe andere Berge abgehalten werden.
Zwar pflegen die so frey liegenden und hohen
Berge den späten Nachtfrösten, die auch wohl
im Maymonat einfallen, ausgesezt zu seyn,
wo-

woburch die Augen, die jungen Triebe, das
neue Laub, und die sich zeigenden Blüthen
leicht erfrieren. Doch treiben auch die Stöcke
auf diesen Bergen, am ehesten wieder nach,
und die Trauben werden eher zeitig, und geben stärkern Most. Es ist erwiesen: daß auf
ganz platten oder ebenen Lande, höchstens nur
ein mittelmäßiger Wein wächst; denn der
Weinstok erhält hier nicht so viel Wärme von der
Sonne, mithin kann auch der Saft nicht gehörig ausgearbeitet und verfeinert, auch die
Früchte und das Holz nicht so bald zeitig und
reif, als auf Anhöhen werden. Die Sonne
bescheint die Berge nicht nur eher und auch
länger, als die Ebenen; sondern ihre Strahlen fallen auch dahin weit gerader und nicht
so schief, als auf flache Felder, mithin sind
dieselben viel wärmer und wirken mehr auf
das Erdreich und auf den Weinstok, als in
flach liegenden Weingärten; auch hält auf den
Bergen der Schatten die Sonnenstrahlen nicht
so sehr von den Stöcken ab, wie auf der
Ebene.

Es ist erwiesen; daß auf solchen Boden,
wo die untersten Schichten der Erde aus Thonarten

beſtehen, ſehr wenig guter Wein wächſt: weil
die Thonerde ſehr kalt und naß iſt, mithin
die Wurzeln des Weinſtoks nicht erwärmt,
ſondern vielmehr erkältet, auch wohl gar durch
die viele bey ſich habende Näſſe erſäuft werden; folglich werden die Trauben verhindert,
ihre gehörige Reife oder Zeitigung, ſo wie in
warmen und trokenen Boden zu bekommen.
Es iſt erwieſen: daß die Stökke — wenn der
Wein gehörig gedeihen ſoll! nicht zu dichte
aneinander geſezt werden dürfen; damit ſie
mehr Luft und Sonne erhalten, mithin eher zeitigen können; denn jemehr Sonne und Luft zu
allen Theilen des Weinſtoks kommen kann, deſto
beſſer werden ſowohl die Stökke, als auch die
Früchte, gedeihen. So erwieſen nun auch
dieß alles iſt; ſo ſieht man dennoch hin und
wieder im fränkiſchem Lande: Weinberge deren Lage gegen Abend, ganz flach liegende
Weingärten, ſolche, deren Grundlagen aus
Thonarten beſtehen, und dann wiederum die
Stökke ſo dicht aneinander ſtehen, daß man
kaum, ohne ſie auf beyden Seiten zu beſchä-
digen, durch die Zeilen zu kommen im Stande
iſt. Die alten Römer ſezten im magern Boden einen Stok vom andern 5 Schuh weit,

im mittlern 6, im fetten 7 Schuh weit, und
eine Reihe stund von der andern 6 Schuh
ab. Auch liessen sie sonst einen Stok vom
andern 2 bis 2½ — 3 Schuh abstehen. —
So können, Sonne Luft und Thau einen unge-
hinderten Zugang rings umher zum Stok behalten, und die Sonnenstrahlen bey alle dem
den Boden nicht ausbrennen.

Ehe ich nun den fränkischen Weinbau,
wörtlich zu beschreiben anfange, will ich erst
nur mit wenigen Worten der Mauern gedenken, die man hin und wieder, in den Weinbergen aufgeführt findet. (Dieß betrift aber
nur die allergeringste Anzahl, der im fränkischen Lande befindlichen Weinberge, macht
gleichsam eine Ausnahme von der Regel, denn
die meisten sind nicht mit Mauern versehen.
Ich erwähne dieser Mauern blos aus dem Ge-
sichtspunkte weil sie sehr gut sind, und zu baldiger Zeitigung der Trauben sowohl, als des
Holzes und zur dauerhaften Erhaltung des
Weinbergs selbst nicht wenig beytragen, und
weil sie in dieser Rüksicht wirklich allgemeiner
— statt der gewöhnlichen Dorn oder lebendi-
gen Hekken wenigstens, mit welchen die Weinberge

berge eingefaßt ſind — eingeführt zu werden
verdienten. Hauptſächlich iſt dieß von Wein‑
bergen an hohen Lagen zu verſtehen, wo —
wegen des abhängigen Erdreichs ſchlechter‑
dings hin und wieder Mauern geführt wer‑
den müſſen; denn an ſolchen ſteilen Ber‑
gen, waſchen die ſtarken Regengüſſe viele
Erde herunter, welche dann mühſam wie der
heraufgeſchaft werden muß — mithin ſol‑
che Weinberge der Art noch koſtbarer als
ohne Mauern zu erhalten ſind. Im Hohen‑
loiſchen unter andern, ſieht man in jedem
Frühjahr, ganze Schaaren von Menſchen
(beyderley Geſchlechts) die ſteilſten Berge —
gleich den Gemſen — hinanklettern; um die
herabgerollte tragbare Erde, Buttenweis, vom
unterſten Fus des Berges, bis auf den ſteilſten
Gipfel deſſelben zu ſchleppen.

Bey ſolchen aufzuführenden Mauern,
wird — nach vorhergegangener richtiger Ein‑
theilung — in der Mitte des Weinbergs eine
ordentliche Treppe, und die auf beyden Sei‑
ten zu ſtehen kommende Mauer dergeſtalt an‑
gelegt, daß jede Seite mit der auf der andern
Seite befindlichen in der Höhe — (ohngefähr

4 El‑

4 Ellen hoch,) und Linie fortlaufe, und dieselben sich — nach Befinden der Umstände
oder der Rundung des Bergs — schief nach
demselben hinziehen, auch die Mauern nicht
abfallen. Der Grund der Mauer kömmt auf
guten und festen Boden zu stehn; die Mauern oder die Schichten werden nicht perpendi-
culár (nicht gerade über den Boden in die
Höhe; weil sonst das herabschiessende Wasser,
und die Erdenlast die Mauern nach und nach
auseinander drükken, folglich dieselben bald
einfallen würden) sondern schief gegen den
Berg hingeführt, damit das Gewicht derselben gegen den Berg hindrükt. Zu diesem
Ende wird also jede Schicht der Steine verhältnißmäßig weiter gegen den Berg hingerükt,
als die untere Schicht, folglich geht die untere Schicht ohngefähr 1 bis 2 Zoll weit über
die gleich darauf liegende Schicht hervor.
Diese Mauern werden hinten durch eine gute
Ausfüllung — (welche ohngefähr ½ bis eine Elle
stark) mehr befestigt. Hin und wieder findet
man auch in den Bergen selbst Steinbrüche *):

aus

*) Dieß ist hauptsächlich von den Mayn- Tauben
und Kocher- Gegenden zu verstehen — wo das
Aug'

aus diesen werden nun die erforderlichen Steine im Vorrath gebrochen, und die Mauern damit aufgerichtet und ausgebessert. Der durch das Steinbrechen entstandene Abgang, wird hinter die angelegten Mauern schichtweis eingefüttert; viele schütten auch zwischen jede Schicht dieses Abfalls wiederum eine Schicht Erde, und fahren bis gegen die Höhe der Mauer damit fort, und schütten alsdann ohngefähr eine Elle guten Boden oben darauf: dadurch erlangt die Mauer nicht nur mehrere Dauerhaftigkeit, sondern es dringen auch in der Folge die Wurzeln der oben auf den Beeten angelegten Weinstöcke dazwischen ein, und die Weinstöcke bekommen dadurch mehr Dauer.

Je mehr man sich — bey Beschreibung irgend einer Sache, bemüht: auf den Ursprung oder die Quelle derselben zurük zu gehen, desto richtiger und zusammenhängender ist man sie vorzutragen im Stande. — Dieser logikalischen Regel zu Folge; will ich meine

T 3

Aug' nicht selten im steinigten Arabien zu seyn wähnt — durch die unglaubliche Industrie des ganzen, aber bald wieder von seiner Täuschung zurük kömmt. —

meine Beschreibung des fränkischen Weinbaues
— mit der Fortpflanzung des Weinstoks anfangen.

Die meisten Weinbergs-Besitzer in Franken
pflanzen den Weinstok, durch Fechser, oder Setz-
holz (Blindholz, Schnittholz) fort. Dieß
ist eine, Weinrebe, oder ein abgeschnittener
junger Schuß eines alten Weinstoke, der
gleichwohl ein paar Zoll auf altem Holz steht;
dieser Schuß muß wohl 4 Schuh lang seyn,
so hat er einen langen Tritt. Es geschieht
theils im Spät-Herbst theils im Frühjahr.
Wenn man nicht just ein Erdreich vor sich hat,
welches von Natur, oder seiner Lage und Beschaffenheit zu Folge — Wasser oder viele
Feuchtigkeit bey sich behält — so ist erstere
Jahrszeit zu diesem Unternehmen, der lezten
vorzuziehen. Die junge Pflanze, wird, durch
die Erde die sie umgiebt, und die sich vermöge ihres eigenen Gewichtes und der häufigen Regen die sich den Winter hindurch ein-
stellen, an sie heran schmiegt — recht mit der
Erde verbunden (so daß sie keine Zwischenräume gestattet, und sich genauer mit den er-
nährenden Theilen dieser Erde vereinigt, es
ihr

ihr mithin leichter ist, die ihr nöthige Feuchtigkeit und Nahrung aus selbiger herauszuziehen; so daß sie sich — wenn sich der Trieb
von neuem wieder einstellt, in dem ihr ange-
wiesenen, und mit allen zu ihrem gedeihlichen
Wachsthum erforderlichen Nahrungstheilchen
angeschwängerten Boden — schon wie in ihrem eigentlichem Elemente befindet. Im
Herbste wird von der Zeit an, wo das Laub
von den Stöcken fällt, bis zu Ende Novemb.
— im Frühjahr ohngefähr medio Februars
bis zu Anfang Aprils auch Mays verpflanzt.

Zu diesen Fechsern (oder ungewurzelten
Reben) nun, wird das schönste, reifste und
gesundeste Holz ausgesucht, und nach dem
Abschneiden vom Stokke, sogleich frisch in
hierzu besonders guten und recht lokker gemachten Boden gelegt. Am untersten Ende
dieser unbewurzelten Reben oder Fechser, bleibt
noch etwas vom vorjährigen Holze stehen
(welches zum Fortkommen und Fruchttragen
des Weinstoks in der Folge sehr gut und nüzlich ist!) auch sieht man sehr darauf: daß
die Fechser, nachdem sie vom untersten des
Stoks weggenommen worden sind, die Augen
etwas weit voneinander abstehen haben, daß

T 4

das

das Holz unten eben so aussieht, wie in der
Mitte und oben (weil solche Reben geschwinder treiben und fortkommen!) und recht lange
Reben zu erhalten — um recht viele Augen in
die Erde einlegen zu können, weil sie alsdann
viele Wurzeln zu schlagen im Stande sind,
und ein dauerhafter Stok daraus entsteht.
Sie werden $\frac{3}{4}$ Fus tief gesezt: und ein Pfahl
dazu gestekt, an welchen das aussenstehende
Ende, aufwärts gebogen, gebunden wird.
Dieser Schuß treibt im ersten Frühjahr, und
wenn er 1 oder 2 Nebenschösse getrieben, so
ist der Fechser völlig, und gerathen. Aus diesen Schossen wird die Gabel geschnitten.
Treibt die Rebe aber nur einen Schoß, so
heißt dieß einöhrigt, oder ein Einöhrlein, die
Gabel aber macht, wenn der Fechser älter
wird, den Kopf. Die Fechser-Besichtiger
werfen die einöhrigten als untauglich aus.
Auf diese Art wird ein Fechser-Weinberg angelegt, welche Fechser denn zu ihrer Zeit als
Stöffe in den Weinberg gesezt werden. Die
Entfernung derselben von einander, läßt sich
aber nicht im Allgemeinen bestimmen, weil
jeder Weinbergs-Besizer seinem eigenen Gut-
dünken hierinnen folgt: auch muß z. B. auf
                                    hoch

hoch liegenden Plätzen, der Abstand größer, als in einem tief liegenden, fetten und frucht-baren Grunde seyn, in welchem man so viel Zwischenräume zwischen den jungen Setzlingen nöthig hat, und als in einem Erdreich, wel-ches mager ist, weil sie sonst im lezteren Fall nicht Nahrung genung haben, und einander aussaugen würden. Nach dem vortreffli-chen, erst im Jahre 1789 erschienenen Werke von dem Herren Maupin — L'art de la Vigne et des Vins à Paris sollen die Reihen wohl 5 Fus und die Stöffe darinnen wohl 1½ Fus von ein-ander entfernt seyn: wenn sie enger zusammen stehen — so ist es den Stöffen äusserst schäd-lich, und man hat noch überdieß nicht so viel Wein zu gewarten *). Je weniger ein Wein-

T 5   berg

*) Jeder Stof, muß ja nothwendig einen Theil der Säfte, die er durch seine Wurzeln an sich zieht, zu seiner eigenen Nahrung und Erhal-tung verwenden; mithin kann dieser, der Art verwendete Theil des Nahrungssaftes, keinen neuen Trieb bewirken, oder nicht Zweige her-vorbringen, die einst Früchte getragen hätten. Hieraus folgt ganz deutlich: daß die in einem Weinberg vorhandene unverhältnißmäßige An-zahl

berg mit Stöcken übersezt ist — desto gehöriger, ist man ihn zu bearbeiten und zu düngen im Stande: und ein gut bestekter, gut
gedüngter und eben so gut bearbeiteter Weinberg, wird dem Besitzer mehr eintragen, als
3 andere eben so gute, viel stärker bestekte,
wenig gedüngte und schlecht bearbeitete Weinberge.

An manchen Orten werden wohl auch
die Fechser 3½ Schuh von einander gelegt.
Es wird zu dieser Absicht ein Graben 1½ Schuh
tief

zahl von Stöcken, weit entfernt dem Besitzer
des Weinbergs zu größerem Nutzen zu reichen — offenbar seinen größten Schaden bewirkt. Er sollte — um weniger zwekwidrig,
weniger gegen seinen Vortheil zu handeln —
die Hälfte seiner zu dichte aneinander stehenden Stöcke eingehen lassen; nehmlich allemal
von zweyen Stöcken, die um weniger als einen Fus auseinanderstehen — den einen und
zwar den schlechtesten von beyden hinwegneh-
men; dadurch würde der bessere stehen blei-
bende unendlich gewinnen. Auf diese Weise
könnte er alle Stöcke, die nur schlechte Früchte,
und nur in ungewöhnlich guten Jahren tragen,
mit einemmale aus seinen Weinberg vertilgen.

tief gezogen, und in demselben Zeichen, nehm=
lich Stükke von jungen Eichenholz, 2 Schuh
lang, und wie ein starker Weinpfal dik, 3½
Schuh von einander gestekt. Wo das Zei=
chen stekt, wird dann ein kleineres Gräblein
1 Zoll tief gemacht. Von der obern Erde,
als dem gebauten Boden, wird eine Haue
voll in den Graben geworfen, hierauf wird der
Fechser, der vorhin zugeschnitten ist, und 2
Triebe in Gestalt einer Gabel, die 2 Zoll
lang seyn muß, hat, eingelegt. Die Gabel
wird an das Zeichen mit einer Weide fest ge=
macht. Das untere des Fechsers wird auf
das vorher gemachte kleine Gräblein vorwärts
hingebogen, und mit 3 bis 4 Hauen voll von
der obern guten Erde zugedekt, wo also der
Fechser vorwärts hin in der Erde liegt, das
heißt der Tritt. Wenn dieses nun durch den
ganzen großen Graben gescheh'n, so wird der
Graben nach und nach zugefüllt, so, daß also
die obere gute Erde unten, die untere oben
hinkommt. Auf die Art werden nun auf dem
ganzen Akker Gräben gezogen und eben so ver=
fahren. Das Fechserseßen im ersten Jahr
nachdem das Wetter günstig ist, zu Ende des
Maymonats oder Anfang des Junius, werden
die=

diese Fechser oben bis zur Gabel aufgeräumt
und bey nicht gar zu trokner Witterung gehakt, und vom Unkraut gereinigt, auch hin
und wieder — nach Befinden der Umstände,
den Sommer hindurch, mit etwas guter Erde,
und etwas Dünger bedekt, um sie dadurch
wider die folgende Kälte im Winter in Sicher-
heit zu setzen. Die leeren Räume, zwischen
zweyen Reihen, werden mit allerhand Wurzelgewächsen, Kraut, Kohl u. dergl. m. an-
gepflanzt und der Art alljährlich so lange benuzt — bis die Stöcke in der Folge Früchte
zu tragen anfangen.

Im Julius wird mit dem Karst (einer
Hakke so aus 2 scharfen Zinken jede 2 Finger
breit besteht) Das erstemal die Erde ½
Schuh tief umgehakt, das heißt: der länge
nach umgestürzt. Im November oder December wird wieder aufgeräumt, und nun-
mehro werden die Schosse, so aus der Gabel
getrieben, einen Zoll ober der Gabel abge-
abgeschnitten. Was aber inwendig der Gabel sich befindet, wird unter dem getriebenen
Aug ganz weggeschnitten, und der Kopf mit
etlichen Hauen Erde wieder zugedekt.

Im

Im folgendem Frühjahr, werden diese Fächser, ehe sie anfangen zu treiben, abermals seichte behakt *) wobey aber vorsichtiger gearbeitet werden sollte, um die Wurzeln nicht zu beschädigen. Die Gabel läßt man nunmehr offen steh'n. Im May wird wieder gehakt — oder die Erde mit dem Karst umgewendet und locker gemacht. Im Junio wird gebracht. Im Julio hat nun die Gabel wieder getrieben. Diese Triebe werden an das Zeichen mit Stroh angeheftet. Das Stroh zu diesen Heften wird ausgelesen, eingefeuchtet und getreten, damit es biegsam und zum Heften oder Binden geschikt werde. Im August wird wieder gebracht. Im September wird wieder geheftet, und ober dem Zeichen alles weggeschnitten, und zugleich wieder gebrachet. Im November oder December wird der Kopf mit 2 - 3 Hauen voll Erde wieder zugedekt.

Im

---

*) Das heißt: es wird im April ohngefähr, wieder 1/2 Schuh im Umkreis aufgerdumt, oder die Erde womit sie voriger Herbst zugedekt waren, wird mit der Räumhaue weggerdumt.

Im dritten Jahr wird im April der
Kopf oder Knoten, woraus die Reben wachsen, wieder aufgeräumt, und der Stok abgeschnitten, das heißt: man schneidet, wenn
die Reben so stark sind, daß sie einen Setz-
ling geben — die schwächeren ab, und läßt
den stärkeren, ohngefähr ½ Zoll über den
Kopf stehen, und dadurch erhält der Stok
seine rechte Stärke, weil alsdann die meh-
reste Nahrung in den Stamm übergeht *) Im
Gegentheil, wenn man (wie es leider! hin
und wieder geschieht!) 3 oder 4 Jahre wartet, und den Weinstok so fort wachsen und
zum Traubentragen unbeschnitten kommen
läßt, so gehen die mehresten Säfte in die
Haarreben und den Hals; der Stok wird,
                                        wie

*) Aus den 2 bis 3 1 1/2 oder mehrere Zoll hoch
   vom Kopf stehenbleibenden Reben, werden sogenannte Blendstorren gemacht, man schneidet
   ihnen nehmlich mit der Schnittheppe die Augen
   ab. Die Blendstorren werden am liebsten,
   nicht um den Kopf selbst, sondern um densel-
   herum gemacht. Die übrigen Schosse werden
   weggenommen, so daß eines Messerrükkens hoch
   am Kopf sitzen bleibt.

wie es S. 426 der Praktischen Landwirthschaft
in der Abhandlung vom Weinbau heißt — oben
stärker, als unten (welches man leicht gewahr werden kann, wenn man bey'm Stok
eingräbt, denn je weiter man an demselben
hinunter kommt, je dünner wird man denselben finden) er wird alsdann wakkelnd und
schadhaft; der Abgang des Saftes wird zu
stark, so; daß der Stok darinnen ertrinken
kann. Viele Weinbergsbesitzer versetzen die
abgeschnittenen Ruthen an andere Oerter.

Im May wird wieder gehakt, und folgt
die Arbeit wie im vorigen Jahr, nur daß jezt
der Stok einen oder 2 Pfähle bekommt, an
die er angeheftet wird. Im September wird
wieder geheftet und gebracht. Im November und December werden die Reben von den
Pfählen losgemacht, die Pfähle ausgezogen,
die Reben niedergelegt, und mit Erde etwa
ein paar Zoll hoch seicht bedekt.

Im 4ten Jahre, wird nun der Stok
folgends zum Tragen geschnitten, nehmlich (so
wie man alljährlich mit allen Ströken die dieß
Alter erreicht haben durchgängig verfährt!)
alles

alles herausgetriebene starke Holz wird weggeschnitten. Man sollte aber billig mit solchen
Stöcken, welche in der Erde noch nicht stark
genug sind, und keine Reben über die Pfähle
getrieben haben, noch ein Jahr warten, und
ohngefähr auf 3-4 Hölzern ein Paar Augen
stehen lassen, denn ein zu bald geschnittener
Stok geht auch bald wieder ein. In vielen
Gegenden von Franken, bleibt aus dieser Ursache auch der Stok bis zum sechsten wohl sie-
benten Jahr stehen, bis er ganz zum tragen
geschnitten wird.

Im 5ten zuweilen auch schon im 4ten
Jahre, hin und wieder erst im 6ten oder 7ten
Jahr sind sie als tragbare Stöcke zu betrach-
ten, und gewähren — nach Maase des darauf
verwandten Fleißes, gute und minder gute
Erndten.

Im Merz wird alsdann ausgeschüttet,
das heißt: die Reben werden mit einer zakkig-
ten Wafen oder Misthaffen aus der Erde gezogen, damit die anhängende moderigte Feuchtigkeit abtroknen möge. Im April wird wieder aufgeräumt, und nun aufgeschnitten, oder
wenn

wenn der Kopf nun eines Hühnereyes groß ist, dem jungen Stok die ersten Reben gelassen. Ist der Kopf aber noch kleiner, so wird er wieder zu Blendstorren geschnitten. Hat der Kopf die obgedachte Größe, so läßt man ihm eine lange Rebe von 4-5 Schuh lang, und 1 oder 2 Halbreben, 2 Schuh, und darunter, lang. Bey dem Aufräumen des Kopfs schneidet der Häkker den Geiz weg. So nennt man die neben dem Hauptreben am Kopf herausgetriebenen kurze und unnöthige Schößlein, welche gleichwohl nuzbar werden können, wenn die langen Reben verwest sind. Zu einem jeden Stok nun, der aufgeschnitten ist, oder dem man die ersten langen Reben gelassen, wird hinter dem Zeichen (durch das Zeichen wird der Kopf bey dem Hakken vor dem Verletzer geschüzt) nicht aber auf dem Tritt, ein Pfahl geschlagen. Die Reben werden zusammen an einen Pfahl gebunden. Dieses heißt: aufbuschen. Diese lange Reben können nur in diesem Jahr schon einige Trauben tragen, welche auch vor denen in den älteren Stökken eher zu zeitigen pflegen. Sollte allenfals von den zuerst gesezten Fechsern einer oder der andern in den folgenden Jahren ausbleiben, zu keinen Trieb kommen, oder verdorben ſeyn, ſo wird nun zugleich ausgebüſt, oder ausgebeſſert. Nehmlich im Nov. Dec. oder auch Febr. und Merz des künftigen Jahres wird dem Tritt nach, eine Grube gemacht, ſo 1½ Schuh breit und tief, und in dieſelbe ein neuer Fechſer gelegt.

Mit dieſen neu angelegten Ströken, wird nun wie mit den alten, doch mit dieſem Unterſchied verfahren: daß im Schneiden noch 3 bis 4 Jahr eine Aenderung beobachtet wird, und die alten und dikſten Reben wieder vom Kopf abgeſchnitten, und 2 bis 3 Blendſtorren gemacht werden. Hernach werden 2 bis 3 Bogenreben (eine Rebe welche an den Pfahl wieder um, oder niedergebogen wird) und 2 halb Reben, auch ein Knäutel, der vom Kopf heraus ½ Schuh lang iſt, gelaſſen.

Dieß wäre nun eine, der vielen Verfahrungsarten: den Weinſtok in Franken fortzupflanzen. Ehe ich zur Beſchreibung einer Zweiten ſchreite, will ich aber erſt — wie im Vorbeygehen — einiger bey ſchon beſchriebener Verfahrungsart (als der allgemeinſte) einge-

geſchlichenen Fehler berühren, die meines Erachtens zu nachtheilig für den Weinbau, als
daß ich mir erlauben könnte, ſie mit Still-
ſchweigen zu übergehen.

Viele Winzer ſchneiden die Fechſer ſchon
im Monat Februar von dem Stok ab, und
bewahren ſelbige ſo lange auf, bis ſie ſie einlegen wollen.

Zu Ende May erweichen ſie nachher dieſe
abgeſchnittenen Reben in Waſſer, und legen
ſie in die Erde ein, und zwar bisweilen 4 und
mehrere in eine Grube.

Dieß iſt eine überaus ſchädliche Verfahrungsart: denn die Fechſer müſſen ſchlechterdings im ſpäten Herbſt vom Stok abgeſchnitten und alsbann ſogleich dahin gelegt werden,
wo ſie liegen ſollten; dann können ſie, wenn
es im Frühjahr etwas warm wird, gleich anfangen zu treiben, zumal wann ſie, bey ein-
fallender trokener Witterung dann und wann
(denn zu oft darf es nicht geſchehen, weil
ſonſt die Augen, anſtatt Wurzeln zu treiben,
verfaulen würden!) ein wenig begoſſen werden. Ueberhaupt ſollte man bey'm Verſetzen

U 2   der

der Weinſtökke, die nehmlichen Regeln beobachten, die bey dem Verpflanzen junger Bäume ſtatt
finden.   Im Herbſt gepflanzte junge Bäume
kommen weit beſſer fort, als wann dieſe Ver-
ſetzung im Frühjahr geſchehen.   Der Baum
hat mehr Zeit Wurzeln zu ſchlagen, ehe der
Saft auf's neue wiederum eintritt; da im
Gegentheile, wenn man dieſelben im Frühjahr pflanzt, der Saft mehr in die Höhe
ſteigt, als ſich genugſam in die Wurzeln ausbreitet, um Kräfte zu bekommen, neue und
mehrere Wurzeln, beſonders, wenn nach dem
Setzen anhaltend trokenes Wetter einfällt,
und der friſch geſezte Baum nicht begoſſen
wird.   Der Weinſtok iſt dieſem Uebel noch
mehr ausgeſezt, weil ſeine Rinde und ſein
Holz viel zärter, und ſein Mark noch häufiger
iſt; mithin iſt auf alle Fälle die Anlegung neuer
Weinberge im Herbſte vortheilhafter.

Eines zweyten Fehlers machen ſich viele
Winzer dadurch ſchuldig: daß ſie oftmals die
junge Weinſtökke oder Fechſer, über ein Paar
Monate im Keller, unter dem Vorwand auf-
bewahren, ſie dadurch zu erfriſchen, und
dieſelben alsdann in's Waſſer weichen.   Es
iſt den jungen Reben ungleich weniger nach-

theilig, wenn sie in das bestimmte Erdreich
gehörig eingelegt werden, weil die natürliche
Feuchtigkeit des Erdbodens, und die darinnen
enthaltenen nahrhaften Theile, ihrer Natur
viel angemessener sind.

Es ist eine ebenfalls überaus schädliche
Verfahrungsart, wenn man — wie es viele
Winzer thun! — wohl ½ Dutzend solcher jun=
ger Reben in ein einziges Loch zusammen legt.
Sie müssen nothwendig ersticken, weil kei'ns
die gehörige Nahrung hat. Ueberdieß kömmt
noch der Fall hinzu (den mir noch in diesem
Jahre die Erfahrung bestätigt hat!) daß solche
Winzer die einen oder mehrere Weinberge um den
Lohn bauen, die beste Hälfte davon für sich
zum Verkauf nehmen, und dem Eigenthums=
herren — der ihnen doch Mühe und Arbeit
bezahlt — nur die schlechtere Hälfte überlas=
sen. Ihr räuberisches Verfahren geht noch
weiter! unter dem Vorwand: daß zur Pflan=
zung neuer Weinstöcke, mehrere Fechser nö=
thig, berauben sie oft die besten Stöcke ihrer
stärksten und schönsten Reben: und der Art
werden die Stöcke verdorben, tragen mithin
weniger Trauben, und gehen auch weit eher,
als es sonst geschehen könnte, ein.

U 3   Man

Man sollte auch darauf sehen, die Fech, ser — wenn man deren zu kaufen genöthigt ist — wo möglich aus einen Weinberg zu be, kommen, dessen Boden nicht so fett ist, als derjenige in welchen sie versezt werden sollen; denn es verhält sich damit eben so, wie mit allen andern Gewächsen: wenn man sie aus einem guten und besseren Boden, in einen schlechteren bringt; so treiben sie schlechte Schößlinge, wachsen kümmerlich und gehen in kurzem wieder ein.

Es ist auch in Franken hin und wieder üblich: die Absenker in kleine Körbe oder auch in Rasenstüffen einzulegen, und den Wein, stok der Art — durch Ablegen — fortzupflan, zen. Lezte Art ist an solchen Orten, wo man den Rasen leicht bekommen kann, sehr vor, theilhaft; denn man darf nur ein mäßig starkes Stük Rasen hierzu erwählen, durch dasselbe ein Loch machen, so stark, wie die Rebe ist, und selbige alsdann hineinstekken, und nachher so lange in der Grube stehen laß, sen, bis der Ableger, Wurzeln darinnen ge, schlagen hat; worauf man denselben entweder im Herbst oder Frühjahr, gehörig von dem

Stok

Stok losschneidet, und ihn mit samt dem
Rasen sogleich an den Ort hinsezt, wo er hin»
kommen soll. Auf diese Weise kömmt der
neugesezte Weinstok weit besser fort, als nach
der gewöhnlichen Art ihn abzulegen, wo er
Wurzellos gemacht, und von aller Erde ent»
blößt wird. Nach Verlauf von ein paar Jah»
ren, sezen solche junge Weinstökke schon Früchte
an. Diese Art, die Reben durch Rasenstökke
abzulegen, hat auch den Vortheil, daß man durch
solche Rasenstükke welche man öfters von nichts
bedeutenden Orten wegnehmen kann, zugleich
frische Erde und Dünger in den Weinberg bringt,
welcher Vortheil bey den in Körnen gelegten Re»
ben nicht statt findet. Ueberhaupt ist jene Manier
mit den Rasenstükken, dieser, die Ableger in
Weldenkörben zu machen, bey weitem vorzu»
ziehen; weil ein großer Vorrath an Weiden
dazu erforderlich, die nicht überal befindlich,
und weil alsdann zur Verfertigung der Körbe
viele Zeit nöthig ist.

Das Zweigen der Reben — eine äußerst
vortheilhafte Sache! wird ebenfalls, von
vielen Weinbergs»Besizern, mit dem besten
Erfolg! in ihren Weinbergen practicirt. Sie
bringen vermittelst desselben, nach und nach

U 4   ein

ein ganz andres Geschlecht, welches der Lage
und der Beschaffenheit des Bodens gemäßer
ist, in ihren Weinberg, und ziehen mehr Vortheil davon, als nach der gewöhnlichen Ver-
pflanzungsart. Statt die Fechser theuer bezahlen zu müssen, erhalten sie — ihrem Verfahren zu Folge! — Die dazu erforderlichen
Zweige unentgeldlich, und können solche noch
überdieß von den besten Gattungen auswählen.
Man wird ohnehin nur allzuoft mit den Fäch-
sern betrogen, und bekömmt ein unedles Geschlecht, welches man in kurzer Zeit, wieder
aus dem Weinberg werfen, und solchen neuer-
dings besetzen muß. Es ist gerade das nehmliche wie mit den Baumzweigen: man wählt
sich von der Gattung, die man verlangt, ohngefähr 1½ Schuh lange, etwas starke und nicht
zu schwache Schößlinge, schneidet den Ableger worauf man Zweigen will, so weit ab, als
es gefällt, und spaltet ihn etwa 2 Zoll tief;
beschneidet dann die Zweigruthe an beyden
Seiten, so, daß das mittelste Holz nebst
Mark und Rinde, etwa eines Messers dick
noch 2 Zoll lang überbleibt, und passet sie
hierauf, wenn die beyden Schnitte an beyden
Seiten des Zweiges, wie der Spalt im Ab=

leger recht glatt und eben sind, so fest als im$-$
mer möglich ineinander. Nach diesem um$-$
zieht man Spalt und eingefügte Zweige mit
Thonerde, umwikkelt es mit Moos, bindet
es fest mit einem alten Tuch zu, und behan$-$
delt übrigens die Rebe, wie gewöhnlich. Viele,
haben meines Wissens auch — und zwar mit
dem besten Erfolg! die Probe gemacht : auf altes
Holz zu zweigen: bey alle dem halte ich es immer
für besser, diesen Versuch mit einem neuem als
mit einem alten Stok anzustellen ; weil man
von diesem nie so viel Vortheil, als von jenem
ziehen kann. S. Auf Erfahrung gegründete
Anweisungen und Plane zur Verbesserung der Land$-$
wirthschaft vorzüglich des Rebbaues aus patriot$-$
scher Absicht; die menschliche Wohlfahrt zu beför$-$
dern gewidmet dem König von Frankreich von J.
M. Ortlieb Bauer in Reichenweyer. Strasburg
1789. Die beste Anweisung zum Zweigen der
Reben ist in Sprengers vortreflichen Rebbuche
zu finden.

So ist auch die vom Herrn Hauptmann
Gauppe zu Heimbronn empfohlne Methode —
nehmlich die Verjüngung oder Verpflanzung
der alten Stökke — nicht gänzlich unbekannt

U 5   und

und ausser Gebrauch in Franken. Das Wesentliche dieser gepriesenen Verfahrungsart besteht darinnen: daß der ganz alte Stok mit allen seinen Ruthen in die Erde hinab, und zwar zwen Schuh tief vergraben wird; ferner daß die Ruthen dort, wo der neue Stok stehen soll, nur mit 2 bis 4 Augen aus der Erde hervorstehen und nie vom Mutterstok abgelößt werden, und endlich das ihnen nie ein Kopf gezogen wird, sie auch sonsten besser als gebräuchlich ist, behandelt werden. S. den verbesserten Weinbau. Stuttgart 1776.

Man kann im Durchschnitt immer annehmen: daß die fränkische Weinbergs-Besitzer seinen Weinberg in einem Zeitraum von ohnzefähr 20 Jahren gänzlich wieder durch junge Stökke verjüngt; diese tragen auch allemal mehr Früchte, und geben — wenn sie gut gewartet werden, bessern Wein, statt daß solche, die über 20 Jahr alt geworden, immer weniger und schlechteren Wein geben. Auf einem Akker Weinberg, welcher 160 Ruthen in's Gevierte, die Ruthe zu 14 Schuh gerechnet, hält, pflegt man 2000 bis 2100 Fechser zu legen.

Jezt

Jezt will ich meinen Zögling — den ich nun aus der Wiege bis in's mannbare Alter begleitet habe — seinem Schikfale überlassen, und zu den gewöhnlichen Verrichtungen in die Weinberge zurükkehren, wo ich denn sogleich mit der Düngung als — mit der Seele des Akker- und Weinbaues den Anfang machen werde.

Die Düngung der Weinberge, geschieht sowohl im Herbst als im Frühjahr; dieß kömmt lediglich auf die Beschaffenheit der Umstände, den Dung-Vorrath und dergl. m. an. Ohnerachtet die Herbstdüngung, der Frühjahrsdüngung in aller Rüksicht vorzuziehen ist, weil sich die düngenden Theile in dem Mist, oder Erde, oder mit was man sonst düngt, den Winter über besser auflösen und den Erdboden fruchtbarer machen, weil sie Zeit genug haben, sich der Erde mittheilen zu können, wozu die Winterfeuchtigkeiten das ihrige gehörig beytragen.

Wie oft der fränkische Weinbergs-Besitzer seine Weinberge, und mit welcher Gattung von Mist er sie düngt? ist eine wenigstens

stens im Allgemeinen! — schwer zu beant=
wortende Frage! —

Dieß läßt sich blos durch den Umstand
bestimmen: ob er viel oder wenig Dung
macht, ob er Ochsen, Kühe oder Pferde hält?
— Da der Weinstok sehr tiefe Wurzeln schlägt,
und die Dungtheilchen, welche aus der Luft
kommen, nicht so tief eindringen können, da=
mit dem Weinstok genugsame Nahrung durch
die Wurzeln zugeführt werde — so sollte er
allerdings häufiger und stärker gedüngt wer=
den, als es wirklich geschieht.

Viele lassen ihren Mist — nachdem sie
solchen mit Erde vermischt — ein ganzes Jahr
liegen, ehe sie ihn zur Düngung anwenden.

Manche Winzer verfahren in Ansehung
ihres Düngers also: sie machen an einen hierzu
schiklichen Ort ihrer Weinberge eine Grube,
worinn sie das ganze Jahr hindurch ihren Mist
werfen, welchen sie sorgfältig mit Erde bedek=
ken, so, daß sie wechselsweis eine Schicht
Mist (ohngefähr ½ Elle hoch) und alsdann
eine Schicht Erde (drey bis 4 Zoll hoch) dar=
auf schütten. Sobald nun beyde der Mist
und

und die Erde, sich gehörig durchzogen und der
Mist gut gefault ist, so wenden sie diese Masse
zur Düngung der Weinstöcke an, von welcher
sie alsdann freylich nicht so viel brauchen, als
von nicht so gut gefaulten Mist.

Viele düngen aber auch — bey den meisten, ist es ein nothwendiges Uebel! mit frischen Mist.

Ich erinnere mich irgendwo gelesen zu
haben, daß frischer Dünger zwar viel zum guten Wachsthum der Stöcke beytrage, dieselben auch vielen Wein tragen sollen (welches
die Erfahrung bestätigt!) allein dieser Wein
soll im ersten Jahr, ehe der Mist gehörig verfault ist, nicht gesund seyn, in wie weit nun
dieses gegründet, wage ich — ohnerachtet ich
nicht dazu geneigt bin die Sache zu bezwei-
feln — nicht zu entscheiden. So viel ist nach
glaubwürdigen Berichten gewiß, daß man in
Champagne und Burgund, den Weinstok wenig mit frischen Miste düngt.

Ueberdieß bedient sich der fränkische Weinbergsbesitzer noch hin und wieder, des Men-
schenkoths — Schaaf- und Ziegenmistes, Pfer-

bedüngers, und des Mistes vom Federvieh
mit zur Düngung in seine Weinberge. Von
ersterem bringt er nur wenig in die Erde, oder
theilt den Pflanzen nur wenig davon mit —
weil er seiner Meynung nach in zu reichlichem
Maaße — die Pflanzen und die Erde verbrennt.
— Es ist auch richtig; daß er, wenn er zu
stark angebracht wird, wegen seiner vielen öligs
ten und salzigen mithin düngenden Theile,
deren er weit mehrere als der Viehdünger hat,
zu stark treibt. S. d. II. Band der practischen
Anleitung zur ganzen Landwirthschaft. Die zweite
Gattung zieht er allen übrigen deßhalb vor:
weil er mit der Hälfte davon eben so viel düngen kann, als mit anderm Viehdünger. —
Es ist ebenfalls erwiesen; daß diese Gattung
viel düngendes Oehl und Salz bey sich führt.
Was nun die dritte Gattung anlangt, so ist
es hier vorzüglich schade: daß man sich deren
so frisch bedient; denn wenn der Pferdemist,
sowohl im Sandboden, als auch in andern
nicht so hitzigen Erdreich mit Nutzen ange-
wandt werden soll; so muß er seine erste Hitze
verlohren haben — sonst ist er zu hitzig! und
muß gut zusammengefault seyn, alsdann ist er
aber auch so kühle, als es der Kuhmist nim-
mer-

mermehr seyn' kann.   Der Mist des Feder-
viehes sollte freylich auch nicht so dik an die
Stöcke oder in die Gruben gebracht werden
— denn er hat ebenfalls viele düngende Theile
bey sich.

Hin und wieder führen auch die Besißer
der Weinberge, die sogenannten Gersten U-
geln, oder Ogeln (die Spißen der Gersten-
ähren) im Frühjahr auf ihre Weinberge —
diese Düngung muß aber wohl — ihrer Wirkung nach — allen übrigen nachstehen. Besser wäre es immer — wenn man einmal von der
animalischen Düngung abspringen will oder
muß, seine Zuflucht zu solchen Dingen zu
nehmen, die ungleich wirksamer, und eben so
leicht und wohlfeil zu erlangen sind. „Nichts
ist dem Weinstok gleichartiger und dienlicher
als sein eigen Laub, die beym Verbrechen,
Ausbrechen, und Verhauen abgesonderte
Sprossen die abgeschnittene Reben; insonderheit aber die Trester, wenn man das nebst
dem Abgang der Weinhefen, auch Obstres-
ser, in eine Grube zusammenschlägt, und so
lange liegen läßt, bis sie verfaulen. Man
kann auch Erde und Mist damit vermischen.
Sollte

Sollte man also nicht den Weinstok wieder
geben, was von ihm gekommen ist? S M.
Balthaser Sprengers Praxis des Weinbaues Stubt-
garbt 1788. Der Rus ist einer der vorzüglich-
sten Dünger, so daß die Engelländer einen
Scheffel Rus einer ganzen Ladung Mist vorziehen. S. Oekonomischen Kalender 1777.

Mancher Weinbergsbesitzer bedient sich
auch zur Düngung seines Weinbergs der Erde,
welche er aus Teichen, Gräben und sonst
sumpfigen Orten nimmt; er läßt solche ein
Jahr an der Luft liegen, wodurch sie noch ge-
schikter zur Düngung wird, und noch mehrere
Dungtheilchen aus der Luft an sich zieht.

Viele, die die Gelegenheit dazu haben —
bereiten sich auch aus Rasen, einen guten
Dünger in ihre Weinberge. Entweder bringen sie denselben auf Haufen, und lassen ihn
daselbst faulen, oder sie vermischen ihn mit
Mist, dieses geschieht auf folgende Art: nicht
weit von den Ort, welchen sie bedüngen wollen,
bringen sie eine genugsame Quantität frisch
gestochener Rasenstükke zusammen, um dieselben mit frischen — (nicht mit schon verfaulten
Dün-

Dünger zusammen zu mischen. Mit der Größe
der Anlage, richten sie sich natürlicherweise
nach der Menge von den vorhandenen Rasenstüffen, und des vorräthigen Mistes. Die
erste oder unterste Schicht der Rasenstüffen,
wird verkehrt gelegt; hierauf folgt eine Lage
von frischen Mist, und auf diese Weise wird
immer wechselsweise so lange fortgefahren,
als Mist und Rasen vorhanden. So wie
nun die unterste Rasenschicht verkehrt gelegt
worden, eben also wird auch die oberste Schicht
Rasen, mit welcher der Haufen folgends zugedekt wird — verkehrt gelegt. Um aber die
Fäulniß des Rasens zu beschleunigen, und dabey zugleich seinen Dünger noch zu verbessern;
sollte man — wie es einige ökonomische Schrif-
steller angeben, eine jede Rasenschicht mit etwas klar gemachten ungelöschten, oder besser
ungebrennnten Kalch bestreuen! diese so zubereitete Rasenhaufen, lassen sie ohngefähr 6‒8
Monate unter freyen Himmel stehen — nach
welcher Zeit sie hinlänglich gut zur Düngung
sind, und von den Weinbergsbesitzern, mit vielen Nutzen, zum Gebrauch verwendet werden *).

Ueber-

*) Man hat auch schon Hornmist — S. Fr. Saml.

1. Forst. physik. Besch. I. Th.   X   1. St.

Ueberhaupt düngen sie nicht auf einmal stark, sondern — welches ungleich besser ist, wenig aber desto öfter. Bey den gewöhnlichen Düngen wird neben den Stok oder den Tritt, ein Loch 2 bis 3 Zoll tief gemacht, und in dasselbe eine mäßige Schrenzen Mist gethan. Ein Weinberg, der eine gute Lage und Boden hat, kann alle 10 bis 12 Jahre nur gedüngt werden. Ein geringerer aber, hat es alle 6, 7, oder 8 Jahre nöthig.

Den ganzen Berg auf einmal zu düngen, würde eine fast unmögliche Sache seyn; daher geschieht es immer von einem Jahre zum andern stükweis, und dieß ist um so viel zwekgemäßer, weil manche Streiche, schlechter und unfruchtbarer als der übrige Theil des Berges sind, mithin auch öfters als der übrige Theil des Berges gedüngt werden müssen. Dieß

1. St. 51. S. Die Abgänge von den Kammachern, und dergleichen Dinge zur Düngung der Weinberge gebraucht, welche, wenn sie verfault, sehr gut gedüngt haben.

Dieß muß ich noch hinzufügen: daß man mehr
Fleiß und Sorgfalt darauf verwenden sollte,
jeden Boden, den ihn eigenthümlichen Dünger einzuverleiben, denn nassen und kalten Boden z. B. mit hißigem, leichtes und warmes
Erdreich hingegen mit recht fetten Mist zu
dungen. Die Wahl eines ungeschikten Düngers stiftet nicht selten großen Schaden — er-
zeugt zwar vielen aber unhaltbaren untüchti-
gen Wein, der dik wolkigt ist und leicht höher wird.

Was nun die Düngung überhaupt anlangt -- so wäre wohl die Weise der Champag-
ner sehr nachahmungswürdig, die, so oft sie
in den Weinberg gehen, das ganze Jahr über
etwas Mist dahin tragen, am Ende des Weinbergs eine Grube machen, 1 Schuh hoch Mist
hinein legen, diesem mit ¼ Schuh Erde bedekken, darauf wieder 1 Schuh hoch Mist thun,
diesen wieder so mit Erde bedekken u. s. f.
wenn alles zusammengefault oder verweßt ist
— dungen sie damit und thun zu dem Fus jeden Stoks 2 bis 3 Doppelhände davon.

Es

Es würde wenig unterhaltend für meine
Leser — vielleicht würde es vielmehr äusserst
ermüdend für sie seyn; wenn ich ihnen die
Manipulation jeder einzelnen, das ganze Jahr
hindurch in den Weinbergen vorkommenden
Arbeit schildern, und mich sehr dabey in's De-
tail einlassen wollte. Ich will mich daher damit
begnügen: diese Arbeiten der Reihe nach blos
oberflächlig durchzugehen, und mich blos bey solchen Gegenständen verweilen, die — meines
Erachtens — nicht zwekgemäs behandelt
werden.

Doch will ich zuvor noch ein paar Worte
— die zum Weinbau erforderliche und in Franken übliche Werkzeuge betreffend — hier-ein-
schalten. In den meisten Gegenden von
Franken, bedienen sich die in den Weinbergen angestellten Arbeiter weder der Reuthaue
noch des Bikkels (wie an andern Orten) zur
Bearbeitung des Stoks oder des Bodens,
sondern meist des Karstes. Was die übrigen
Werkzeuge anlangt, so stimmt deren Gebrauch
vollkommen mit der ausführlichen Beschreibung ein, die man davon in Sprengers Praxis
des Weinbau's S. 105 - 136 findet.

Die-

Diejenige Arbeit, welche in jedem Jahre die arbeitsame Hand des fleißigen Winzers zuerst in Bewegung sezt, ist das sogenannt **Aufdekken.** Er zieht nehmlich die Erde, mit welcher er im vergangenen Jahre (nach der Lese) seine Stöffe bedekt — von selbigen hinweg. Dieß geschieht ohngefähr im Monat Merz je nachdem es die Witterung erlaubt, bey gutem Wetter von früh 9 oder 10 Uhr, bis Nachmittags 3 Uhr. Hierauf werden die Stöffe beschnitten. Man sieht sehr sorgfältig darauf; sie allemal kurz zu schneiden, ihnen nicht mehr als 3 bis 4 Schenkel zu lassen, so wie auch, daß diese weit auseinander stehen, damit der Stok Luft und Sonne genug erhalten könne. Auf einen Schenkel läßt man nicht mehr als 2 bis 3 Wachshölzer stehen. Dieß leidet demohnerachtet seine Ausnahme. Ländlich sittlich! In manchen Gegenden läßt man deren wenigere, in anderen wieder mehrere stehen.

In starken Boden und hohen Bergen, wo der Weinstok stark treibt, und viele Trauben giebt, ist das Kurzschneiden hauptsächlich nöthig; es ist aber auf der andern Seite auch

X 3

rich-

richtig, daß wenn man (wie es hin und wieder
geschieht! zu viel stehen läßt, man auch statt
guten Trauben nur schlechte, dürftige und dik,
häutige bekömmt, denn der Stok hat alsdann
nicht Trieb genug. Nach dem Beschneiden
der Weinstökke werden die abgeschnittenen Re,
ben zusammengelesen, und aus dem Berg ge,
schaft. Leider wird dieses Geschäft nur allzu,
oft mit der größten Unordnung, und durch un,
verständige Kinder und Leute verrichtet, und
dadurch nicht selten beträchtlicher Schaden an
den Stökken verursacht. Ueberhaupt geschieht
das Schneiden der alten Stökke folgendermaß,
sen: Vier, 5, bis 6 Bogen Reben, wenn sie
da sind, 2 Halbreben und ein Paar Knüttel
dabey, werden denselben gelassen, und das
übrige wird am Kopf ganz weggeschnitten.
Die Bogenreben werden auf die Hälfte über
den Auge abgeschnitten. Hingegen was zur
Seite gerade in die Höhe gewachsen, bleibt
steh'n, und wird zu einer künftigen Tragrebe
im Aufbuschen angebunden. Das Schneiden
selbst, geschieht im April ehe der Stok treibt.
Vorher aber muß aufgeräumt, ausgeschüttet,
und nach dem Schneiden aufgebuscht werden.
Die abgeschnittenen Reben, werden — wenn
sie

sie zusammengelesen, und zu Rebenbüschelu gebunden worden — verbrennt. Diese Rebena-
sche giebt, wenn man solche mit andern unvermischt erhält, ein sehr gutes Laugensalz
(Salvitis) ab.

Hierauf folgt das Pfählen dieß geschieht
meist zu Ende des Maymonats oder Anfangs
Juni, nachdem nun die Witterung ist, doch
noch vor der Weinblüthe bey heitern Wetter,
und wenn die jungen Schösse oder Sommer-
latten, etwa ½ Schuh getrieben haben, jeder
Stok bekömmt einen Pfahl, und dieser wird
so eingesezt, daß er der Mittagssonne gegen-
über zu stehen kömmt, oder vielmehr: so viel
lange Bogen-Reben an den Stok sind, so viel
werden Pfähle in's Gevierte geschlagen, doch
so, daß die obere in eine Linie, die andern
zur Seite, etwas das engre als die obere,
und unten hinkommen, ohne aber den Tritt
zu berühren. In harten Boden wird das Loch
zuerst mit einem Pfahleisen dazu gemacht, und
die Erde nachher fest an den Pfahl angetre-
ten; auch werden sie mit hölzernen Keulen etwas fester in den Boden getrieben, damit sie
den Winden Widerstand leisten können. Diese

X 4.   Pfähle

Pfähle sind fast durchgängig von weichen, die
allerwenigsten von harten Holze.   Es ist eine
gänzlich unbekannte Sache: Weinpfähle aus
der Accacie zu machen; und doch sind diese allen übrigen, und zwar deshalb vorzuziehen,
weil sie eben so dauerhaft und weit weniger
kostbar als die eichenen, und von jeden Weinbergsbesitzer mit geringen Kosten selbst angezogen werden können, und zwar so; daß er von
wenigen dergleichen Stämmchen alle Jahre seine
benöthigten Weinpfähle erzeugen kann, mithin
dadurch ein beträchtliches Erspahrniß in seiner
Ausgabe mit leichter Mühe bewirkt wird;
denn er darf in seinen Weinberg nur einen sehr
kleinen Platz, wo ohngefähr 4 bis 6 dergleichen Accacien - Bäume stehen können, hierzu
widmen, und dabey folgendergestalt verfahren:" man pflanzt nach Bedürfniß mehr oder
weniger junge 2 bis 3 jährige Accacien-Bäume
-- in nicht ganz schlechtes Erdreich -- läßt dieselben 2 bis 3 Jahre stehen', alsdann haut man
sie über der Wurzel ein Paar Zoll hoch ab, und
nunmehr treiben diese Wurzeln eine erstau-
nende Menge junge Schößlinge; diese erlangen in einer Zeit von 2 bis 3 Jahren fast alle
die nöthige Stärke der Weinpfähle.   Nun
macht

macht man die Eintheilung so, daß alle Jahre eine gewisse Partie abgehauen werden kann, das heißt, man theilt diese Bäume in 3 gewisse Schläge ab, von welchen man jedes Jahr einen abhauet, und so hat man ein beständiges Pfahlmagazin.

Die Pfähle sind fast durchgängig 6 bis 7 Schuh hoch — unten, aber nicht oben zugespizt — und dieß sollte doch nothwendig seyn: damit man sie nach Belieben umgekehrt auch einstekken könnte, und dann können sich auch wenn sie in den Boden stehen, und oben auch zugespizt sind, die Elstern und Krähen nicht darauf setzen und niederlassen. Auch ist es eine fehlerhafte Gewohnheit: die Pfähle, die man alljährlich braucht — in demselben Jahr frisch auf dem Markt zu kaufen. Je älter die Pfähle, im Schatten getrofnet und ausgedörrt werden, ehe man sie im Weinberg gebraucht, desto besser ist es, indem sie härter werden, und daher länger dauern, auch im Weinberg nicht leicht krum und untauglich werden, wie die frischen Pfähle.

X 5   Wenn

Wenn nun die Stöffe mit Pfählen ver=
sehen sind, so wird an einen jeden Pfahl die
Rebe von oben niedergebogen, so, daß das
oberste etwa 1 oder nur ½ Schuh von der Erde
niederkommt, und mit 2 Weiden angebunden.
wird.

Die niedergezogenen Reben richten sich,
— zumal bey warmen Wetter — nicht selten
nach etlichen Stunden schon wieder in die Höhe.
An der Spitze dieses langen Rebens kommen
insgemein die meisten Trauben. Die andern
Halbreben und Knüttel werden, an welchen
Pfahl sie sich am besten schiffen, angebunden.
Diese Arbeit heißt der Niederzug.

Hierauf wird der Weinstok, wenn er ab=
geblüht hat (die Blüthe fällt meist im Juli)
geheftet. Das ist: die jungen Schösse wer=
den mit Stroh angebunden, und dann fängt
man an: den Boden aufzulokkern und vom
Unkraut zu reinigen; welches (nach Beschaf=
fenheit der Umstände wiederholtermale bis zur
Weinlese geschieht, und im August dem
Kochmonat --- werden die jungen Schösse
nochmals geheftet; dann werden diese
jun=

jungen Schöſſe 2 Zoll über dem längſten
Pfahl abgeſchnitten und in platten Lagen
noch einmal gebracht. Viele halten dieſe beſchriebene Arbeiten für ſehr weitläufig, und
glauben: man habe ſo viel Mühe nicht nöthig, zumal wenn man die wenige Veränderung, bey Beſorgung eines Weinſtoks
an einer Wand an einem Hauſe, der hoch
in die Höhe läuft, betrachten wolle. An
einem ſolchen einzigen alten Stok, der zuweilen alle Wände eines Hauſes, ja gar des
Dach bedekt, hiengen vielmehr Trauban
als an mehreren auf ſo vielerley Art bear-
beiteten Weinſtöffen in den Weinbergen.
Allein man überlegt nicht, wie wenig reife
Trauben man bekommen würde, wenn man
dem Stok alle Reben laſſen und ſolche hoch
führen wollte. Geſezt man machte hohe
Wände und Spaliere und zöge an denſelben
aus einem Stok viele Reben, wie viel ſolcher
Stöffe würden wohl in einem Berge Raum
haben? und würde nicht das erſte hohe Spalier den ſämmtlichen übrigen Schatten machen, und die Zeitigung hindern? — zu
geſchweigen, daß dieſer Bau, wegen der
dazu nöthigen Latten und übrigen größern
Holz-

Holzwerks kostbarer, und auch wegen der Höhe und des Steigens gefährlicher seyn muß. Bey alledem sind doch an einigen Orten, z. B. am Rhein, einige niedrige Spalier, an welchem die Reben gezogen werden, einge= führt.

Wenn der Boden zum erstenmale im Jahr mit dem Karsten (eine Haue die zwey einwärts gebogene Zinken hat) herumgehauen wird, so heißt es **Brachen** — wenn es zum zweyten= male geschieht - **Zweybrachen** (zum Zweyten= mal Brachen) und wenn man es zum Drit= tenmal vornimmt (denn dieß geschicht nicht durchgängig, weil es theils die Witterung zuweilen nicht erlaubt, theils auch nicht im= mer Unkraut vorhanden ist, welches solches nothwendig machte) so heißt es **Dreybrachen** (zum Drittenmal Brachen.) Der Boden wird dann jedesmal höchstens 4 bis 5 Zoll tief herumgehauen. Das Brachen geschieht nicht so tief als das Hakken. Es wird nur die ob= re Erde umgerührt, damit das anwachsende Gras verderbt wird. Weil das Brachen ins= gemein im Monat Juni geschieht, so heißt dieser der Brachmonat. In hohen Lagen ge=
schieht

schieht das Brachen jährlich nur einmal, im
August, sonst würde bey vorkommenden Regenwetter die lokker gemachte Erde zu sehr
herunterschiessen. Auch trofnen bey der Dürre
die Wurzeln zu sehr aus, weil sie oft auf Fel-
sen steh'n. Im platten Lande aber, pflegt
man zweymal zu brachen.

Der eigentliche und Hauptentzwek dieses Auslokkerns, ist kein andrer als dieser:
kein Unkraut auffommen zu lassen, und die
Oberfläche eines zumal etwas festen Bodens
immer lokker zu erhalten. In Rüfsicht der
Vertilgung des Unkrauts ist es also eine äusserst nothwendige Sache, die — um an den
Stökken und Wurzeln keinen Schaden anzu-
richten, mit gehöriger Behutsamkeit verrichtet werden muß; bey alledem aber wird in
dürren Sommern — durch das viele Aufhak-
ren des Erdboden, dem Stoffe zu viele Feuchtigkeit entzogen, so, daß derselbe nicht genugsam Trieb behalten kann. Schade, daß man
auch in Franken (wie fast allenthalben!) so
schwer von einmal angenommenen Gebräuchen
abgeht — man würde sonst wénigér Bedenken
tragen, den Kleebau auch in den Weinbergen

zu betreiben, und würde dadurch nicht nur dieser, sondern noch mehrerer Arbeit in den Weinbergen überhoben seyn, und noch überdieß vielen Nutzen in Rüksicht der Fütterung davon
ziehen, auch besseren Wein erlangen. In einer kleinen Schrift betittelt: Theorie vom Kleebau von dem Hr. Pastor Frommel zu Bettberg in der
obern Marggrafschaft Baaden — Basel 1785 ist
der vortresliche Nutzen des Klees sehr einleuch-
tend und deutlich beschrieben worden. Der
Herr Verfasser ist von den Grundsatz ausge-
gangen: kann der Klee einen magern Korn-
akker in einen Weizenakker verbessern, so kann
er auch magere Reben besser machen; und fieng
nun an Versuche damit anzustellen, deren Erfolg ihn folgends davon überzeugte: daß er
sich in seinen Grundsatz nicht geirrt hatte.

Als seine Hochfürstliche Durchlaucht der
Herr Marggraf, Carl Friedrich von Baaden,
von dem glüklichen Erfolg seiner Bemühun-
gen Nachricht bekommen, befahl er sogleich
aus landesväterlicher, preiswürdiger und un-
ermüdeter Vorsorge, seine Unterthanen immer glüklicher zu machen. (Heil dem Fürsten!
der nur in dem Wohl seiner Unterthanen sein
ei-

eigenes sucht!) daß verschiedene Oberämter zu
wiederholtenmalen den Augenschein davon einnehmen sollten. Das Resultat fiel ganz zu
Gunsten des Herren Pastors aus. Ein Beweis davon: weil die Marggräflich Baden-
schen Unterthanen hierauf sogleich aufgemuntert wurden: einige Prüfungen selbst damit
anzustellen. Nach glaubwürdigen Berichten
soll der Erfolg davon bisher so glüklich und
hofnungsvoll ausgefallen seyn; daß den Unternehmen ihre Versuche nicht nur nicht gereuen,
sondern daß sie auch — von der guten Sache
überzeugt — andere zur Nachahmung an-
feyern. Aus dem Oesterreichischen, Würten-
bergischen und mehreren angränzenden ländern,
werden die gemachten Versuche gerühmt, und
erhält diese Entdekkung ihr würdiges lob. Der
häufige Abgang schon erwähnten Traktätchens,
und das Verlangen auswärtiger Oekonomen,
solches zu erhalten, bezeugt auch: daß dergleichen Proben noch in mehreren entlegenen
ländern gemacht werden und guten Beyfall
gewinnen.

Die Vortheile, welche die Kultur des
Klees in den Weinbergen bewirkt, sind fol-
gen-

gende: „1) erſtikt der Klee durch ſeinen
ſchnellen Wuchs das Unkraut, den Feind
aller Pflanzen, gegen welchen Pflug und Hakke
erfunden worden, und erſpahrt zwey Drittel
dieſer mühſeligen Arbeit für Menſchen und
Vieh. 2) Hält er den Boden geſchloſſen, daß
die guten Beſtandtheile nicht wegdünſten;
3) daß der Platzregen nicht ſchwemmen kann.
4) Daß ein lang anhaltender Regen ſich nicht
ſo bald durch den aufgeriſſenen Boden an die
Wurzel hinunterſenken, und ſie zur Fäulniß
bringen kann. 5) Daß ein trokener Sommer nicht ſchaden, ſondern 6) den Wuchs befördern, und die Trauben eher zur Zeitigung
bringen wird. 7) Wird er — da er vermöge
ſeiner anziehenden Kraft die Dünſte auf ſich
zieht — dem Reif: dem Mehlthau und dem
Brenner, wo nicht ganz, doch größtentheils,
vorbeugen. 8) die Luft verbeſſern, und die
Dünſte, die der Geſundheit ſchaden, an ſich
ziehen 9) den Boden anſchwängern, und ihm
ohne weitern Dung ſo viel Nahrung geben,
als er braucht 10) wird er, als ein gutes
Futterkraut, durch ſeine eigene Pflanze das
Futter durch deſſen Anbau in den Weinbergen
ſo vermehren, daß (dieß ſind des würdigen
Herrn

Herrn Verfassers eigene Worte!) meine
Pfarren, die 1800 Zuchart Akker und 100
Zuchart Reben hat, wenn sie meinen Beyspiel folgt, wie sich alles dazu anläßt, um
so viel mehr Futter haben, ihre Viehzucht
um so viel vermehren, und so viel Dünger
mehr für andere theuere Produkte machen,
und die Lebensmittel durch alle Gattungen
vermehren wird; so daß der arme Mann,
das nüzlichste Glied des Staats, auf dem
alle Arbeit liegt, sich besser wird erhalten
können, und bey Verminderung der Geschäfte, weder der Reiche vom Armen,
noch der Arme vom Reichen wird abhängen
müssen; daß ein einziger Ort, von 1800
Zuchart Aekker und 100 Zuchart Weinberge,
gegen 6000 lange Sommertage für Manns-
personen wird erspahren und zu andern Geschäf-
ten anwenden können.

Diesem allen fügt schon genannter Herr
Verfasser, noch die zuverläßige Nachricht
hinzu: daß eben der Distrikt in der untern
Marggrafschaft, der vor 16 Jahren einen

herrſchaftlichen Zehnten von 2900 Garben getragen, durch die Verbeſſerung des Landes
und Vermehrung der Viehzucht im vorigen Jahr 6200 Garben getragen, woraus
ſich auf die Vortheile der Klee-Cultur
ſchlieſſen läßt.

Ich habe ſelbſt Gelegenheit gehabt, auf
dem Gut meines Schwiegervaters zu Fran-
kenberg (wo der Kleebau in den Weinbergen
im großen betrieben wird!) Erfahrungen deshalb anzuſtellen, und trage kein Bedenken,
meine Erfahrungsſäße hiermit öffentlich mitzutheilen: Ohnerachtet die vorgefaßte Meynung, die man faſt allgemein gegen den Kleebau in den Weinbergen hat, im Durchſchnitt
genommen — meines Erachtens? ein bloſes
Hirngeſpinſte iſt — ſo bin ich doch — ſelbſt
gemachten Verſuchen, und der daraus gezogenen Erfahrung zu Folge! — durchaus nicht
dafür: den Kleebau in den Weinbergen, in's
Große zu betreiben. Die Gründe die ich dafür anzuführen habe, ſind folgende: 1) iſt
es eine phyſikaliſche Unmöglichkeit, die Senſe
- in

in den Weinbergen anlegen zu können, mithin
aus dieser Rükſicht unumgänglich nothwendig:
ſeine Zuflucht zur Sichel nehmen, und der
Art — um den Klee nicht überſtändig werden, und das Vieh nicht Hunger leiden zu
laſſen — die Arbeit mit Gräſerinnen überſetzen
zu müſſen. 2) folgt hieraus nothwendig ein
nicht zu verhütender Schaden, denn aller
Vorſicht ohnerachtet werden unzählige Stökke
nieder getreten — umgebogen — kurz! beſchädigt — und aller Aufſicht ohnerachtet —
die Beeren — zur Zeit der Reife theils vor-
ſätzlich abgeleſen, theils unwillkührlich vom
Stok abgeſtreift oder abgeſtoſſen. 3) iſt man
ja den Klee in den Weinbergen ſchlechterdings
nicht zu trofnen und zu Heu zu machen im
Stande, wenigſtens würde — wollte man
auch zu dieſer Abſicht, den Klee aus den
Weinbergen auf ein benachbartes Feld oder
Wieſenſtük tragen laſſen — der Aufwand an
Taglohn den Werth des gemachten Kleehaues
überſteigen u. ſ. w. recht viele Weinbergsbe-
ſitzer in Franken, bauen zwar Klee in ihren
Weinbergen — aber auf eine ganz andere Manier: Sie laſſen nehmlich ſolche — als die

ſchlech-

schlechtesten Stüffe ihrer Weinberge — wo
theils ganz neue Stöffe hineingewendet wer=
den müßten — theils der Boden ganz ausge=
saugt ist — gänzlich von den Stöffen säubern
— herumhauen und mit Klee ansäen. Die=
sen Klee lassen sie drey — nach Beschaffenheit
der Umstände! auch mehrere Jahre zur Füt=
terung stehen, und setzen nach dieser Zeit erst
wieder Stöffe und zwar mit dem besten Er=
folg hinein, denn alsdann wirkt die Kraft
des Neubruchs — der Trieb des Neurisses,
fast eben so viel, wo nicht mehr, als die be=
ste und stärkste Düngung mit der sorgfältig=
sten Pflege und Wartung zu bewirken im
Stande — auf das gedeihliche Wachsthum
der Stöffe. Balthasar Sprenger, ist frey=
lich nicht dafür: das Gras über Winter ste=
hen zu lassen — weil es leicht zu Frühlings=
frösten (aber wie?) Anlaß geben, und den
Nachbarn in ihren Weinbergen schaden kann.
Er sagt in seiner Praxis des Weinbau's. „Noch
weit eher, würde ohne allen Zusatz, wie es
das Wüstliegen allein thun soll, der Platz
sich erholen, wenn man ihn nach dem Ausrot=
ten der Weinstöffe vom Frühling an etliche=
mal

mal bearbeitete, daß er die Kräfte der Luft
reichlicher anzöge, und vom Unkraut rein hielt,
damit ihm diese Kräfte nicht wieder geraubt
würden. Die Römer (die, da sie den Weinbau zu uns brachten, unsere Lehrmeister sind)
rotteten sogleich die alten Weinstöcke aus,
düngten den ganzen Platz mit frischem Mist
— und reuteten ihn so um. Während dem
Reuten brachten sie alle Wurzeln der alten
Stöcke heraus, verbrannten sie, streuten die
Asche oben auf dem ungereuteten Boden herum, und bedeckten den Boden reichlich mit altem
Mist, der kein Unkraut zeugt, oder mit der
schwarzen Erde, die man unter den Dornbüschen
findet. Columella will haben, man solle aus
dem alten abgängigen Weinberg alle alte
Stöcke und Wurzeln herausthun, hernach ihn
reichlich düngen, sodann umreuten, hernach
vor dem Setzen wieder mit altem Mist oder
guter schwarzer wilder Erde oben düngen; das
könne man in 2 Jahren thun. Mit Anfang
des dritten Jahrs solle man die Reben oder
Stöcke darein setzen, aber so, daß die Zeilen nimmer dorthin kommen, wo sie vorher
stunden, sondern die neue Zeilen mitten zwi-

Y 3 schen

schen den Plätzen stehen, wo die alten Zeilen
stunden. — Manche Weinbergsbesitzer in
Franken, säen auch im Frühling Erbsen, Linsen, Wikken u. dergl. m. auf den Platz, wo
alte Stökke ausgegraben worden, und hakken diese Gewächse, wenn sie blühen — mithin zu der Zeit da sie in ihrer besten Kraft stehen — unter die Erde — und legen ihren
Weinberg alsbald wieder an.

Jezt will ich noch eine ganz kurze Anweisung hinzufügen: wie ein Weinberg, der
mit Klee angebaut werden soll, behandelt werden muß. Er muß im Frühjahr tiefer und
öfter als gewöhnlich behakt werden, damit
die Erde rein, lokker, vom Unkraut befreyt,
und für den Saamen empfindlich gemacht
werde; denn grober und schrolligter Boden
würde weder Saamen, noch Mühe und Arbeit lohnen. Eh' der Weinberg angesäet
wird, müssen die Reben geschnitten, mit
Pfählen versehen, angebunden und gebogen
seyn — so; daß man vor der Lese -- vor dem
Herbst nach fränkischer Mundart! -- nichts
mehr

mehr darinnen zu thun hat. Man rechnet
auch hier -- wie auf einen gewöhnlichen Feld-
morgen 8 Pf. Aussaat auf den Morgen. (Es
ist immer besser, wenigstens gewisser, wenn
man zu dik als zu dünn säet; denn alsdann
findet das Unkraut keinen Plaß, und überdieß ist man ja auch nicht immer von der Güte
seines Saamens -- zumal wenn man solchen
nicht selbst gezogen! versichert: so daß man
immer Gefahr läuft, nur die Hälfte seiner
Aussaat aufgeh'n zu seh'n. Es ist nicht einmal nöthig, solchen mit Rechen -- wie es hin
und wieder außer den Weinbergen geschieht,
einzurechen; der erste Regen der auf die
Aussaat erfolgt, wäscht ihn weit besser in den
Boden, als man es mit dem Rechen zu thun
im Stande ist. Wenn er im Gegentheil,
welches aber durch den Regen nie geschehen
kann! zu tief in den Boden kömmt, so ist
der Saame verlohren, weil er darinnen erstikt. Der sogenannte Brabanter Klee (auch
spanischer Klee -- genannt Trifolium pra-
tense.) dessen Blüthe fleischfarbig, ist zu
dieser Absicht der beste; denn die beyden übrigen bekannten Gattungen, die Luzerne (Me-

di-

dicago sativa) und die Esparzette (hedy-
sarum onobrichis) wurzeln zu tief, als daß
sie dadurch dem Weinstok nicht Nahrungstheilchen entziehen, mithin schaden sollten.
Sobald der Klee zum Abschneiden tüchtig
(es sey nun vor, oder nach der Lese) und das
Wetter dazu günstig ist, so wird er mit der
Sichel rein abgegraßt, und entweder gleich
frisch mit dem Rindvieh verfüttert, oder zu
Heu gemacht, welches leztere aber sehr schwer
auszuführen ist. Im Spätjahr wird er —
(gleich solchem der auf Feldäkkern zu überwin-
tern ist) ganz dünn mit recht langen strohigten
Mist zugedekt, welches gleicherweise in den
beyden darauf folgenden Jahren geschieht.
Im vierten Jahre (wo diese Kleeart wieder
auszubleiben anfängt,) wird der Weinberg von
neuem umgearbeitet und wohl gebaut; doch
braucht man solchen nicht so viel Mist als gewöhnlich zu geben, weil die Kleewurzeln den
Boden ebenfalls düngen. Zwey Jahre darauf
kann man ihn abermals (oder wenn er gedüngt worden) gleich wieder mit Klee ansäen,
und nach vorbeschriebener Weise damit verfahren. Groß! gewiß groß (sagt Joh. Mich.

Ort-

Ortlieb, Bauer zu Reichenweyer in seiner Abhandlung über den Weinbau, die er 1789
Ludwig dem XVI. zugeeignet hat) ist der
Vortheil, der daraus entspringt! Einmal
spahrt man die Baukosten während dieser 3
Jahre; zweytens genießt man den Nußen einer Kuh, neben welcher man, bey dem auf
Rebakker gezogenen Klee noch eine junge nach-
ziehen kann — ohne der Reben zu gedenken,
welche — vermöge dieser Behandlung — immer in guten, in besseren Stand, als nach
der gewöhnlichen Verfahrungsart erhalten,
und zu einem reichlicheren Ertrag bereitet
werden.

Nach dieser kleinen Ausschweifung, will
ich nun wieder zu meinen Hauptgegenstand
zurükkehren! — Im Monat May oder Juni,
werden die überflüßigen Knospen und Augen,
welche keine Früchte tragen — von den Wein-
stökken abgebrochen. Dieß ist eine sehr ein-
fache, bey alledem aber sehr kißliche Arbeit —
denn es gehört viele Behutsamkeit, und ge-
wissermaßen ein geübtes Aug dazu, gerade die

Schöß-

Schößlinge zu treffen, die nothwendig abgeschnitten werden müssen, weil viele -- die auch
nicht Früchte tragen in Rüksicht des künftigen
Triebes oder vielmehr zur Erhaltung des Stoks,
doch stehen bleiben müssen.

Wenn nun diese stehenbleibenden Schöß-
linge (der jährige Trieb) zu ihrer gehörigen
Größe gelegt sind, so geht das sogenannte
Heften *) in den Weinbergen von neuem an;
so daß jeder Stok, der anfänglich nur mit ei-
nem einzigen Band an seinen Pfahl befestigt
worden, deren jezt dreye bekömmt. Einige
Zeit hierauf -- dieß trift sich meist nach der
Blüthe -- werden auch diejenigen Zweige oder
Sprossen, die der dießjährige stehengebliebene
Trieb hervorgetrieben -- abgeschnitten.

Die Erndte in den Weinbergen besteht
in der Vor- und der Nachlese; dieß ist so zu
verstehn: Man pflükt einige Tage zuvor ehe
man die Lese anzustellen gedenkt, die schönsten
Trau-

*) Wird auch nach fränkischer Mundart Aufsto-
hen genannt.

Trauben, zum Verkauf -- Verschenken oder eigenen Verbrauch, von den Stökken ab. Die Lese geschieht nicht alle Jahre zu einer Zeit, sondern nachdem, vermittelst eines guten Sommers, die Trauben zeitig sind. So hat man z. B. schon zu Michaelis, aber auch erst um Simonis und Judä gelesen.

Es steht nicht durchgängig jedem Weinbergsbesitzer frey: die Lese nach gefallen in ihren Bergen anzustellen -- denn alle diejenigen die mit einem Zehnten belegt sind -- sind auch an eine gewisse festgesezte Zeit gebunden. Die Dorfgemeinde kömmt mit einander überein, wenn die Lese ihren, oder wenn der Herbst seinen Anfang nehmen soll, und dann liest nicht das ganze Dorf auf einmal, sondern es geh't strichweiß (damit die Zehendknechte auch nicht zu kommen im Stande sind, und dem Zehendberechtigten nicht etwa eine Kleinigkeit dabey entzogen werden. Die Trauben müssen vorher, durch die Feldbesichtiger für reif erkannt, und bey der Obrigkeit vorgezeigt werden, und alsdann wird von der Obrigkeit durch Trommelschlag, oder durch Verlesen vom Rathhaus

haus befohlen, welche lagen oder leiten nach
der Ordnung sollen abgelesen werden.   Bey
der lese werden die Trauben mit Weinhippen
abgeschnitten, in den Zuber geworfen, von da
in die Tragbutten geschittet, durch welche
solche in die Kufen gebracht werden, darin=
nen mit einem Kämmer, das ist: mit ei=
nem 3 bis 4 Schuh langen Stekken mit
3 Zakken, die Beeren von den Kämmen der
Trauben abgeschlagen, und die Kämmer
ausgedrukt werden, damit der noch daran=
hangende Saft ablaufe.   Die Kämme wer=
den, wenn sie rein ausgedrukt sind, wegge=
worfen.   Bey Abschlagung der Trauben zer=
springen viel Beeren, davon samlet sich Most,
welcher sogleich in ein in den Haufen der
Trauben gemachtes loch zusammen fließet, und
mit einer hölzernen Schüssel in einen kupfer=
nen, blechernen, auch von Weiden gefloch=
tenen Seiher, der auf einen Kübel gesetzt
wird, abgesiehen, und darauf mit einem klei=
nen Trichter in die Herbstfäßgen gefüllt, welche
alsdann nebst den abgeschöpften Beeren
auf den Wagen, in Kufen geladen und
heimgeführt werden.   Dann werden die
Trau=

Trauben abgeladen, und auf des Kalters
Bier geschüttet, zugesezt, gekaltert und geschnitten.

Dergestalt hängt es von keinen, der einen Zehenden auf seinen Weinberg hat, ab:
sich nach der Witterung richten zu können,
der, an dem die Reihe ist — muß lesen; mithin hängt es lediglich vom Zufall ab, ob die
Reihe bey guter oder schlechter Witterung an
ihn kömmt. (Dieß gehört mit zu den traurigen Auftritten auf der ökonomischen Bühne!)
Wer seinen Most gleich von der Kelter weg
verkauft, dem ist nun freylich der Regen eine
sehr günstige Witterung, denn er bekömmt
alsdann fast noch einmal so viel, als er ohne
Regen würde bekommen haben: dieß ist
nun aber freylich nicht jedermanns Sache,
weil es nicht jedermann für erlaubt und nüzlich hält.

Nachdem die Trauben gehörig ausgekeltert (ausgepreßt) worden, pflegt man Wasser
auf die Tröster zu schütten, und sie noch einmal abzukeltern: dieß nennt dann der gemeine
Mann

Mann seinen Trinkwein, Haustrunk oder
Lauer.

Die gänzlich ausgepreßten Tröstern oder
Weintröbern, geben noch ein vortrefliches
Winter, ein wahres Milchfutter für die Kühe.
Es wird folgendermaßen zubereitet: man nimmt
alle Abzüge vom Kraut dazu, läßt solche in
dem Stampftrog klar stoßen, und legt dann
eine Lage davon, in die zu diesem Behuf aus
geleerten und sauber ausgefegten Weinkufen;
auf diese Lage kömmt (nachdem sie mit groben Salz überstreu't worden) eine Lage von
diesen Weintröstern aus der Kelter; hierauf
folgt abermals eine Lage von dem klar gestoß-
senem Kraut, welches mit Salz bestreuet wird,
und so wird nun wechselsweis, einmal mit
Kraut, einmal mit Tröstern fortgefahren, bis
die Weinkufe gänzlich damit angefüllt ist. (Ich
muß zugleich anführen: daß jede Lage durch
dazu angestellte Leute, mit den Füßen gestampft
und der Art festgetreten wird.) Ist nun die
Kufe gehörig angefüllt, so wird sie noch eine
Weile, wie schon erwähnt, festgestampft,
und dann -- um den Zugang der Luft zu ver-
hin-

hindern -- die Oberfläche mit Leim oder Thon
bedekt. Je fester es nun eingetreten, und
je sorgfältiger die Oberfläche bedekt und
verschmiert worden, desto länger erhält sich
dieses sogenannte **Eingemachte,** ohne zu
zu verfaulen oder zu verschimmeln. Die Güte dieses Eingemachten, steht in genauem Verhältniß mit der Güte des Weinjahres; gute
Weinjahre geben ein gutes, schlechte Weinjahre,
ein schlechtes **Eingemachtes:** natürlicherweise sind die Tröstern, aus welchen ein spiri-
tuoser Most gekeltert worden, kräftiger als
jene, die weniger spirituosen, weniger guten
Most gegeben.

Es hält sich wohl Jahr und Tag in den
noch ungeöfneten Kufen -- muß aber -- wenn
diese einmal angegriffen worden, ohne Auf-
schub weggefüttert werden, weil es sich alsdan
kaum 8 Tage mehr hält. -- -- --

Der von der Kelter herablaufende Most
wird mit Butten in den Keller getragen, und
durch einen großen Trichter in das Faß, (welches

ches aber nicht mit Schwefel eingebrandt) geschüttet, oder eingeschläucht. Lezteres geschieht, wenn man eine große Gelte oder Schaff,
so einen großen Zapfen bey den untersten Reifen hat, vor das Kellerloch, welches dem Faß
am nächsten stellt. In dieses Zapfenloch wird
ein meßingener großer Faßhahn gemacht, in
diesen ein Arm dikker lederner Schlauch an
welchem hinten und vorn Spann lange Röh-
ren fest gemacht werden, deren eine in den
Hahn gestekt wird, die andere in eine hölzerne
Röhre, so bis in das Faß und Spund langet,
wodurch der oben eingeschüttete Most in's Faß
läuft. Ein Akker Weinberg pflegt in guten
Jahren 2 Fuder Most, das Fuder zu 12
Eymer zu liefern. Dieses geschieht aber nicht
gar zu oft.

Der Most fängt bey warmer Witterung
und offenbleibendem Spund des Fasses, in 3 -
8 Tagen zu jähren an. Er wird weiß und
verjährt innerhalb 4 Wochen. Hin und wieder, wird auch der hell von der Kalter weg-
gelaufene Most, mit einen Beysaz von Alant,

Wer-

Wermuth ꝛc., in einem Hafen oder Pfanne bis fast auf den 4ten Theil eingesotten — und so getrunken, wohl auch mehrere Jahre aufbewahrt. Auch zu Verfertigung des Senfs wird der Most gebraucht. In dem nehmlichen Faß, in welchen der Most gejohren, bleibt derselbe bis in den Monat Merz liegen, während welcher Zeit sich viel Weinstein in dem Faß angesezt hat. Nun wird der Wein zum erstenmal in stark geschwefelte Fässer abgelassen. Der Wein muß Schwefel haben, welcher aber dem Most schädlich gewesen wäre, und die Jährung verhindert hätte. Gegen den Herbst pflegt man denselben zum 2tenmal in andere Fässer abzulassen, da das noch übrige trübe und hefigte zurük bleibt. Der Most von guten Jahren ist schon im dritten oder vierten Jahr trinkbar. Je älter aber doch, je besser. Die schädlichen Dinge, dem Wein Farbe, Helle und Süße zu geben, sonderlich mit Dingen die aus dem Bley gehen, sind unerlaubt, verbothen und öfters bestraft. Doch wird ein trüber Wein auf folgende ohnschädliche Weise geschönt und hell gemacht: auf ein Fuder nimmt man 2 Loth Hausenblasen. Diese wird mit einem Hammer oder hölzernen Schlegel auf einem harten Holz so lang geschlagen,

bis man sie in kleine Stükchen zerreiſſen kann.
Hierauf gießt man ½ Maas von dem Wein,
den man ſchönen will, über die Hausblaſe,
und läßt es über Nacht ſtehn. Den andern
Tag rührt man es mit einem langſtielichten
hölzernen Löffel herum, und weil es ſchon ſehr
gequollen, ſchüttet man wiederum eine Maas
Wein daran, da es wieder mehr quillt und
wieder umgerührt wird. Man ſchüttet noch
eine Maas Wein daran und fährt ſo 2 bis 3
Tage damit fort. Iſt die Materie nun zei=
tig, ſo wirft ſie Erbſengroße Blaſen auf. So=
dann wird ſie durch ein leinen Säflein oder
Tuch gezwungen, in einer Stüze oder Kiebel
mit Wein verdünnt, ſo lange bis man ſie hin=
und wieder ſchütten und dadurch zu einem Jäſt
bringen kann. Dieſer wird dann durch den
Trichter in's Faß geſchüttet, und mit einer
Schlagruthen, von 3 Schuhen, welche ſo
breit, daß ſie zum Spund hineingeht, und
bis an die Handhabe mit vielen Löchern durch=
bohrt iſt, geſchlagen, und untereinander ge=
trieben, bis der Jäſt oder Schaum zum
Faß heraus will. Alsdann wird daß Faß
feſt verſpündet. Auf ſolche Art wird der
trübſte Wein in 24 Stunden hell und
rein hergeſtellt.

Aus

Aus der Weinhefe wird faſt durchgängig Brantewein gebrannt; ich ſage faſt durchgängig: weil ſie auch hin und wieder nochmals ausgekeltert, und wohl noch ein Drittel
Moſt daraus gezogen wird, der dem erſten an
Güte ganz gleich kömmt, der ihn wo nicht gar
übertrift; die von dieſer ausgepreßten Hefe
zurükbleibenden gröbern Theile, werden entweder unter die Tröſtern, daraus Brantewein gebrannt wird, gethan, oder es werden
2 Fauſt große Kugeln daraus gedrükt, pyra-
midenweiſe über einander gelegt, und mit
darüber angeſchürten Feuer ſchwarz gebrannt,
welches wegen des wiederwärtigen Dampfes
auf freyen Felde geſchieht. Dieſe ſo ge-
branten Kugeln werden auf eine Mühle,
dergleichen die Häfner zu Zertreibung ihres Thons, und der Glaſur ſich bedienen,
gebracht, zu einer ſchwarzen Farbe bereitet, welche nach Holland verführt, und
wie man ſagt, zu einer guten Drukfer-
ſchwärze, beſonders zum Kupferdrukken, gebraucht werden ſoll.

Es geſchieht faſt durchgängig — hauptſächlich von ſolchen, die im großen oder im
kleinen mit Wein handeln — daß ſie in jedem
Weinjahre, eine Quantität ihres gezogenen

Z 3

oder gekauften Moſtes einfrieren laſſen, und
ihren übrigen vorhandenen Vorrath, mit dieſem vom einfrieren zurükgebliebenen ſpirituoſen
Ueberbleibſel würzen. Je länger man dieſe
zum Einfrieren beſtimmte Quantität dem Froſt
ausſezt — deſto ſtärker ſchwindet ſie natürli-
cherweiſe zuſammen, und deſto ſpirituoſer wird
der davon zurükbleibende Theil. Dieß verſteht ſich nicht nur vom Moſt; man bedient
ſich dieſes Mittels auch: ſchwache und ſchlechte
Weine damit gut zu machen.

Die nach vollbrachter Leſe (nach voll-
brachtem Herbſt) in den Weinbergen vorkommende Arbeit, beſteht darinnen: die Weinpfähle auszuziehen und auf einen Haufen —
gleich einer Pyramide zuſammen zu legen, in
welcher Lage ſie den Winter hindurch ſtehen
bleiben. Es würde in aller Rükſicht beſſer
ſeyn — wenn man ſo wie es, wenn man Klee
in den Weinbergen baut unvermeidlich iſt —
die Pfähle Jahr aus Jahr ein an den Stöcken
lieſſe, ohne ſie herauszuziehen und wieder hin-
zuſetzen. S. Nouvelle Méthode de planter la Vigne
Paris 1789.

Hierauf folgt das ſogenannte Bedecken:
die Stöcke werden nehmlich, nachdem ſie von
ihren Pfählen abgebunden, herunter auf die
Erde

Erde gebogen, und mit Erde bedekt. Dieß
ist ebenfalls eine sehr unnöthige, wo nicht gar
schädliche Arbeit. „Von den begrabenen
Stökken, hat man zwar den Vortheil, daß
sie in harten Wintern nicht erfrieren, dahingegen erfrieren dieselben nachher desto leichter
im Frühjahr, und zwar öfters nur bey mittelmäßigen Reifen, und diese sind doch gewiß
weit häufiger, als solche harte Winter, wo
der Weinstok erfriert, welches sich wohl kaum
in 50 oder 100 Jahren ein oder ein paarmal
zutragen kann; aus dem Bedekken des Weinstoks entstehen folgende Nachtheile 1) geschieht es sehr leicht, daß das Bedekte, wo
nicht ganz im Boden erstikt, doch wenigstens
die Hälfte Augen, besonders wenn naße (sogenannte sudel Winter) einfallen, wo die Reben oft gar zu faulen anfangen, und vielmals kaum 3 - 4 Augen treiben können; ja
auch die Blüten fallen alsdann leicht ab, 2)
das Bedekte erfriert sehr leicht im Frühjahr. 3) Die Säugewurzeln werden
durch das Vergraben sehr leicht verdorben,
und durch dieses Behakken entstehen viele
löcher, so, daß wenn in einem kalten
Winter nicht viel Schnee fällt, die Wurzeln der Gefahr des Erfrierens ausgesezt

Z 3   sind,

sind. 4) geht ein dergleichen alle Jahre be-
dekter Weinberg weit eher zu Grunde, in Ansehung der Erde, so, daß man in einer Zeit von
4 bis 5 Jahren ein paarmal frische Erde an-
schaffen und tragen lassen muß, und was dergleichen Unbequemlichkeiten noch mehr sind.
Dahingegen entstehen aus den Nichtbedekken
der Weinberge folgende Vortheile: 1) das
Holz oder der Weinstok erfriert nicht im Frühling, wie die bedekt gewesenen. Wenn ein
sehr kalter Winter kommt, so ist es zwar
möglich, daß das Holz des Weinstoks erfrieren kann: allein dieser Fall ist äusserst selten,
und die Vortheile die man im Gegentheil vom
Nichtbedekken hat, sind so beträchtlich, daß
es keinen Eigenthümer gereuen wird, wenn
er seinen Weinberg nicht dekken lassen. 2)
der Weinberg wird nicht so leicht baufällig, so,
daß man an statt in 4 bis 6 Jahren ein paarmal hat müssen frische Erde tragen lassen,
dieses nun kaum in 6 bis 8 Jahren einmal
nöthig wird. 3) es erstikt und verfault
nichts mithin bleiben keine Augen im Treiben zurük, man bekömmt daher auch viele und
schöne Trauben; so wie im Gegentheil bedekt
gewesene Stökke nur wenigere und schlechtere
Trauben geben. 4) Man erspahrt das be-
träch-

trächtliche Arbeitslohn, welches man theils
für das Bedekken, theils wiederum für
das Aufziehen, bezahlen muß, und was
noch mehr für Vortheile dabey sind; kurz!
es ist weit zuträglicher, wenn man seine
Berge, oder vielmehr Weinstökke nicht zu-
dekken läßt.

Die verschiedene Stärke und Güte des
Weins rührt aber nicht allein von den guten
Jahren, sondern auch von den verschiedenen
Arten des Gewächses und der Trauben her.
Man hat Weiße (nehmlich, Frühtrauben,
Muskateller, Junker, oder Gutedel, Oesterreicher, Fränkische, Rüßlinge, Grob Gewächs-
Elblinge, gemeine Grobe, Räuschlinge, Zibeben, Petersilientrauben) Rothe, oder Braune,
auch roth Wiener, Rubiner (nehmlich, gemeine rothe, Muskateller, Rüßlinge, Fleischtrauben,) schwarze (nehmlich, gemeine
Tauber Schwarze, Schleen-Trauben, Drollinger, Troller, Muskateller, Junkern, Heu-
nisch-Trauben. Diese verschiedene Arten etwas genauer zu beschreiben: 1) die gelb oder
grünlich weißen Trauben. a) Frühtrauben.
Sind gelb weißlicht von länglichten Beeren,
welche am Kamm nicht dichte aneinander
hängen. Die Hülse ist dünne, der Saft

Z 4 häu-

häufig und mehr süß, als der andern Trauben.
Sie werden am ehesten reif; doch wird der
Stok wegen seiner Unfruchtbarkeit in den
Weinbergen selten gedultet. b) Muskateller
haben ganz runde harte große Beeren, fleischicht, theils gelb grün, theils, wenn sie
frey hängen, von der Sonne braun gebrannt. Schmekken zwar süß, stark und
würzhaft, doch hindennach ganz besonders,
und nicht jedem angenehm, so, daß man
sagt, sie schmekken wie Kazen, oder Ha-
senbrunz. Man hat von ihnen ein Sprüchwort: der Muskateller kommt selten in Keller: kommt er aber hinein, giebt's sauren
Wein. (Der Verstand davon ist dieser: weil
der Muskateller selten recht reif wird, oder
wenn er reif wird, gegessen wird, so kommt
dessen Most selten in den Keller. Kommt er
aber in den Keller, so ist es ein Zeichen,
daß er nicht recht reif geworden, also
der Wein überhaupt nicht süs werden kann.)
c) Junkern oder gut Edel. Ist dem vorhergehenden an Beeren gleich, hartlich
und fleischicht. Die Beeren hängen am
Kamm weit auseinander. Der Saft ist
süß und angenehm, unterscheidet sich
aber von vorhergehenden durch dessen schon
all-

angeführten spicifiquem Geschmak. d) Oesterreicher. Die Beeren sind mehrentheils
groß, hellgrün, sonderlich wo sie nahe am
Erdreich hängen, oder von den Laub sehr
bedekt sind. In freyer Sonne bekommen
sie braune Flekken, und werden gelbweiß.
Die Beeren hängen dicht aneinander. Der
Saft ist häufig und süß e.) Fränkisch.
Die Beeren sind etwas kleiner als die vorhergehenden, hängen nicht dik an den Kämmen zusammen, werden aber, weil sie
den Stok nicht häufig behängen, nicht
viel gepflanzt, obgleich der Saft süs und
gewürzt ist. f) Grobgewächs. 1) Elblinge. Die Beeren sind weißlicht getupft,
groß, voller Most, süs, aber nicht schmak-
häft. Die Trauben sind auch etwas groß.
2) Gemeine grobe. Die Trauben sind noch
größer. Der Saft wässericht und häufig.
Man heißt daher die Weinberge, wo dergleichen grob Gewächs häufig ist, Most-
pfüzen. Finden sich aber viele Rüßlinge
mit unter, so giebt es einen lieblichen Wein.
g) Rüßlinge. Haben kleine runde Beeren
mit braunen Tupfen, werden nicht so lang
und groß als die andern. Doch hängen

Z 2   sie

sie häufig am Stok. Wenn sie recht reif
werden, machen sie den Most feurig. Ist
die Witterung aber kühl, so geben sie sau-
ern Most. h) Reuschlinge. Zibeben. Beyde Gattungen sind wenig unterschieden, finden sich selten in den Weinbergen, mehrentheils in Gärten und an Häusern, an Ge-
ländern und Spalieren. Die Trauben sind
länglicht und breit, die Beeren lang, stehen nicht dicht aneinander. Der Saft ist
süß, fleischicht, gewürzt. i) Petersilien-
Trauben. Haben ihren Nahmen von dem
gekerbten und fast wie Petersilienkraut anzu-
sehenden Laub des Stokkes, sind aber den
Junkern in ihren andern Eigenschaften gleich.
Werden mehr in Gärten gezogen. k) Heu-
nischtrauben. Sind am Kamm und Beeren
den Junkern gleich, sind aber nicht so gut
von Geschmak, und zeitigen auch nicht so
leicht. Daher man diese Art nicht sonderlich
viel bau't.

Die rothen oder braunen Trauben. a)
Gemeine. Die Beeren sind länglicht, mittelmäßig groß, hängen nicht dicht aneinander, der Saft ist süß, röthlich, kräf-
tig. In Kitzingen und Obereisensheim und
an dem Mayn herunter, hat man viele

Morgen blos von diesen rothen Trauben.
Wenn man diese allein keltert, so geben sie
einen angenehmen und starken Most, der entweder schillert, oder eine hochgelbe Farbe
hat. 6) Muskateller haben mit den beschriebenen meistens einerley Eigenschaften, nur
daß die Beeren in sonnenreichen Jahren
ziemlich roth gefärbt, in nassen Jahren aber
nur fleischfarb sind, werden mehr in Gärten
an Spalieren gezogen. c) Rüßlinge. Sind
ausser der röthlichen Farbe den meisten dieser
Art gleich. d) Fleischtrauben, haben ihren
Nahmen sowohl von der fleischichten Beere,
als auch deren röthlichen Fleischfarbe. Kommen sonsten den beschriebenen weissen Junkern gleich. Der Saft ist süs und angenehm.

Die Schwarzen sehen am Stok blau
aus, wenn man sie aber abwischt, erschei-
nen sie schwarz. Gemeine. Die Beeren
sind klein, der Most roth, angenehm und
flüßig. Tauber-Schwarze. Sind eigentlich im Taubergrund zu Hause. Der Saft
ist mehr roth als der vorhergehende, süß
und angenehm. Wenn diese zwey Sorten
Trauben, nebst den rothen oder braunen,
doch so, daß die Beeren vorher in der Kufe
über-

übereinander verjahren, zusammengenommen, und allein gekältert werden, so giebt es einen dunkelrothen Wein, welcher etwas recentes hat. Diesen noch mehr zu verbessern, thut man rothe zeitige Muskatellertrauben mit unter. Bleiben diese schwarze Beeren aber unter den andern Trauben, so geben sie dem Wein eine hohe Farbe.

Schleetrauben. Sind die schlechtesten. Kommen der äussern Figur nach dem Schleen bey. Sind voll sauren und zusammenziehenden Saftes, daher sie in den Weinbergen nicht geduldet werden. Drollinger oder Troller. Die Beeren sind gar groß, und die Trauben fast die größesten. Der Saft ist nicht viel roth, sehr flüßig, und wäßericht. Schwarze Muskateller und schwarze Junfern differiren von den beschriebenen weissen nicht, als in der Farbe. Der Saft ist roth, und dessen Eigenschaften sind wie des Weissen.

Folgende Gattungen halten in der nassen und heissen Blüte aus: kleine Rüßling. Grüne und weisse Oesterreicher. Kleine Burgunder. Ruländer. Mädling. Süß-Schwarze. Rothe Zibebe. Umsteiner.
Roth-

Rothwiener, gelbe Moßler. Gedrungene Schwarzwälsche. Malvasia.

Folgende erfrieren nicht leicht: Oester=reicher, kleine Burgunder. Große Burgun=der. Dickschwarze. Heunische. Mühlrebe. Zibebe. Gedrungene Schwarzwälsche.

Folgende tragen reichlich: Elbling. Kleine Rüßling. Oesterreicher. Ruländer. Petersilientraube. Mühlrebe. Frühtrauben. Zibebe. Umsteiner Rothwiener. Gelbe Moß=ler. Gedrungene Schwarzwälsche.

Folgende stosen gerne an und faulen: Elb=ling. Oesterreicher. Heunische. Gelbe Moßler.

Folgende geben den stärksten und halt=barsten Wein: Muskateller. Kleine Rüßlinge. Rothwiener. Groß Fränkische. Umsteiner Rothwiener. Gedrungene Schwarzwälsche.

Folgende geben einen bald trinkbaren Wein: Elbling. Oesterreicher. Kleine Bur=gunder. Ruländer. Süßschwarze. Mühl=rebe. Malvasia.

Folgende treiben starkes Holz, und wer=den zu Bögen geschnitten: Elbling. Junker. Muskateller. Oesterreicher. Ruländer. Große Burgunder. Heunische. Petersilientraube. Mühlrebe. Frühtraube. Zibebe. Umstei=ner Rothwiener. Gelbe Moßler. Gedrungene
Schwarz=

Schwarzwälsche. Malvasia. Die Zeitigung
der Trauben ist folgende: Frühfränkische.
Frühtraube. Frühweise Muskateller. Kleine
Burgunder. Ruländer. Süßschwarze. Mal-
vasia. Oesterreicher. Elbling. Dikschwarze.
Junkern. Petersilientraube. Rothwiener.
Groß Fränkische. Umsteiner. Umsteiner. Roth-
wiener. Mädling. Mühlrebe. Muskateller.
Heuinsche. Gelbe Moßler. Gedrungene
Schwarzwälsche. Große Burgunder. Rüßling.
Fleischtraube. Zibebe. Förber. S. den frän-
kischen Weinbau und die daraus entspringende
Produkte patriotisch und phisikalisch beschrieben von
Johann Christian Fischer Marktbreit 1782.

Nachdem ein Weinberg nun eine gute
oder schlechte Lage hat, auch gut oder nach-
läßig gebaut ist, differirt auch der Preiß eines Akkers. Man kauft, denselben von 300.
400. bis zu 1000 fl. rh.

Der Arbeitslohn von einem Akker für
alle die beschriebenen Arbeiten beträgt in sehr
hohen Lagen, weil die Arbeit daselbst mühsamer, 11 fl. 15 kr. in ebenen Lagen 10 fl.
rh. Der Eigenthümer aber muß die Weiden,
Stroh und Pfähle schaffen. Der Aufwand
an diesen Stükfen beträgt etwa 2½ fl. rh.
Das Düngen und Einschütten der Erbe wird
auch besonders bezahlt, und wird für das

Him-

Hineintragen von jeder Fuhr 3. 4. 10.
16. 20 fr. rh. nachdem es weit ist, gegeben.

Jezt noch ein Wort von den Kältern,
und der bey dem Kältern, vorkommenden
Arbeiten! Die Kälter ist eine Maschine
ganz von Eichenholz, die aus 2 großen
Dokken, oder in die Höhe gerichteten 7 Schuh
hohen und 1¼ S. ins Gevierte dikken Stökken
besteht, welche oben mit Kranzhölzern, unten
durch die Sohlbänke, worauf das Biet ruh't,
bevestigt werden. Diese Stökke steh'n 4½
Schuh von einander, in solche schließt sich
unter den Kranzhölzern über die Queere ein
länglicht vierekkigtes Blech) 2½ Schuh hoch
und breit, 2 Schuh 4 Zoll lang, in dessen
Mitte ein rundes Schraubloch, 9 Zoll im
Durchschnitt, welches man die Mutter nennt.
In dieses wird eine 2 Schuh 7 Zoll lange,
Schraube, die noch besonders einen Kopf
von 1 Schuh 7 Zoll in der Länge, welcher
rund gehauen 1 Schuh 2 Zoll im Durchschnitt hat, und kreuzweis durchbohrt ist,
den Dremel, oder vielmehr Drangel (hat
seine Benennung von dem Wort drengen oder
drükken; ist ein im Durchschnitt 5 Zoll starker Birken-, Eichen oder anderer Baum von
jähen

zähem Holz, welcher 9 Schuh 4 Zoll lang
zu dessen Herumtreibung durchzustekken, aufwärts eingeschraubt.

Von vorgedachter Mutter unterwärts
3 Schuh 6 Zoll ist das Biet, welches aus
zusammengefügten, an beyden Seiten der
Höhe noch $1\frac{1}{2}$ in der Mitte einschuhig, und
$6\frac{1}{2}$ Schuh langen Quadrathölzern besteht,
die inwendig in's gevierte 9 Zoll tief ausge-
hauen werden, so, daß der Grund noch $\frac{1}{2}$
schuhigt in der Dekke bleibt. In dieses werden nun 14 bis 16 Wasser Butten voll Beeren geschüttet, weil aber Most dabey, so öf-
net das in die rechte Seite des Biets gebohrte
Loch, wodurch er in das untergesezte Kief-
lein läuft; weil man aber der Beeren mehr
als das Biet faßt, darauf thut, da sich
dieselben durch das Drukken niedrig zusammen setzen, so werden anfangs Bretter, die
3 Schuh in die Höhe haben, die Queere
um das Biet herumgesezt, damit man mehr
darauf bringen kann. Liegen nun derselben
genug darauf, so werden sie eben gemacht,
sodann legt man die queere 2 gleiche Faust
dikke Stekken, auf diese die Daubbretter, die 2
Zoll dikk und so lang als das Biet, und werden mit solchen die Beeren völlig bedekt.

Nun

Nun werden 2 bis 3 Schuh lange Braken (sind eichene Stüken Holz 4 Zoll dik ins Gevierte, die langen von 4 Schuh die mittelmäßigen 2 Schuh 8 Zoll, die kurzen 2 Schuh) die Queere, 1½ bis 2 Schuh weit, von einander gelegt, auf diese die mittelmäßigen und kurzen der Länge nach 2 oder 3 aufeinander so, daß jede Reihe 5 Zoll voneinander steht, auf diese bringt man den Schuh (ein Bloch von Birnbaum oder Eichenholz 2⅓ Schuh lang, 1 Schuh 2 Zoll breit, 5 Zoll hoch), in dessen Mitte ein Zirkelrundes Loch 2 Zoll tief, in welches der an der Spindel seyende Zapfen oder Warze geht, sich darinnen herum dreht, und gleichsam den Bloch als einen Schuh anzieht) in dessen, in der Mitte seyendes Loch geht von oben herunter die Spindel, welche im Kopf, wie schon gedacht, 2 Kreuzweis durcheinander gehende Löcher von 5 Zoll hat.

Durch diese wird wechselsweis der Dremel gestekt, und dieselbe heruntergeschraubt, welches anfangs nur durch eine Person geschieht, wenn sich aber die Spindel fest aufgesezt, so schlägt man nun den Dremel fornen, wo ein starker Schiennagel, damit es nicht weiter hinter rutschen kann, hineinge-

A a   schla-

schlagen ist, ein dikkes dazu verfertigtes Seil,
welches am Ende an den Tummelbaum (dieser ist von unterschiedener Länge. In der
Mitte hat er als ein Wellbaum 2 vierekkigte
Kreuzweis übereinanderstehende Löcher, wodurch die Stekken zum Aufwinden gestekt
werden, oben einen hinangezimmerten runden Zapfen, welcher mit einem Eisen umschlossen wird, unten aber einen eisernen über
Daumen dikken Steft, welcher in ein stei-
nernes Loch geht, worinnen er sich herum-
dreht) fest gemacht, mit durch denselben
kreuzweis gesteften Stekken nach und nach
aufgewunden, und also durch 2 3 oder 4
Personen fester gezogen wird. Dieses geschieht so lange, bis man nicht mehr ziehen
kann, sodann läßt man es steh'n, bis der
Most abgelaufen, alsdann schraubt man wieder auf, thut den Schuh, Brakken, Daubbretter und Steffen von den Beeren herunter, welche nunmehr schon etwas hart zusammen gepreßt, und ein Sekker genannt
werden. Von diesen schneidet man von allen
Seiten mit einem breiten Beil, welches entweder einer Schlichtaxt eines Zimmermanns
gleicht, oder besonders dazu verfertigt ist,
handbreit das äusserste herunter, welches
wie-

wieder oben auf den Sekker gebracht, und
mit den Händen rings herum angedrükt wird,
damit es liegen bleibt. Nun wird es wieder angesezt, und 1) die schon gedachten
Stekken darauf gelegt 2) die Daubbretter
3) die lange 4) die mittelmäßigen 5) die
kurzen Brakken 6) der Schuh auf einander
gesezt, zugeschraubt und fest gezogen, das
heißt man den ersten Schnitt, was heraus-
läuft, wird für das beste gehalten, und ist
gemeiniglich hell und röthlich, daraus siedet
man auch den sogenannten Alantmost. Derjenige Most aber, der aus der Kufe gesammelt, oder von der Kalter bey'm Aufschütten gelaufen, oder von dem ersten Druk gekommen, ist meistentheils von groben Trau-
ben-Beeren, die wässericht, und von dünnen Saft. Wenn aber die guten Beeren
theils zerschnitten, theils härter gemacht, gepreßt worden, so wird der dikkere und süße
Saft herausgedrükt. Wenn man das ande-
remal schneidet, wird eben so wie bey dem
erstenmal verfahren, die zusammengedrükten
Beeren fangen an übereinander warm zu
werden, weswegen der Most von diesem
Druk nicht so angenehm, als vom vorigen.
Bisweilen schneidet man auch zum Drittenmal,

mal, wenn es sich noch nicht genug aus-
gekältert hat. Ist nun der Sekker ganz
trokken ausgedrukt, so wird er abgeworfen,
da man die Kalter, wie schon gedacht, auf-
schraubt, das Holzwerk auf die Seite thut,
den Sekker mit dem Kalterbeil in Stükken
schneidet, und vom Biet heraus entweder
den Brantweinbrennern um 15. 20. auch
25 kr. verkauft, nachdem die Jahre gut
oder schlecht, oder man thut sie — wie
schon angeführt! — in eine Kufe, schüttet Wasser darüber, bis man Zeit hat, aus
denselben mit darunter gemischten klein zer-
stosenen Kraut oder Rubenblättern ein Futter
für das Rindvieh und Schweine zu machen,
welches zusammen in eine Kufe getreten,
mit etwas Wasser befeuchtet, und mit Steinen beschwert wird, da es denn verjährt,
und zum verfüttern geschikt wird.

Ist die Kalter geräumt, so werden
wieder frische Beeren aufgeschüttet, und
wie bereits gemeldet verfahren.

Wenn die Leute sagen, ich fahre in
Franken nach Wein, so wird dadurch diejenige Gegend in Franken verstanden, welche
sich von Volkach den Mayn herab bis nach
Wertheim erstrekt, wo der beste Wein wächst.

Wem

Wem ist nicht der Haßlacher Wein bekannt,
welcher Ort 2 Stunden unterhalb Werth-
heim rechter Hand liegt? Die Werthhei-
mer Weine selbsten, welche vor andern sehr
gesund sind? Besser herauf liegt das Kloster
Triffenstein, allwo der beste Callmuth zu finden ist, der weit und breit verführt und
theuer bezahlt wird. Die Steinweine zu
Würzburg sind ganz unvergleichlich. In
dem eine Stunde davon am Mayn gelegnen
Dorf Randesakker wächst vortreflicher Wein,
ingleichen besser heraufwärts zu Eibelstatt,
Sommerhausen, Frikkenhausen, Ochsenfurth, Segnitz, Marktbreit, Marktsteft,
Sulzfeld, Kitzingen, Maynstokheim, Det-
telbach, Sommerach, allwo der berühmte
Katzenkopf wächst, Nordheim, Escherndorf,
welches eine sonderbare vortheilhafte Lage hat,
und vor denen Rhönwinden sicher ist; ferner
Schweinfurth, wo sonderlich die Lagen Mayn-
leiten und Heerd — Gassen sehr guten Wein
liefern, davon sonderlich die Jahrgänge
1718. 1727. 1738. 1748. und andere
mehr, so, wie 1783 vortreflich sind. Dann
zur rechten Seite des Mayns, etwa eine
Stunde davon liegen die Orte Maynbern-
heim, Iphofen, Rötelsee, an welchen lez-
tern

tern Orten die Weine wegen ihrer Subtili-
tät am meisten den Rheinweine gleich kommen.   Wiesenbrunn ist auch nicht zu ver-
gessen.   Nur ist immer und ewig schade,
daß die Einwohner dieser Orte, jedoch nicht
alle, aus eitler Gewinnsucht sich nicht scheuen,
nicht nur die guten Weine mit den gerin-
gern zu vermischen, sondern auch durch allerhand theils unerlaubte und der Gesund-
heit höchst schädliche Mittel denen Wei-
nen eine höhere Farbe, so man schönen
heißt, Geschmak, oder wie es die Franken
zu nennen pflegen, Geferte zu geben wissen, wodurch viele Käufer, äusserst betrogen werden.

Im Würzburgischen, sind vor vielen
Jahren, die höchst rühmlichen Anstalten ge-
troffen worden: daß alle Keller visitirt, und
die Weine durch gewisse Prober untersucht,
die verfälschte confiscirt,   und die Eigenthümer oder vielmehr die Verfälscher hart
gestraft worden, allein zu geschweigen, daß
bey der Untersuchung doch bisweilen ein und
andere Betrügereyen mit unter gelaufen,
und die gemachten Proben nicht allezeit un-
trüglich gewesen, mithin bisweilen Unschul-
dige mit der Strafe betroffen worden sind,
so

so ist mit diesem Unterſuchungen wegen der
großen Vermiſchung deren Herrſchaften in
Franken nicht überal fortzukommen geweſen,
und gehört alſo ein großer Weinverſtändi-
ger dazu, wenn er nicht ſoll betrogen werden.   Et inventa lege aliae inventae
ſunt fraudes!!!

Wenn der ſaure Wein mit Silber-
glätte verſüßt, und dadurch ein ſehr ſchäd-
licher Bleyzukker zu wege gebracht wird, welchen man alsdann mit dem Weine genießt,
ſo iſt dieſer Betrug durch die ſogenannte
Sympathetiſche Dinte leicht zu entdekken,
da nehmlich aus Auripigment, Kalch und
Waſſer eine Lauge gemacht wird, welche die
lithargyriſirten Weine bey Eintröpflung derſelben gleich dunkel und ſchwärzlich macht.
Man findet die Zubereitung dieſer Wein-
farbe an verſchiedenen Orten z. B. in den
Erlanger gelehrten Anzeigen vom Jahr 1749.
S. 125.   Ferner in der hochfürſtl. Heſ-
ſencaſſeliſchen Verordnung, die Beſtrafung
der Weinverfälſcher betreffend, vom Jahr
1751. ſo dem zweyten Theil der Act. Coll.
med. Onoldin, einverleibt worden S. 166.
Hamburger Magazin XVI. Band 5tes
Stük S. 500.   Entwurf einer Erläuterung
der

der Reichs Abschiede aus der Arzeneygelahrt-
heit und Naturlehre. Erlangen 1753. auf
der 42 u. f. ingleichen 60 u. f. S. und neuerlich in der Medicinischen Polizey von Franken.

An den mehresten berühmten Weinor-
ten ist verbothen: fremde Möste oder Weine
einzuführen.

Die Wertheimer Weine sind vor andern sehr gesund, und man findet niemanden
daselbst, der von Steinschmerzen oder Po-
dagra beunruhigt würde. Die besten Lagen
der Weinberge daselbst sind: Die Wedeburg,
im Reinberg, im Kofelstein. Die Möste
gelten daselbst öfters schon 10. 11. bis 12.
fl. der Eymer, welcher 80 Schenk Maas
hält, und 12 ein Fuder ausmachen, welcher 14 Würzburger Eymer betrift. Zu
Haßlach eine gute Stunde von Wertheim
hinab rechter Hand am Mayn gelegen,
wächst auch vortreflicher Wein, dem Wertheimer an Güte und Preiß gleich, die besten
Weinberge liegen im Oberberg, und gilt
der Morgen, zu 180 Ruthen, 1000 fl.
Man kann diese Weine von Haßlach und
Wertheim bequem zu Wasser hinauf auf dem
Mayn bis Ochsenfurth bringen.